Interinstitutionelle
Verinbarungen
im Europäischen
Gemeinschaftsrecht

Europäische Hochschulschriften
Publications Universitaires Européennes
European University Studies

Reihe II
Rechtswissenschaft

Série II Series II
Droit
Law

Bd./Vol. 3071

PETER LANG
Frankfurt am Main · Berlin · Bern · Bruxelles · New York · Oxford · Wien

Christian Bobbert

Interinstitutionelle Vereinbarungen im Europäischen Gemeinschaftsrecht

PETER LANG
Europäischer Verlag der Wissenschaften

Die Deutsche Bibliothek - CIP-Einheitsaufnahme

Bobbert, Christian:

Interinstitutionelle Vereinbarungen im Europäischen Gemeinschaftsrecht / Christian Bobbert. - Frankfurt am Main ; Berlin ; Bern ; Bruxelles ; New York ; Oxford ; Wien : Lang, 2001
(Europäische Hochschulschriften : Reihe 2, Rechtswissenschaft ; Bd. 3071)
Zugl.: Bonn, Univ., Diss., 2000
ISBN 3-631-37541-7

D 5
ISSN 0531-7312
ISBN 3-631-37541-7

Vorwort

Die vorliegende Arbeit hat im Sommersemester 2000 der Rechts- und Staatswissenschaftlichen Fakultät der Rheinischen Friedrich-Wilhelms-Universität Bonn als Dissertation vorgelegen. Das Manuskript wurde im Oktober 1999 abgeschlossen.

Mein besonderer Dank gilt Herrn Prof. Dr. Ulrich Everling, der die Anregung zu dieser Arbeit gegeben und ihre Entstehung mit stetem Interesse und wertvollen Hinweisen begleitet hat. Herrn Prof. Dr. Rudolf Dolzer gebührt mein Dank für die zügige Erstellung des Zweitgutachtens im Promotionsverfahren.

Besonderen Dank schulde ich darüberhinaus Herrn Marc Ekelmans, Chef d'unité adjoint in der Generaldirektion XIX der Europäischen Kommission, für die vielfältige Unterstützung, die ich während meines Praktikum-Aufenthaltes in Brüssel durch ihn erfahren durfte.

Die Arbeit ist meinen Eltern gewidmet, die meine Ausbildung durchgehend großzügig unterstützt und mit Interesse begleitet haben.

Bonn, im September 2000 Christian Bobbert

Inhaltsverzeichnis

Abkürzungsverzeichnis XIII

A. Einführung 1

B. Begriffsbestimmung 6
I. Terminologie 6
II. Inhaltliches Spektrum 8
III. Verwandte Formen 10
IV. Einschränkungen 12

C. Übersicht über die wichtigsten interinstitutionellen Vereinbarungen 13
I. Die „Luns/Westerterp"-Erklärungen 13
II. Die „Gemeinsame Erklärung des Europäischen Parlaments, des Rates und der Kommission" vom 22. April 1975 über die Einführung eines Konzertierungsverfahrens 16
III. Die „Gemeinsame Erklärung des Europäischen Parlaments, des Rates und der Kommission" vom 5. April 1977 zu den Grundrechten 19
IV. Die „Gemeinsame Erklärung des Europäischen Parlaments, des Rates und der Kommission über verschiedene Maßnahmen zur Gewährleistung einer besseren Abwicklung des Haushaltsverfahrens" vom 30. Juni 1982 20
V. Die „Interinstitutionelle Vereinbarung über die Haushaltsdisziplin und die Verbesserung des Haushaltsverfahrens" vom 29. Juni 1988 22
VI. Die „Interinstitutionelle Erklärung über Demokratie, Transparenz und Subsidiarität" vom 25. Oktober 1993 24
VII. Die „Interinstitutionelle Vereinbarung zwischen dem Europäischen Parlament, dem Rat und der Kommission über die Verfahren zur Anwendung des Subsidiaritätsprinzips" vom 25. Oktober 1993 26
VIII. Die interinstitutionelle Vereinbarung vom 25. Oktober 1993 über „Modalitäten für die Abwicklung der Arbeiten des in Art. 189 b EGV vorgesehenen Vermittlungsausschusses" 27
IX. Die „Interinstitutionelle Vereinbarung vom 29. Oktober 1993 über die Haushaltsdisziplin und die Verbesserung des Haushaltsverfahrens" 28
X. Der „Verhaltenskodex für den Zugang der Öffentlichkeit zu Rats- und Kommissionsdokumenten" vom 6. Dezember 1993 31

XI. Der „Beschluß des Europäischen Parlaments vom 9. März 1994 über die Regelungen und allgemeinen Bedingungen für die Ausübung der Aufgaben des Bürgerbeauftragten" 32
XII. Der „Beschluß des Europäischen Parlaments, des Rates und der Kommission vom 19. April 1995 über Einzelheiten der Ausübung des Untersuchungsrechts des Europäischen Parlaments" 34
XIII. Die „Interinstitutionelle Vereinbarung vom 13. Oktober 1998 zu den Rechtsgrundlagen und der Ausführung des Haushaltsplans" 37
XIV. Weitere interinstitutionelle Vereinbarungen 38

D. Zulässigkeit interinstitutioneller Vereinbarungen 40
I. Die Europäische Gemeinschaft als Rechtsgemeinschaft 42
II. Das Prinzip der begrenzten Ermächtigung 43
1. Inhalt des Prinzips 43
2. Berührung des Schutzbereichs durch interinstitutionelle Vereinbarungen 45
a. Mitgliedstaatliche Kompetenzen und individuelle Rechtssphäre des Gemeinschaftsbürgers 45
b. Die vertragliche Kompetenzordnung 47
c. Nicht rechtsverbindliche Vereinbarungen 49
3. Zusammenfassung 50
III. Ausdrückliche gemeinschaftsrechtliche Ermächtigungen 51
1. Art. 218 (ex-Art. 162) Abs. 1 EGV 51
2. Art. 193 (ex-Art. 138 c) Abs. 3 EGV 53
3. Art. 195 (ex-Art. 138 e) Abs. 4 EGV 54
4. Art. 248 (ex-Art. 188 c) Abs. 3 UAbs. 3, S. 1 EGV 55
5. Art. 272 (ex-Art. 203) Abs. 9 UAbs. 5 EGV 56
6. Sekundärrechtliche Normen 57
7. Zusammenfassung 58
IV. Stillschweigende vertragliche Ermächtigung 59
1. „Implied powers" 60
a. Vereinbarkeit der „implied powers"-Doktrin mit dem Prinzip der begrenzten Ermächtigung 62
b. Vereinbarkeit der „implied powers"-Doktrin mit der Sonderermächtigung des Art. 308 (ex-Art. 235) EGV 63
c. Vertragliche Anknüpfungsnormen 64
i. Einzelne Aufgabennormen 65

ii. Art. 199 (ex-Art. 142) Abs. 1, Art. 207 (ex-Art. 151) Abs. 3, Art. 218 (ex-Art. 162) Abs. 2 EGV 66
iii. Art. 218 (ex-Art. 162) Abs. 1 EGV 68
d. Zusammenfassung 69
2. Organisationsgewalt 70
a. Organinternes Selbstorganisationsrecht 71
b. Organübergreifendes Selbstorganisationsrecht 72
3. Zusammenfassung 75
V. Grenzen der Ermächtigung 76
1. Mögliche Regelungsadressaten 76
a. Ermächtigung durch die Organisationsgewalt 76
b. Ausdrückliche vertragliche Ermächtigungen 77
2. Materielle Grenzen 79
a. Einordnung in das System der Gemeinschaftsrechtsquellen 79
b. Vertragskonformität 81
3. Zusammenfassung 83

E. Rechtswirkungen interinstitutioneller Vereinbarungen 84
I. Voraussetzungen rechtlicher Bindungswirkung 87
1. Objektiver Geltungsgrund 87
a. Normen des Gemeinschaftsrechts als Geltungsgrund 88
i. Primäres Gemeinschaftsrecht 88
ii. Sekundäres Gemeinschaftsrecht 90
b. Die Organisationsgewalt als Geltungsgrund 92
c. Zusammenfassung 95
2. Subjektiver Geltungsgrund 96
a. Selbstbindung 96
i. Voraussetzungen 97
ii. Lösung von der Bindung 98
b. Gegenseitige vertragliche Bindung 99
i. Vertragsfähigkeit der Institutionen 100
ii. Lösung von der Bindung 105
c. Kriterien zum Nachweis eines Rechtsbindungswillens 106
i. Formale Aspekte 107
ii. Der Wortlaut 109
iii. Die Systematik 111
iv. Subjektive und entstehungsgeschichtliche Aspekte 113

v. Sinn und Zweck 115
d. Zusammenfassung 116
II. Sonstige mögliche Rechtswirkungen 116
1. Das „soft law“-Konzept 117
2. Bindungswirkung über den Hebel des Organtreuegrundsatzes 118
3. Gewohnheitsrechtliche Verfestigung einer institutionellen Praxis 121
4. Interpretationshilfe bei der Anwendung des Gemeinschaftsrechts 122
5. Zusammenfassung 124

F. Justitiabilität interinstitutioneller Vereinbarungen 125
I. Interinstitutionelle Vereinbarungen als Gegenstand einer Nichtigkeitsklage nach Art. 230 (ex-Art. 173) EGV 126
1. Zulässigkeitsfragen 126
2. Voraussetzungen der Begründetheit 128
a. Unzuständigkeit 129
b. Verletzung einer wesentlichen Formvorschrift 130
c. Verletzung des Vertrages oder einer bei seiner Durchführung anzuwendenden Rechtsnorm 131
3. Urteilsinhalt 132
II. Interinstitutionelle Vereinbarungen als Prüfungsmaßstab bei der Nichtigkeitsklage, der Untätigkeitsklage sowie im Vorabentscheidungsverfahren 132
1. Unzuständigkeit i.S.v. Art. 230 (ex-Art. 173) Abs. 2 EGV 135
2. Verletzung wesentlicher Formvorschriften i.S.v. Art. 230 (ex-Art. 173) Abs. 2 EGV 136
3. Verletzung einer bei der Durchführung des Vertrages anzuwendenden Rechtsnorm i.S.v. Art. 230 (ex-Art. 173) Abs. 2 EGV 138
4. Verletzung des Vertrages i.S.v. Art. 232 (ex-Art. 175) Abs. 2 EGV 140
5. Vorabentscheidungsverfahren nach Art. 234 (ex-Art. 177) Abs. 1 lit. b EGV 140
III. Zusammenfassung 141

G. Rechtliche Bewertung der wichtigsten Vereinbarungen unter Berücksichtigung der erarbeiteten Ergebnisse 142
I. Rechtsverbindlichkeit kraft objektiven Geltungsgrundes 142
II. Verbindlichkeit kraft Rechtsbindungswillens 144
III. Politische Vereinbarungen 147

H. Schlußbemerkung....149

Zusammenfassung der wichtigsten Ergebnisse....151
Literaturverzeichnis....154

Abkürzungsverzeichnis

aA	andere Ansicht
aaO	am angegebenen Orte
ABl.	Amtsblatt der Europäischen Gemeinschaften
Abs.	Absatz
a.E.	am Ende
aF	alte Fassung
Anm.	Anmerkung
Art.	Artikel
AWD	Außenwirtschaftsdienst des Betriebsberaters
CEE	Comunauté Economique Européenne
CMLR	Common Market Law Review
ders.	derselbe
d.h.	das heißt
DÖV	Die öffentliche Verwaltung (Zeitschrift)
EAG	Europäische Atomgemeinschaft
EG	Europäische Gemeinschaft(en)
EGKS	Europäische Gemeinschaft für Kohle und Stahl
EGKSV	Vertrag zur Gründung der Europäischen Gemeinschaft für Kohle und Stahl
EGV	Vertrag zur Gründung der Europäischen Gemeinschaft
EIB	Europäische Investitionsbank
ELR	European Law Review
EMRK	Europäische Menschenrechtskonvention
EP	Europäisches Parlament
EU	Europäische Union
EuG	Europäisches Gericht erster Instanz
EuGH	Europäischer Gerichtshof
EuGRZ	Europäische Grundrechte-Zeitschrift
EuR	Europarecht (Zeitschrift)
Euratom	Europäische Atomgemeinschaft
EUV	Vertrag zur Gründung der Europäischen Union
EuZW	Europäische Zeitschrift für Wirtschaftsrecht
EWG	Europäische Wirtschaftsgemeinschaft
EWGV	Vertrag zur Gründung der Europäischen Wirtschaftsgemeinschaft

ex-Art.	Art. in der Fassung vor Inkrafttreten des Vertrages von Amsterdam
f.; ff.	folgende
FAO	Food and Agriculture Organization (Ernährungs- und Landwirtschaftsorganisation der Vereinten Nationen)
FusV	Fusionsvertrag
GASP	Gemeinsame Außen- und Sicherheitspolitik
GeschO	Geschäftsordnung
GmbH	Gesellschaft mit beschränkter Haftung
Hrsg.	Herausgeber
i.S.d.	im Sinne des
i.S.v.	im Sinne von
JA	Juristische Arbeitsblätter
KOM	Dokument der Kommission der Europäischen Gemeinschaften
lit.	Buchstabe
m.w.N.	mit weiteren Nachweisen
NJW	Neue Juristische Wochenschrift
RDP	Revue du Droit public et de la science politique en France et à l'étranger
RMC	Revue du Marché Commun
Rn.	Randnummer
Rs.	Rechtssache
RTDE	Revue Trimestrielle de Droit Européen
S.	Seite
Slg.	Sammlung der Rechtsprechung des Europäischen Gerichtshofes
sog.	sogenannte(n/r/s)

UAbs.	Unterabsatz
Urt.	Urteil
v.	vom
verb. Rs.	Verbundene Rechtssachen
vgl.	vergleiche
ZaöRV	Zeitschrift für ausländisches öffentliches Recht und Völkerrecht
z.B.	zum Beispiel
ZHR	Zeitschrift für das gesamte Handelsrecht und Wirtschaftsrecht
Ziff.	Ziffer

A. Einführung

Absprachen und Vereinbarungen zwischen den verschiedenen Organen der Europäischen Gemeinschaft sind als Erscheinung ihrer institutionellen Praxis beinahe ebenso alt wie die Gemeinschaft selbst. Bereits im Jahre 1964 führten das Europäische Parlament und der Rat durch eine zweiseitige Absprache das sog. „Luns-Verfahren“[1] ein, durch das das Parlament an der Aushandlung von Assoziierungsabkommen beteiligt werden sollte, und setzten so den ersten Meilenstein auf dem Weg des interinstitutionellen Dialogs. Ein 1973 von der Kommission veröffentlichtes Dokument enthält eine Zusammenstellung „praktischer Maßnahmen“, die bis dahin zur Verbesserung der Beziehungen mit dem Europäischen Parlament beschlossen worden waren[2]. Im Jahre 1975 wurde dann erstmalig eine vom Europäischen Parlament, dem Rat und der Kommission unterzeichnete „Gemeinsame Erklärung“ im Amtsblatt der Gemeinschaft veröffentlicht[3]. Ähnliche Dokumente wurden in der Folgezeit insbesondere im Bereich des gemeinschaftlichen Haushalts verabschiedet, wobei 1988 zum ersten Mal der Titel „Interinstitutionelle Vereinbarung“ ausdrücklich verwandt wurde[4]. Mit dem Vertrag über die Europäische Union erhielt die interinstitutionelle Zusammenarbeit im Jahre 1992 schließlich dadurch einen wichtigen Impuls, daß neue Bestimmungen in den Vertrag aufgenommen wurden, die den Abschluß weiterer Vereinbarungen ausdrücklich vorsahen[5]. Eine weitere derartige Klausel wurde zuletzt durch den Vertrag von Amsterdam hinzugefügt[6].

Resultat dieser langjährigen Entwicklung ist die bemerkenswerte Vielfältigkeit, in der sich interinstitutionelle Vereinbarungen sowohl in formaler als auch in inhaltlicher Hinsicht heute darstellen. Neben der kaum überschaubaren Anzahl formloser Detailabsprachen, die der Harmonisierung bestimmter Organverfahren oder allgemein der Verbesserung der interinstitutionellen Beziehungen dienen, sind es vor allem die im Amtsblatt veröffentlichten formellen Übereinkünfte, die

---

[1] Die entsprechende Entschließung des Rates wurde nicht amtlich veröffentlicht, ihr Wortlaut ist abgedruckt bei Rengeling, Zu den Befugnissen des Europäischen Parlaments beim Abschluß völkerrechtlicher Verträge im Rahmen der Gemeinschaftsverfassung, in: Festschrift Schlochauer, S. 877, 880.

[2] Mitteilung an das Europäische Parlament vom 30. Mai 1973, KOM (73) 999, Anlage I.

[3] Gemeinsame Erklärung des Europäischen Parlaments, des Rates und der Kommission vom 22. April 1975 über die Einführung eines Konzertierungsverfahrens, ABl. 1975 C 89, S. 1.

[4] Interinstitutionelle Vereinbarung über die Haushaltsdisziplin und die Verbesserung des Haushaltsverfahrens vom 29. Juni 1988, ABl. 1988 L 185, S. 33.

[5] Art. 193 (ex-Art. 138 c) Abs. 3, Art. 195 (ex-Art. 138 e) Abs. 4 EGV; die Angaben in Klammern beziehen sich auf den EG-Vertrag in der Fassung vor Inkrafttreten des Vertrages von Amsterdam.

[6] Art. 248 (ex-Art. 188 c) Abs. 3 UAbs. 3 EGV.

im institutionellen System der Gemeinschaft gerade in den 90er Jahren immer mehr Bedeutung erlangt haben.

Die weitläufige Entwicklung erklärt ein Blick auf einige grundlegende Besonderheiten der Gemeinschaftsrechtsordnung. Anders als viele nationale Verfassungssysteme kennt die Gemeinschaftsrechtsordnung keinen Grundsatz der Gewaltenteilung im herkömmlichen staatsrechtlichen Sinne[7]. Insbesondere existiert auf Gemeinschaftsebene keine strikte Trennung zwischen Legislative und Exekutive. Am Rechtsetzungsprozeß sind unterschiedlich zusammengesetzte und legitimierte Organe beteiligt, die vielfach divergierende Interessen verfolgen[8]. Die Kommission, die unabhängig von nationalen Interessen die Belange der Gemeinschaft selbst zu fördern hat, kann sich bei der Wahrnehmung ihres Initiativmonopols nicht wie eine nationale Regierung auf eine stabile Parlamentsmehrheit stützen, sondern muß bei jedem ihrer Vorschläge dafür Sorge tragen, in beiden Kammern des Legislativprozesses eine ad-hoc-Mehrheit zu gewinnen. Die Vertreter der Mitgliedstaaten im Rat sind an die Weisungen ihrer nationalen Regierungen gebunden, müssen aber andererseits je nach Art des zu erlassenden Rechtsaktes in mehr oder minder großem Umfang Kompromisse mit den direkt gewählten Vertretern des Europäischen Parlaments erzielen[9]. Um seine eigenen Interessen möglichst weitgehend durchzusetzen, versucht in der Regel jedes Organ, die ihm vertraglich zugestandenen Befugnisse zur Mitgestaltung der Gemeinschaftstätigkeit optimal einzusetzen. Dies gilt nicht nur für den beispielhaft erläuterten Fall der Rechtsetzung, sondern auch für andere Bereiche, wie insbesondere das Haushaltsverfahren der Gemeinschaft oder die Gestaltung ihrer Außenbeziehungen.

Auf der anderen Seite regelt der Vertrag die vielfältigen Beziehungen zwischen den Gemeinschaftsorganen meist nur in groben Zügen[10]. Die daraus bisweilen resultierende Rechtsunsicherheit in den interinstitutionellen Beziehungen bringt es mit sich, daß Reibungen und Konflikte zwischen den konkurrierenden Organen und Institutionen in der Gemeinschaftspraxis seit jeher an der Tages-

---

[7] Vgl. H.P. Ipsen, Europäisches Gemeinschaftsrecht, S. 315 ff.; Grabitz/Hilf-Nettesheim, Kommentar, Art. 4, Rn. 1; Schweitzer/Hummer, Europarecht, S. 286 f.

[8] Ebenso Monar, CMLR 1994, 693, 694.

[9] Vgl. Glaesner, Das Konzertierungsverfahren zwischen Rat und Europäischem Parlament, in: ders., Das Recht als Gestaltungsmittel der Politik der EG, S. 125, 128 sowie ders., EuR 1984, 9, 18.

[10] Von einem „lack of detailed rules governing the relations among institutions" spricht Snyder, Interinstitutional Agreements: Forms and Constitutional Limitations, S. 17; vgl. auch Monar, CMLR 1994, 693, 695 sowie Glaesner, EuR 1981, 9, 10.

ordnung sind[11]. Diese können in extremen Fällen zur gegenseitigen Lähmung der Organe und damit zum Stillstand weiter Teile der Gemeinschaftstätigkeit führen[12]. Der Abschluß interinstitutioneller Vereinbarungen stellt für die beteiligten Institutionen eine Möglichkeit dar, diese Konflikte zu entschärfen und die Gemeinschaft so vor deren negativen Auswirkungen zu schützen[13]. Dementsprechend lassen sich die Übereinkünfte als Mittel der Streitschlichtung im konfliktanfälligen institutionellen System der Europäischen Gemeinschaft qualifizieren.

Trotz der skizzierten dynamischen Entwicklung, die interinstitutionelle Vereinbarungen erlebt haben, steht eine abschließende Klärung der dadurch hervorgerufenen Rechtsfragen immer noch aus[14]. Im folgenden soll untersucht werden, warum die rechtliche Bewertung nach wie vor Probleme bereitet.

Der Ursprung der Schwierigkeiten bei der rechtlichen Qualifizierung interinstitutioneller Vereinbarungen liegt darin, daß diese dem geschriebenen Recht der Gründungsverträge zunächst weitgehend fremd waren. Weder findet sich der Begriff in der Nomenklatur der Gemeinschaftsrechtsakte des Art. 249 (ex-Art. 189) EGV, noch sieht der Vertrag die Verwendung dieses Handlungsinstruments an anderer Stelle in allgemeiner Form vor. Lediglich Art. 218 (ex-Art. 162) Abs. 1 EGV legte von Anfang an fest, daß Rat und Kommission einvernehmlich die Art und Weise ihrer Zusammenarbeit regeln, ohne jedoch näheres dazu zu bestimmen. Dieses weitgehende Schweigen des Primärrechts hat sich bis zum heutigen Tag nicht entscheidend geändert. Zwar wurden, wie bereits erwähnt, durch die Verträge von Maastricht und Amsterdam Klauseln eingeführt, die den Abschluß einzelner interinstitutioneller Vereinbarungen nunmehr ausdrücklich vorsehen[15]. Dennoch fehlt es nach wie vor an einer Generalklausel, die über Zulässigkeit und Rechtswirkungen der Vereinbarungen zweifelsfrei Auskunft geben könnte.

Eine weitere Schwierigkeit bei der rechtlichen Bewertung ergibt sich aus der bereits erwähnten formalen Vielgestaltigkeit der Übereinkünfte. Das Spektrum

---

[11] Vgl. dazu Glaesner, EuR 1981, 9 ff.; für den Bereich des Haushaltsverfahrens findet sich eine Auflistung der Konflikte bei Läufer, Die Organe der EG - Rechtsetzung und Haushaltsverfahren zwischen Kooperation und Konflikt, S. 124 ff.

[12] Vgl. Monar, CMLR 1994, 693, 695.

[13] Ähnlich Thiaville, Déclarations communes du Parlement européen, du Conseil et de la Commission, in: Barav/Philip (Hrsg.), Dictionnaire juridique des Communautés européennes, S. 341, 346.

[14] Ebenso v.d.Groeben/Thiesing/Ehlermann-Bieber, Kommentar, Art. 4, Rn. 64.

[15] Art. 193 (ex-Art. 138 c) Abs. 3, Art. 195 (ex-Art. 138 e) Abs. 4, Art. 248 (ex-Art. 188 c) Abs. 3 UAbs. 3 EGV.

reicht von mündlichen Absprachen über Briefwechsel bis hin zu förmlichen Vereinbarungen, die im Amtsblatt der Gemeinschaft veröffentlicht sind. Darüberhinaus erstreckt sich auch der inhaltliche Regelungsgegenstand über unterschiedliche Bereiche der Gemeinschaftstätigkeit. Diese Vielfältigkeit erschwert eine einheitliche Beurteilung. Sie dürfte auch ein Grund dafür sein, daß interinstitutionelle Vereinbarungen im Schrifttum des öfteren einem sogenannten Schnittfeld von Recht und Politik zugewiesen wurden[16].

Auch der Europäische Gerichtshof hat sich bislang nicht umfassend zur Frage der rechtlichen Qualifizierung interinstitutioneller Vereinbarungen geäußert, obwohl er Gelegenheit dazu hatte. Immerhin sind seit etwa Mitte der 80er Jahre einige Urteile ergangen, in denen einzelne Übereinkünfte zumindest erwähnt werden[17]. In jüngerer Zeit schließlich hat der Gerichtshof auch einzelnen Vereinbarungen ausdrücklich Rechtswirkung zu- bzw. abgesprochen[18]. Jedoch wird an keinem Punkt allgemein zu den sich ergebenden Rechtsfragen Stellung genommen[19]. Somit gibt auch die Judikatur des Gerichtshofes nur einige einzelfallbezogene Hinweise, auf die noch genauer einzugehen sein wird. Klarheit über die grundsätzliche rechtliche Qualifizierung interinstitutioneller Vereinbarungen, ihre Zulässigkeit und ihre etwaige Bindungswirkung hat sie dagegen bislang nicht gebracht.

Ansätze einer umfassenden Auseinandersetzung mit den entstandenen Rechtsfragen bietet allenfalls das Schrifttum. Neben einer Fülle von Publikationen, die nur einzelne Übereinkünfte aus einem speziellen Blickwinkel betrachten, existiert auch eine kleine Zahl umfassenderer Analysen, die die allgemeine rechtliche

---

[16] Vgl. etwa Schwarze, EuR 1995 - Beiheft 2, S. 49; von einer „Grauzone" zwischen Recht und Politik spricht Everling, Zur rechtlichen Wirkung von Beschlüssen, Entschließungen, Erklärungen und Vereinbarungen des Rates oder der Mitgliedstaaten der Europäischen Gemeinschaft, in: Festschrift Constantinesco, S. 133, 134.

[17] EuGH, Urt. v. 19. Januar 1984, Rs. 211/80 (Advernier./.Kommission), Slg. 1984, 131, 146 (Rn. 22 f.); Urt. v. 3. Juli 1986, Rs. 34/86 (Rat./.Parlament), Slg. 1986, 2155, 2212 (Rn. 50); Urt. v. 27. September 1988, Rs. 204/86 (Griechenland./.Rat), Slg. 1988, 5323, 5359 (Rn. 16); Urt. v. 7. Dezember 1995, Rs. C-41/95 (Rat./.Parlament), Slg. 1995, I-4411, 4433 (Rn. 7 ff.); Urt. v. 12. Mai 1998, Rs. C-106/96 (Vereinigtes Königreich./.Kommission), Slg. 1998, I-2729, 2754 (Rn. 24 ff.).

[18] EuGH, Urt. v. 19. März 1996, Rs. C-25/94 (Kommission./.Rat), Slg. 1996, I-1469, 1510 (Rn. 49); Urt. v. 30. April 1996, Rs. C-58/94 (Niederlande./.Rat), Slg. 1996, I-2169, 2195 (Rn. 23 ff.).

[19] Eine solche allgemeine Einschätzung interinstitutioneller Vereinbarungen gibt allerdings Generalanwalt Mancini in seinen Schlußanträgen zur Rs. 204/86 (Griechenland./.Rat), EuGH Slg. 1988, 5323, 5349; näheres dazu später.

Bewertung des Handlungsinstruments thematisch in den Mittelpunkt stellen[20]. Auch bei diesen genaueren Untersuchungen fällt jedoch auf, daß die Frage nach der konkreten Bindungswirkung einzelner Übereinkünfte meist nicht eindeutig von der nach der allgemeinen Zulässigkeit interinstitutioneller Vereinbarungen unterschieden wird[21].

Zusammenfassend läßt sich feststellen, daß weder der EG-Vertrag selbst noch die Rechtsprechung des Europäischen Gerichtshofes in umfassender Weise Aufschluß über die mit interinstitutionellen Vereinbarungen zusammenhängenden Rechtsfragen geben. Auch in der Literatur steht eine abschließende Klärung des Problems noch aus.

Gegenstand der vorliegenden Arbeit sind somit die rechtlichen Probleme, die sich aus der beschriebenen institutionellen Praxis ergeben. Im Anschluß an eine allgemeine Begriffsdefinition und einen Überblick über die wichtigsten bestehenden Übereinkünfte ist zunächst die Frage nach der gemeinschaftsrechtlichen Zulässigkeit derartiger Absprachen und Übereinkünfte zu erörtern. Dabei sind auch etwaige Grenzen der entsprechenden Befugnisse der Gemeinschaftsinstitutionen aufzuzeigen. Von besonderer praktischer Bedeutung ist sodann die Frage nach den möglichen Rechtswirkungen interinstitutioneller Vereinbarungen. Ihre Beantwortung dürfte gleichzeitig den Umfang einer etwaigen Justitiabilität der Übereinkünfte durch den Europäischen Gerichtshof bestimmen. Im Anschluß an die Bearbeitung dieser zentralen Rechtsfragen werden die wichtigsten Vereinbarungen anhand der gewonnenen Ergebnisse abschließend rechtlich bewertet.

---

[20] Bieber, Das Verfahrensrecht von Verfassungsorganen, S. 69 ff., 178 ff., 339 ff.; Gauweiler, Die rechtliche Qualifikation interorganschaftlicher Absprachen im Europarecht; Monar, Interinstitutional Agreements: The Phenomenon and its New Dynamics after Maastricht, in: CMLR 1994, 693; Rideau, Droit institutionnel de l'Union et des Communautés européennes, S. 129- 135; Schwarze, Möglichkeiten und Grenzen interinstitutioneller Vereinbarungen nach Maastricht, in: EuR 1995 - Beiheft 2, S. 49; Snyder, Interinstitutional Agreements: Forms and Constitutional Limitations; Waelbroeck, Les „déclarations communes" en tant qu'instruments d'un accroissement des compétences du Parlement européen, in: Louis/Waelbroeck (Hrsg.), Le Parlement européen dans l'évolution institutionnelle, S. 79-103.

[21] So übergehen etwa Gauweiler, Monar, Rideau, Snyder und Waelbroeck (jeweils aaO) die Frage nach der Zulässigkeit interinstitutioneller Vereinbarungen; anders insoweit Bieber und Schwarze (jeweils aaO).

B. Begriffsbestimmung

Es wurde bereits angedeutet, daß der Begriff „interinstitutionelle Vereinbarung" nicht etwa einen ganz bestimmten, ohne Schwierigkeiten abgrenzbaren Handlungstypus benennt, sondern vielmehr als Oberbegriff verwandt wird für eine interinstitutionelle Zusammenarbeit, die sich in vielen verschiedenen Formen abspielt. Aufgrund dieser Vielgestaltigkeit des mit dem Begriff beschriebenen Geschehens ist es unerläßlich, die interessierende institutionelle Praxis zunächst zu definieren, um so den Geltungsbereich der durch diese Untersuchung zu gewinnenden Rechtserkenntnisse zu begrenzen.

I. Terminologie

Zunächst ist festzustellen, daß die zur Bezeichnung des in Frage stehenden Phänomens verwandte Terminologie nicht einheitlich ist. Bereits die Gemeinschaftsinstitutionen selbst bedienen sich nicht einer gleichförmigen Bezeichnung, sondern überschreiben die einzelnen Übereinkünfte mit verschiedenen Titeln[22]. Die Verfasser des Schrifttums dagegen ordnen, soweit sie sich allgemein mit dem Phänomen auseinandersetzen, die untersuchte Praxis einem Oberbegriff zu. Auch hier ist die Terminologie jedoch nicht einheitlich. Während der überwiegende Teil des deutschsprachigen Schrifttums[23] die auch hier bevorzugte Bezeichnung „interinstitutionelle Vereinbarungen" verwendet, sprechen andere Autoren von „Interorganvereinbarungen"[24] oder „Inter-Organ-Verträgen"[25].

Zur Beurteilung der verschiedenen Begriffe ist ein Blick auf die der Gemeinschaft eigene Organisationsstruktur hilfreich. Als autonome internationale Organisation verfügt die Gemeinschaft zunächst über eigene Organe im engeren Sinne. Sie dienen den Zielen der Gemeinschaft, vertreten dieselbe nach außen

---

[22] Neben dem Begriff „Interinstitutionelle Vereinbarung" selbst sind insoweit etwa „Gemeinsame Erklärung", „Beschluß", „Verhaltenskodex" oder „Modus vivendi" zu nennen.

[23] v.d.Groeben/Thiesing/Ehlermann-Schmitt von Sydow, Kommentar, Art. 162, Rn. 2; Grabitz/Hilf-Läufer, Kommentar, Art. 138 c, Rn. 7; Schwarze, EuR 1995 - Beiheft 2, S. 49; auch Monar, CMLR 1994, 693 spricht von „interinstitutional agreements"; Reich, RMC 1994, 81 von „accords interinstitutionnels".

[24] Bieber, Das Verfahrensrecht von Verfassungsorganen, S. 77, 187 sowie in v.d.Groeben/ Thiesing/Ehlermann, Kommentar, Art. 4, Rn. 64; Schweitzer/Hummer, Europarecht, S. 290 (Rn. 939); Grabitz/Läufer, Das Europäische Parlament, S. 157 (Rn. 28).

[25] Bleckmann, Europarecht, S. 182 (Rn. 475); Kraußer, Das Prinzip begrenzter Ermächtigung im Gemeinschaftsrecht als Strukturprinzip des EWG-Vertrags, S. 91 ff.

und sind in Art. 7 (ex-Art. 4) Abs. 1 EGV abschließend aufgezählt[26]. Darüberhinaus existieren die in Art. 7 (ex-Art. 4) Abs. 2 EGV bezeichneten Nebenorgane. Schließlich gibt es einzelne verselbständigte und mit eigener Rechtspersönlichkeit ausgestattete Organisationseinheiten, wie zum Beispiel die durch Art. 9 (ex-Art. 4 b) EGV eingeführte Europäische Investitionsbank. Für die Gesamtheit der den Aufgaben der Gemeinschaft dienenden Körperschaften wird in der deutschen Rechtsterminologie der Oberbegriff der „Institutionen" verwandt[27].

Die Tatsache, daß an allen im Amtsblatt der Gemeinschaft veröffentlichten Vereinbarungen ausschließlich das Europäische Parlament, der Rat und die Kommission, d.h. Organe i.S.v. Art. 7 (ex-Art. 4) Abs. 1 EGV, beteiligt sind, läßt auf den ersten Blick die Bevorzugung des Begriffs „Interorganvereinbarung" plausibel erscheinen. Andererseits existieren jedoch auch Übereinkünfte, an denen eine Institution ohne Organstatus i.S.v. Art. 7 (ex-Art. 4) Abs. 1 EGV beteiligt ist. So besteht beispielsweise eine Vereinbarung zwischen der Kommission, dem Rechnungshof und der Europäischen Investitionsbank über die Zusammenarbeit der drei Institutionen[28]. Diese ist nach Inkrafttreten des Vertrages von Amsterdam nunmehr auch in Art. 248 (ex-Art. 188 c) Abs. 3 UAbs. 3 EGV ausdrücklich vertraglich vorgesehen. Angesichts dieser Tatsache erscheinen die Termini „Interorganvereinbarung" und „Inter-Organ-Vertrag" zur Bezeichnung der in Frage stehenden Übereinkünfte ungeeignet. Letztere Bezeichnung begegnet an dieser Stelle darüberhinaus dem Einwand, daß ein etwaiger Vertragscharakter der Vereinbarungen erst noch nachzuweisen wäre.

Daher sollen die in Frage stehenden Absprachen und Übereinkünfte hier in Übereinstimmung mit weiten Teilen des Schrifttums dem Begriff „interinstitutionelle Vereinbarungen" zugeordnet werden.

---

26 Vgl. Hilf, Die Organisationsstruktur der Europäischen Gemeinschaften, S. 14 ff.; v.d. Groeben/Thiesing/Ehlermann-Bieber, Kommentar, Art. 4, Rn. 10 ff.

27 v.d.Groeben/Thiesing/Ehlermann-Bieber, aaO; Geiger, EG-Vertrag, Art. 4, Rn. 8 ff.; anders beispielsweise die französische Rechtsterminologie, in der die in Art. 7 (ex-Art. 4) Abs. 1 EGV genannten Einrichtungen als „institutions" bezeichnet werden.

28 Vereinbarung über die Methoden der Zusammenarbeit zwischen Kommission, Europäischer Investitionsbank und Rechnungshof vom 28. Juni 1989, erneuert am 23. November 1992, nicht veröffentlicht.

II. Inhaltliches Spektrum

Die oben skizzierte weitläufige Entwicklung[29] hat im Laufe der Jahre dazu geführt, daß der Regelungsgegenstand interinstitutioneller Vereinbarungen sehr vielfältig ist und daher mit wenigen Worten kaum beschrieben werden kann.

Immerhin lassen sich einige inhaltliche Schwerpunkte feststellen. So betrifft etwa ein beträchtlicher Teil der bestehenden Übereinkünfte das gemeinschaftliche Haushaltsverfahren und damit verbundene Bereiche. Beispielsweise wurden zwei Vereinbarungen getroffen, die neben Maßnahmen zur Verbesserung der jährlichen Durchführung des Haushaltsverfahrens sog. Finanzielle Vorausschauen enthalten, mittels derer sich die Organe zur Einhaltung einer für mehrere Jahre festgelegten Haushaltsdisziplin verpflichten[30]. Eine weitere derartige Übereinkunft wird voraussichtlich noch im Jahre 1999 folgen. Weitere aktuelle Beispiele sind die im Jahre 1997 geschlossene Vereinbarung betreffend die Finanzierung der Gemeinsamen Außen- und Sicherheitspolitik[31] sowie die 1998 verabschiedete Vereinbarung zu den Rechtsgrundlagen und der Ausführung des Haushaltsplans[32].

Daneben sind verschiedene andere Organverfahren, darunter insbesondere die allgemeine Rechtsetzung[33] sowie die Gestaltung der Außenbeziehungen der Gemeinschaft[34], immer wieder Gegenstand interinstitutioneller Vereinbarungen. In beiden Bereichen haben der Rat oder die Kommission sich dieses Instruments

---

[29] Siehe unter A (S. 1 ff.).

[30] Interinstitutionelle Vereinbarungen über die Haushaltsdisziplin und die Verbesserung des Haushaltsverfahrens vom 29. Juni 1988, ABl. 1988 L 185, S. 33 sowie vom 29. Oktober 1993, ABl. 1993 C 331, S. 1.

[31] Bulletin EU 7/8 - 1997, Kap. 2.3.1.

[32] ABl. 1998 C 344, S. 1.

[33] Beispiele: - Gemeinsame Erklärung des Europäischen Parlaments, des Rates und der Kommission vom 22. April 1975 über die Einführung eines Konzertierungsverfahrens, ABl. 1975 C 89, S. 1

- Interinstitutionelle Vereinbarung vom 25. Oktober 1993 über Modalitäten für die Abwicklung der Arbeiten des in Art. 189 b EGV vorgesehenen Vermittlungsausschusses, ABl. 1993 C 329, S. 141.

[34] Beispiele: - Die „Luns/Westerterp"-Erklärungen, nicht amtlich veröffentlicht, abgedruckt bei Rengeling, Zu den Befugnissen des Europäischen Parlaments beim Abschluß völkerrechtlicher Verträge im Rahmen der Gemeinschaftsverfassung, in: Festschrift Schlochauer, S. 877, 880 f.

- Vereinbarung zwischen dem Rat und der Kommission betreffend die Vorbereitung von FAO-Sitzungen, die Abgabe von Stellungnahmen sowie die Stimmabgabe vom 19. Dezember 1991, nicht veröffentlicht.

bedient, um dem Europäischen Parlament erweiterte Mitwirkungsrechte einzuräumen und so dessen Position zu stärken[35].

Darüberhinaus wurden „Gemeinsame Erklärungen" verabschiedet, in denen die Organe sich in allgemeiner Form zu bestimmten Grundsätzen bekennen. So existiert etwa eine Übereinkunft betreffend die Beachtung der Grundrechte[36] sowie eine Erklärung, in der die Organe sich gemeinsam zum Kampf gegen Rassismus und Fremdenfeindlichkeit verpflichten[37].

Im übrigen läßt sich eine Aussage allgemeiner Art nur insoweit treffen, als die Vereinbarungen meist Regelungen der Zusammenarbeit zwischen den verschiedenen Institutionen enthalten[38]. Diese können spezieller Art sein[39] oder auch die Kooperation unter einzelnen Institutionen als solche betreffen[40].

Der Vertrag über die Europäische Union brachte hinsichtlich des inhaltlichen Spektrums interinstitutioneller Vereinbarungen schließlich eine wichtige Neuerung. Erstmalig wurden den Organen hier bestimmte Bereiche der Gemeinschaftstätigkeit zur einvernehmlichen Ausgestaltung überlassen, die über den Rahmen der interinstitutionellen Beziehungen hinausgehen. So beauftragte der Vertrag die Gemeinschaftsorgane durch Art. 193 (ex-Art. 138 c) Abs. 3 EGV sowie Art. 195 (ex-Art. 138 e) Abs. 4 EGV mit dem Erlaß von Durchführungsbestimmungen zu den neu eingeführten Einrichtungen der parlamentarischen Untersuchungsausschüsse sowie des Bürgerbeauftragten.

---

[35] Dieser Aspekt wurde mehrfach im Schrifttum aufgegriffen. So spricht etwa Läufer, EuR 1979, 261 von einer „Positionsstärkung durch intrakonstitutionellen Wandel", M. und D. Waelbroeck, in: Louis/Waelbroeck (Hrsg.), Le Parlement européen dans l'évolution institutionnelle, S. 79 bezeichnen die Vereinbarungen als „instruments d'un accroissement des compétences du Parlement européen".

[36] Gemeinsame Erklärung des Europäischen Parlaments, des Rates und der Kommission vom 5. April 1977, ABl. 1977 C 103, S. 1.

[37] Gemeinsame Erklärung des Europäischen Parlaments, des Rates, der im Rat vereinigten Vertreter der Mitgliedstaaten und der Kommission vom 11. Juni 1986 gegen Rassismus und Fremdenfeindlichkeit, ABl. 1988 C 158, S. 1

[38] Vgl. etwa die Zusammenstellung von Abreden zwischen dem Europäischen Parlament und der Kommission in der Mitteilung der Kommission vom 30. Mai 1973, KOM (73) 999, Anlage I.

[39] Beispiel: Modus vivendi vom 20. Dezember 1994 zwischen dem Europäischen Parlament, dem Rat und der Kommission betreffend die Maßnahmen zur Durchführung der nach dem Verfahren des Artikels 189 b EGV erlassenen Rechtsakte, ABl. 1996 C 102, S. 1.

[40] Beispiel: Verhaltenskodex über die Beziehungen zwischen dem Europäischen Parlament und der Kommission nach Inkrafttreten des Vertrages über die Europäische Union, ABl. 1995 C 89, S. 69.

Schließlich ist darauf hinzuweisen, daß seit der Schaffung der Europäischen Union die in Art. 5 (ex-Art. E) EUV genannten Gemeinschaftsinstitutionen[41] auch nach den Befugnissen handeln, die ihnen durch den EU-Vertrag eingeräumt werden. Aufgrund dieses einheitlichen institutionellen Rahmens (vgl. Art. 3 (ex-Art. C) EUV) besteht auch die Möglichkeit, daß die Gemeinschaftsorgane Übereinkünfte auf Gebieten schließen, die die Tätigkeit der Europäischen Union betreffen. Da eigenständiges Recht der Union erst in Ansätzen besteht, ist der Raum für interinstitutionelle Vereinbarungen in diesem Bereich allerdings noch begrenzt. Als ein erstes Beispiel kann insoweit die bereits zitierte Vereinbarung zwischen dem Europäischen Parlament, dem Rat und der Kommission zur Finanzierung der Gemeinsamen Außen- und Sicherheitspolitik vom 16. Juli 1997[42] angeführt werden.

Zusammenfassend läßt sich feststellen, daß interinstitutionelle Vereinbarungen regelmäßig Fragen der Zusammenarbeit zwischen den verschiedenen Gemeinschaftsinstitutionen betreffen, wobei Schwerpunkte im Bereich des Haushaltsverfahrens sowie der allgemeinen Rechtsetzung auszumachen sind. Der Regelungsgegenstand der auf Art. 193 (ex-Art. 138 c) Abs. 3 EGV und Art. 195 (ex-Art. 138 e) Abs. 4 EGV gestützten Vereinbarungen geht dagegen über diesen Bereich der interinstitutionellen Beziehungen hinaus.

III. Verwandte Formen

Ebenso vielfältig wie der inhaltliche Gehalt interinstitutioneller Vereinbarungen ist deren äußere Form. In Anlehnung an eine von *Bieber*[43] erstellte Übersicht können folgende Erscheinungsformen unterschieden werden.

Zunächst sind vor allem die zwischen mehreren Gemeinschaftsorganen ausgehandelten, von deren Präsidenten unterschriebenen und förmlich im Amtsblatt der Gemeinschaft veröffentlichten Vereinbarungen zu erwähnen[44].

---

[41] Dazu zählt seit Inkrafttreten des Vertrages von Amsterdam nunmehr auch der Rechnungshof.

[42] Bulletin EU 7/8 - 1997, Kap. 2.3.1.

[43] Das Verfahrensrecht von Verfassungsorganen, S. 77 sowie in v.d.Groeben/Thiesing/Ehlermann, Kommentar, Art. 4, Rn. 64.

[44] Beispiele: - Gemeinsame Erklärung des Europäischen Parlaments, des Rates und der Kommission vom 22. April 1975 über die Einführung eines Konzertierungsverfahrens, ABl. 1975 C 89, S. 1.

- Interinstitutionelle Vereinbarung über die Haushaltsdisziplin und die Verbesserung des Haushaltsverfahrens vom 29. Juni 1988, ABl 1988 L 185, S. 33.

Eine beträchtliche Anzahl der Übereinkünfte wurde von den beteiligten Institutionen ebenfalls schriftlich niedergelegt, ohne jedoch im Amtsblatt der Gemeinschaft veröffentlicht zu werden[45]. Andere Übereinkünfte beruhen auf Briefwechseln zwischen den Vertretern einzelner Institutionen[46].

Schließlich existieren einige Erklärungen von Mitgliedern einer Institution, die schriftlich oder auch mündlich einer anderen Institution gegenüber abgegeben wurden[47]. Obwohl es sich dabei formal um einseitige Akte handelt, werden diese im Schrifttum häufig ohne nähere Erläuterung der Kategorie der interinstitutionellen Vereinbarungen zugeordnet[48]. Dem kann jedoch nicht vorbehaltlos zugestimmt werden. Vielmehr impliziert der Terminus „interinstitutionelle Vereinbarung" einen gewissen mehrseitigen Charakter des in Frage stehenden Aktes. Formal einseitige Erklärungen sollten daher nur dann dem Begriff zugeordnet werden, wenn sie ein interinstitutionelles Element aufweisen[49]. Dieses kann insbesondere darin bestehen, daß sie auf Verlangen einer anderen Institution oder im Anschluß an einen interinstitutionellen Dialog abgegeben werden.

Der dieser Untersuchung zugrundeliegende Begriff der „interinstitutionellen Vereinbarungen" ist folglich nicht so eng gefaßt, daß er ausschließlich die förmlichen, im Amtsblatt veröffentlichten gemeinsamen Erklärungen umfaßt. Vielmehr ist der Terminus so weit auszulegen, daß er die dargestellte Formenvielfalt einschließt. In dieser Weise bezeichnet er die Gesamtheit der Handlungsformen, derer sich die Organe und Institutionen der Gemeinschaft bedienen, um

---

[45] Beispiele: - Vereinbarung zwischen dem Rat und der Kommission betreffend die Vorbereitung von FAO-Sitzungen, die Abgabe von Stellungnahmen sowie die Stimmabgabe vom 19. Dezember 1991, nicht veröffentlicht
- Interinstitutionelle Vereinbarung zwischen Europäischem Parlament, Rat und Kommission über die Finanzierung der Gemeinsamen Außen- und Sicherheitspolitik vom 16. Juli 1997, Bulletin EU 7/8 - 1997, Kap. 2.3.1.

[46] Beispiel: Briefwechsel zwischen dem Europäischen Parlament, dem Rat und der Kommission zum Petitionsrecht, ABl. 1989 C 120, S. 90.

[47] Beispiele: - Entschließung des Rates vom 24./25. Februar 1963 zum „Luns-Verfahren", nicht amtlich veröffentlicht, abgedruckt bei Rengeling, Zu den Befugnissen des Europäischen Parlaments beim Abschluß völkerrechtlicher Verträge im Rahmen der Gemeinschaftsverfassung, in Festschrift Schlochauer, S. 877, 880
- Mitteilung der Kommission vom 14. Oktober 1981 über die Beziehungen zwischen den Gemeinschaftsinstitutionen, Bulletin EG 1982 - Beilage 3, S. 6.

[48] So insbesondere Bieber, aaO (Anm. 43); ebenso Monar CMLR 1994, 693; Läufer, EuR 1979, 261, 265 f.; Feger, JA 1985, 437, 438.

[49] Ebenso wohl Snyder, Interinstitutional Agreements: Forms and Constitutional Limitations, S. 2.

ihre Zusammenarbeit untereinander sowie sonstige ihnen zugewiesene Sachbereiche einvernehmlich zu gestalten.

IV. Einschränkungen

Wenngleich der Begriff der „interinstitutionellen Vereinbarungen" sowohl in formaler als auch in inhaltlicher Hinsicht sehr weit gefaßt ist, so erfordert die Stringenz der Untersuchung gleichwohl bei der Sicht auf die bestehenden Übereinkünfte gewisse Beschränkungen.

Zunächst ist festzustellen, daß Verfahrensabsprachen unter den Organen und Institutionen im Tagesgeschäft der institutionellen Praxis der Gemeinschaft so zahlreich vorkommen, daß ein vollständiger Überblick über den gesamten Bestand unmöglich ist[50]. Eine offizielle Zusammenstellung der bislang getroffenen Vereinbarungen existiert - abgesehen von der bereits erwähnten Mitteilung der Kommission vom 30. Mai 1973[51] - bislang nicht. Eine weitere Schwierigkeit ergibt sich daraus, daß Übereinkünfte oft nur mündlich getroffen werden oder zwar schriftlich niedergelegt, aber nicht veröffentlicht sind, so daß sie dem Außenstehenden gar nicht oder nur schwer zugänglich sind.

Andererseits konzentriert sich das juristische Interesse jedoch in erster Linie ohnehin auf solche Vereinbarungen, die aufgrund ihres abstrakt-generellen Inhalts für eine größere Zahl gemeinschaftsrechtlicher Sachverhalte bedeutsam sind. Derartige Vereinbarungen werden von den beteiligten Institutionen in der Regel in eine entsprechende Form gekleidet, d.h. schriftlich niedergelegt, unterzeichnet und meist auch im Amtsblatt veröffentlicht. Bei den weniger transparenten Übereinkünften dürfte es sich dementsprechend regelmäßig um spezielle und oft nur kurzlebige Detailabsprachen minderer Bedeutung handeln. Äußere Form und materiell-rechtliche Bedeutung der einzelnen Vereinbarung stehen also meistens miteinander in Beziehung. Die negativen Auswirkungen, die sich für eine juristische Betrachtung aus dem festzustellenden Mangel an Transparenz ergeben, halten sich deshalb im Rahmen.

Im Interesse der Stringenz dieser Untersuchung ist die Betrachtung daher auf die in der Praxis bedeutsamen sowie die für diese Untersuchung besonders wichtigen Vereinbarungen zu konzentrieren. Hinsichtlich der äußeren Erscheinung sind diese gerade wegen ihrer Bedeutung besonders förmlich gestaltet. Dadurch

---

[50] Ähnlich Snyder, aaO, S. 3.

[51] KOM (73) 999, Anlage I; diese Übersicht betrifft überdies nur zweiseitige Absprachen zwischen der Kommission und dem Europäischen Parlament.

entsteht ein etwas irreführendes Bild hinsichtlich des formalen Spektrums der Übereinkünfte, das jedoch nicht über die tatsächliche formale Vielfalt, wie sie oben dargestellt wurde, hinwegtäuschen darf.

Trotz der gebotenen Beschränkungen bei der deskriptiven Darstellung der Vereinbarungen wird die folgende Untersuchung daher das gesamte formelle und inhaltliche Spektrum, wie es oben dargestellt wurde, berücksichtigen. Die zu gewinnenden Rechtserkenntnisse beanspruchen dementsprechend ihre Gültigkeit nicht nur bezüglich der näher betrachteten förmlichen Vereinbarungen, sondern für die Gesamtheit der interinstitutionellen Vereinbarungen einschließlich der formlosen Detailabreden.

C. Übersicht über die wichtigsten interinstitutionellen Vereinbarungen

Um die Bedeutung interinstitutioneller Vereinbarungen im Europäischen Gemeinschaftsrecht zu veranschaulichen, sollen die wichtigsten Übereinkünfte im folgenden kurz dargestellt werden. Dabei finden neben dem Regelungsinhalt auch die jeweilige Entstehungsgeschichte sowie die Anwendungspraxis der Vereinbarungen ein Mindestmaß an Berücksichtigung. Die Übersicht beansprucht nicht, hinsichtlich der formalen Vielfalt des Phänomens repräsentativ zu sein. Vielmehr erfolgt die Auswahl nur anhand des Kriteriums der jeweiligen Bedeutung für die Gemeinschaftspraxis einerseits sowie für diese Untersuchung andererseits[52]. Im Rahmen dieser Selektion sind die Vereinbarungen in chronologischer Reihenfolge dargestellt.

I. Die „Luns/Westerterp"-Erklärungen[53]

Im Bereich der Außenbeziehungen der Gemeinschaft erlangten interinstitutionelle Vereinbarungen erstmalig besondere Bedeutung. Wie bereits erwähnt wurde, dienten Übereinkünfte zwischen den Gemeinschaftsinstitutionen anfangs vielfach der Stärkung der Position des Europäischen Parlaments bei bestimmten Organverfahren[54]. Dies trifft insbesondere auf die beiden Absprachen zu, durch

[52] Vgl. oben unter B.IV (S. 12 f.).
[53] Nicht amtlich veröffentlicht, im Wortlaut abgedruckt bei Rengeling, Zu den Befugnissen des Europäischen Parlaments beim Abschluß völkerrechtlicher Verträge im Rahmen der Gemeinschaftsverfassung, in: Festschrift Schlochauer, S. 877, 879 ff. sowie bei v.d.Groeben/Thiesing/Ehlermann-Tomuschat, Kommentar, Art. 228, Rn. 36 f.
[54] Vgl. oben unter B.II (S. 8 f.).

die die gemeinhin als „Luns"- bzw. „Luns/Westerterp"-Verfahren bezeichneten Beteiligungsformen eingeführt wurden[55].

Nach der bis zur Einheitlichen Europäischen Akte geltenden Fassung des heutigen Art. 300 (ex-Art. 228) EGV vollzog sich der Abschluß internationaler Abkommen durch die Gemeinschaft in der Weise, daß die Kommission die Verträge aushandelte, worauf der Rat diese rechtsverbindlich abschloß. Eine Anhörung des Europäischen Parlaments sah der Vertrag in diesem Rahmen lediglich bei den Assoziierungsabkommen gemäß Art. 310 (ex-Art. 238) EGV vor. Der genaue Zeitpunkt dieser Anhörung war jedoch zwischen Parlament und Rat umstritten[56]. Nach einem Briefwechsel zwischen dem Parlamentspräsidenten Martino und dem damaligen Ratspräsidenten Luns gestand der Rat dem Parlament schließlich in einer Entschließung vom 24./25. Februar 1964, die bis heute nicht amtlich veröffentlicht ist, die folgenden, später als „Luns-Verfahren" bezeichneten Anhörungsrechte zu:

> „Vor dem Beginn der Verhandlungen über die Assoziierung eines dritten Staates mit der Gemeinschaft kann im Europäischen Parlament eine Debatte stattfinden.
>
> Im Verlauf der Verhandlungen werden enge Kontakte zwischen der Kommission und den zuständigen Parlamentsausschüssen aufrechterhalten.
>
> Der Rat oder sein Vertreter informiert nach Beendigung der Verhandlungen - aber vor Unterzeichnung des Abkommens - vertraulich und inoffiziell die zuständigen Ausschüsse von dem Inhalt des Abkommens." [57]

Durch diese Regelung sollte dem Parlament die Möglichkeit eingeräumt werden, die Verhandlungen von Beginn an zu verfolgen und durch an die Kommission gerichtete Stellungnahmen deren Inhalt zu beeinflussen[58].

Auch im Bereich der Handelsabkommen i.S.v. Art. 133 (ex-Art. 113) EGV war das Europäische Parlament lange Zeit vergeblich bemüht, ein Mitspracherecht zu erlangen. Nach ersten Zugeständnissen des damals amtierenden Ratspräsidenten Westerterp forderte das Europäische Parlament schließlich in einer Entschließung vom 13. Februar 1973 offiziell die Konsultation über zu schließende Handels-

---

[55] Vgl. Rengeling, aaO (Anm. 53), S. 879 ff.; Nicoll, RMC 1986, 475; Gauweiler, Die rechtliche Qualifikation interorganschaftlicher Absprachen im Europarecht, S. 40 ff.
[56] Vgl. dazu Hermann, Das Abschlußverfahren völkerrechtlicher Verträge der Europäischen Wirtschaftsgemeinschaft, S. 104 ff.
[57] Zit. nach Rengeling, aaO (Anm. 53), S. 880.
[58] Vgl. Rengeling, aaO.

abkommen durch den Rat[59]. Zwar erfüllte der Rat diese Forderung nicht, doch legte er in einem „Vermerk für das Europäische Parlament" vom 16. Oktober 1973 dar, in welcher Form er eine Beteiligung des Parlaments beim Abschluß von Handelsabkommen für denkbar hielt:

> „Vor Beginn der Verhandlungen über ein Handelsabkommen mit einem Drittland kann in den geeigneten Fällen im Lichte der Auskünfte, die der Rat den zuständigen Ausschüssen des Europäischen Parlaments erteilt hat, im Europäischen Parlament eine Debatte stattfinden;
>
> bei erfolgreichem Abschluß der Verhandlungen unterrichtet der Präsident des Rates oder sein Vertreter die zuständigen Ausschüsse vor Unterzeichnung des Abkommens vertraulich und inoffiziell über dessen Inhalt;
>
> eingedenk der Bedeutung, die das Europäische Parlament den Handelsabkommen der Gemeinschaft beimißt, unterrichtet der Rat das Europäische Parlament über den Inhalt dieser Abkommen, und zwar nach deren Unterzeichnung und vor dem Abschluß."[60]

Diese Beteiligungsform wird als „Luns-Westerterp-Verfahren" bezeichnet. Der entsprechende Vermerk wurde dem Parlament in dessen Sitzung vom 17. Oktober 1973 zur Kenntnis gebracht[61].

Sowohl das „Luns"- als auch das „Luns-Westerterp"-Verfahren gehen damit in ihrer konkreten Ausgestaltung auf eine jeweils vom Rat abgegebene Erklärung zurück. Obwohl es sich somit um formal einseitige Akte handelt, sind beide Konsultationsverfahren jedoch im Wege des interinstitutionellen Dialogs zustandegekommen. Nach dem hier zugrundegelegten Begriffsverständnis[62] sind sie daher der Kategorie der interinstitutionellen Vereinbarungen zuzuordnen[63].

Die praktische Anwendung beider Konsultationsverfahren erwies sich aus Sicht des Europäischen Parlaments insoweit als nicht zufriedenstellend, als dieses

---

[59] Entschließung über die Verfahren zur Beteiligung des Parlaments am Abschluß der Handelsabkommen, ABl. 1973 C 14, S. 16.

[60] Zit. nach Rengeling, aaO (Anm. 53), S. 881.

[61] Vgl. Bieber, Die Organe der erweiterten Europäischen Gemeinschaften: Das Parlament, S. 197 ff.

[62] Vgl. oben unter B.III (S. 11 f.).

[63] Ebenso das Schrifttum, vgl. etwa Gauweiler, Die rechtliche Qualifikation interorganschaftlicher Absprachen im Europarecht, S. 40 ff.; v.d.Groeben/Thiesing/Ehlermann-Tomuschat, Kommentar, Art. 228, Rn. 36 ff.; Rideau, Droit institutionnel de l'Union et des Communautés européennes, S. 129; Snyder, Interinstitutional Agreements: Forms and Constitutional Limitations, S. 4; vgl. auch die Nachweise in Anm. 48.

vielfach zu spät oder nur unzureichend vom Rat informiert wurde[64]. Nach der heute geltenden Fassung des Art. 300 (ex-Art. 228) EGV verfügt das Europäische Parlament auf dem Gebiet der Außenbeziehungen der Gemeinschaft über verstärkte Beteiligungsrechte. Nach Art. 300 (ex-Art. 228) Abs. 3 UAbs. 1 EGV dürfen nunmehr sämtliche internationale Abkommen mit Ausnahme der Handelsabkommen i.S.v. Art. 133 (ex-Art. 113) Abs. 3 EGV erst nach Anhörung des Parlaments geschlossen werden. Der Abschluß von Assoziierungsabkommen i.S.v. Art. 310 (ex-Art. 238) EGV bedarf nach Art. 300 (ex-Art. 228) Abs. 3 UAbs. 2 EGV sogar der Zustimmung des Parlaments. Alle diese Mitwirkungsbefugnisse erlauben dem Europäischen Parlament jedoch nur, bereits ausgehandelte Abkommen als ganzes abzulehnen oder zu billigen. Die parlamentarischen Beteiligungsrechte in der Verhandlungsphase dagegen haben bis heute keine vertragliche Berücksichtigung erfahren. Da eine vorherige Einschaltung des Parlaments angesichts seiner jetzigen Befugnisse jedoch um so sinnvoller ist, finden die in den „Luns/Westerterp"-Erklärungen vorgesehenen Unterrichtungsverfahren nach wie vor Anwendung[65].

II. Die „Gemeinsame Erklärung des Europäischen Parlaments, des Rates und der Kommission" vom 22. April 1975 über die Einführung eines Konzertierungsverfahrens[66]

Anders als im Fall der „Luns/Westerterp"-Verfahren erfolgte die Einführung des sogenannten Konzertierungsverfahrens nicht durch ein einseitiges Zugeständnis des Rates, sondern erstmals durch eine von Vertretern dreier Organe unterzeichnete und als „Gemeinsame Erklärung" im Amtsblatt der Gemeinschaft veröffentlichte Vereinbarung.

Zielsetzung der Erklärung ist eine verstärkte Beteiligung des Europäischen Parlaments am Rechtsetzungsverfahren der Gemeinschaft. Aus den der Erklärung vorangestellten Erwägungsgründen und ihrer Entstehungsgeschichte ergibt sich, daß das zu diesem Zwecke eingeführte Konzertierungsverfahren im Zusammenhang mit den vorausgegangenen Änderungen der Finanzverfassung der Gemeinschaft zu sehen ist. Parallel zur Einführung des Systems der Eigenmittel-

---

[64] Rengeling, aaO (Anm. 53), S. 882; vgl. auch v.d.Groeben/Thiesing/Ehlermann-Tomuschat, Kommentar, Art. 228, Rn. 36; eingehend zur weiteren Entwicklung des „Luns/Westerterp"-Verfahrens Gauweiler, aaO (Anm. 63), S.44 ff.
[65] Vgl. v.d.Groeben/Thiesing/Ehlermann-Tomuschat, Kommentar, Art. 228, Rn. 34 m.w.N.
[66] ABl. 1975 C 89, S. 1.

finanzierung[67] war das Europäische Parlament durch eine Neufassung des Art. 272 (ex-Art. 203) EGV mit entscheidend erweiterten Haushaltsbefugnissen ausgestattet worden[68]. Diese Haushaltsbefugnisse allein vermochten jedoch die gewünschte Stärkung des parlamentarischen Einflusses auf das Finanzgebaren der Gemeinschaft nicht zu gewährleisten. Vielmehr bedurften gerade die nicht obligatorischen Ausgaben, über die nunmehr im wesentlichen das Parlament bestimmen sollte, regelmäßig über die etatmäßige Veranschlagung hinaus der Konkretisierung durch einen Rechtsetzungsakt[69]. Aus diesem Grunde wurde dem Europäischen Parlament durch die Gemeinsame Erklärung vom 22. April 1975 - gewissermaßen als Ergänzung seiner neuen Haushaltsbefugnisse[70] - eine über die vertragliche Regelung hinausgehende Beteiligung am Erlaß finanzwirksamer Rechtsakte zugebilligt.

Ziel des durch die Vereinbarung geschaffenen Konzertierungsverfahrens ist es, in den Fällen, in denen der Rat beim Erlaß solcher Rechtsakte von der Stellungnahme des Parlaments abzuweichen beabsichtigt, diesbezüglich zwischen beiden Organen ein Einvernehmen herzustellen. Abs. 2 der gemeinsamen Erklärung definiert den Anwendungsbereich des dazu eingeführten Verfahrens. Danach muß der fragliche Rechtsakt „von allgemeiner Tragweite" sein und „ins Gewicht fallende finanzielle Auswirkungen" haben. Darüberhinaus darf sein Erlaß nicht schon aufgrund früherer Rechtsakte geboten sein. Soweit diese materiellen Voraussetzungen erfüllt sind, kann das Konzertierungsverfahren, dessen Ablauf in den Absätzen 3 - 7 geregelt ist, eingeleitet werden. Zunächst obliegt es der Kommission, bei Vorlage ihres Vorschlags dazu Stellung zu nehmen, ob der anvisierte Rechtsakt nach ihrer Auffassung Gegenstand eines Konzertierungsverfahrens sein könnte. Nach Abs. 3 S. 2 der Gemeinsamen Erklärung kann das Parlament oder der Rat bei Erfüllung der materiellen Voraussetzungen auch ohne einen entsprechenden Vorschlag der Kommission eine Verfahrenseröffnung verlangen.

---

67 Eigenmittelbeschluß (70/243/EGKS, EWG, Euratom) des Rates vom 21. April 1970, ABl. 1970 L 94, S. 19; ausführlich dazu v.d.Groeben/Thiesing/Ehlermann-Bieber, Kommentar, Art. 201, Rn. 14 ff.; vgl. auch Forman, CMLR 1979, 77, 80.

68 Insbesondere konnte das Parlament nunmehr bei den sog. obligatorischen Ausgaben Änderungen des Haushaltsplanentwurfs vorschlagen, bei den nicht obligatorischen konnte es solche Änderungen bis zu einer von der Kommission festgelegten Grenze auch letztverbindlich durchsetzen; vgl. im einzelnen: Strasser, Die Finanzen Europas, S. 34 ff. sowie Läufer, Die Organe der EG - Rechtsetzung und Haushaltsverfahren zwischen Kooperation und Konflikt, S. 108 ff.

69 Vgl. Beutler, Rechtsfragen des Konzertierungsverfahrens, in: Gedächtnisschrift Sasse, S. 312; Beutler/Bieber/Pipkorn/Streil, Die Europäische Union - Rechtsordnung und Politik, S. 181 f.

70 Nicoll, RMC 1986, 11 bezeichnet das Konzertierungsverfahren als „contre-partie logique du pouvoir budgétaire du Parlement".

In einem aus dem Rat und Vertretern des Parlaments zusammengesetzten „Konzertierungsausschuß" wird dann unter Teilnahme der Kommission versucht, ein Einvernehmen zwischen Rat und Parlament herzustellen. Abs. 6 S. 2 der Erklärung setzt den Beteiligten dazu eine Regelfrist von drei Monaten. Sobald eine „hinreichende Annäherung" der verschiedenen Standpunkte erreicht ist, kann das Parlament erneut eine Stellungnahme abgeben. Ohne an diese gebunden zu sein, entscheidet daraufhin der Rat letztverbindlich über den streitbefangenen Rechtsakt.

Das erste Konzertierungsverfahren fand erst zwei Jahre nach Unterzeichnung der Erklärung statt, gab jedoch zunächst Anlaß zu großem Optimismus. Der Verabschiedung der Haushaltsordnung vom 21. Dezember 1977[71] war eine Konzertierung vorausgegangen, in deren Verlauf der Rat die Positionen des Parlaments in vielen Punkten akzeptiert hatte[72]. Im Laufe der folgenden Jahre machte sich jedoch auf Seiten des Parlaments zunehmend Ernüchterung breit, da der Rat vielfach bereits die Eröffnung des Verfahrens ablehnte[73] oder aber in den tatsächlich durchgeführten Konzertierungen die Position des Parlaments aus dessen Sicht nur unzureichend berücksichtigte[74]. Die daraus resultierende Enttäuschung dürfte der Grund dafür sein, daß das Parlament in der Folgezeit trotz eines entsprechenden Hinweises der Kommission i.S.v. Abs. 3 der Vereinbarung darauf verzichtete, die Durchführung eines Konzertierungsverfahrens zu verlangen[75]. Infolge der durch den Vertrag über die Europäische Union eingeführten Formen der Zusammenarbeit zwischen Rat und Parlament[76] hat das Konzertierungsverfahren seine praktische Bedeutung schließlich weitgehend verloren[77].

---

[71] ABl. 1977 L 356, S.1 ff.

[72] Ausführlich dazu Forman, CMLR 1979, 77, 90 ff.

[73] Vgl. dazu das Urteil des Europäischen Gerichtshofes vom 19. Januar 1984, Rs. 211/80 (Advernier./.Rat), Slg. 1984, 131, 146 (Rn. 23), in dem eine solche Ablehnung des Rates bestätigt wird.

[74] Zu den Anwendungsschwierigkeiten Gauweiler, Die rechtliche Qualifikation interorganschaftlicher Absprachen im Europarecht, S. 25 ff. sowie Forman, CMLR 1979, 77, 90 ff.

[75] Die Ursachen dieser Entwicklung analysieren Glaesner, Das Konzertierungsverfahren zwischen Rat und Europäischem Parlament, in: ders., Das Recht als Gestaltungsmittel der Politik der EG, S. 125, 127 ff. sowie Gauweiler, aaO, S. 28 ff.

[76] Art. 251 (ex-Art. 189 b), Art. 252 (ex-Art. 189 c) EGV.

[77] Ebenso Beutler/Bieber/Pipkorn/Streil, Die Europäische Union - Rechtsordnung und Politik, S. 218.

III. Die „Gemeinsame Erklärung des Europäischen Parlaments, des Rates und der Kommission" vom 5. April 1977 zu den Grundrechten[78]

Im April 1977 wurde eine weitere dreiseitige „Gemeinsame Erklärung" verabschiedet. Ihr Gegenstand ist ein allgemeines Bekenntnis der beteiligten Gemeinschaftsorgane zu den Grundrechten.

Während in Satz 1 der Erklärung die „vorrangige Bedeutung" der Achtung der Grundrechte unterstrichen wird, enthält Satz 2 eine Selbstverpflichtung der Organe, diese „bei der Ausübung ihrer Befugnisse und bei der Verfolgung der Ziele der Europäischen Gemeinschaften" zu beachten. In den der Erklärung vorangestellten Erwägungsgründen wird ausdrücklich auf die zum Grundrechtsstandard ergangene Rechtsprechung des Europäischen Gerichtshofes verwiesen. Indem die Organe auf die „allgemeinen Rechtsgrundsätze und insbesondere die Grundrechte, Prinzipien und Rechte, die die Grundlage des Verfassungsrechts der Mitgliedstaaten bilden", sowie die Europäische Konvention zum Schutz der Menschenrechte und Grundfreiheiten Bezug nehmen, erkennen sie ausdrücklich die Rechtsquellen an, aus denen auch der Gerichtshof seine Grundrechtsdoktrin entwickelt hat[79].

Die Gemeinsame Erklärung bringt damit hinsichtlich des in der Gemeinschaftsrechtsordnung geltenden Grundrechtsschutzes keine inhaltlichen Neuerungen, sondern nur eine Bestätigung der Rechtsprechung des Europäischen Gerichtshofes durch die Gemeinschaftsorgane[80]. Motivation für ihre Verabschiedung dürfte nicht zuletzt der Wille der Organe gewesen sein, hinsichtlich des Grundrechtsschutzes auf Gemeinschaftsebene dem Eindruck einer ausschließlich richterlichen Rechtsschöpfung entgegenzuwirken[81].

---

[78] ABl. 1977 C 103, S. 1.

[79] Vor allem in den Grundsatzurteilen vom 17. Dezember 1970, Rs. 11/70 (Internationale Handelsgesellschaft./.Einfuhr- und Vorratsstelle für Getreide und Futtermittel), Slg. 1970, 1125, 1135 und vom 14. Mai 1974, Rs. 4/73 (Nold./.Kommission), Slg. 1974, 491, 507 f. hat der Gerichtshof den Schutz der Grundrechte als allgemeinen Grundsatz des Gemeinschaftsrechts charakterisiert, der sich aus den gemeinsamen Verfassungsüberlieferungen der Mitgliedstaaten sowie den internationalen Verträgen über den Schutz der Menschenrechte ableite, denen die Mitgliedstaaten beigetreten sind.

[80] So auch Pescatore, EuR 1979, 8.

[81] Vgl. Hilf, EuGRZ 1977, 158, 159.

IV. Die „Gemeinsame Erklärung des Europäischen Parlaments, des Rates und der Kommission über verschiedene Maßnahmen zur Gewährleistung einer besseren Abwicklung des Haushaltsverfahrens" vom 30. Juni 1982[82]

Ähnlich wie die Vereinbarung zum Konzertierungsverfahren steht auch die Gemeinsame Erklärung vom 30. Juni 1982 in engem Zusammenhang mit der in den 70er Jahren durchgeführten Reform der Finanzverfassung der Gemeinschaft[83].

Entsprechend der dabei eingeführten Unterscheidung zwischen obligatorischen und nicht obligatorischen Ausgaben war das Budgetrecht nunmehr zwischen Rat und Europäischem Parlament aufgeteilt. Während über die obligatorischen Ausgaben weiterhin letztverbindlich der Rat zu entscheiden hatte, stand es nach Art. 272 (ex-Art. 203) Abs. 4 - 6 EGV von nun an dem Parlament zu, den Vorschlag des Rates hinsichtlich der nicht obligatorischen Ausgaben innerhalb bestimmter Grenzen zu ändern und diese Änderungen auch endgültig durchzusetzen. Die mehrfachen Vertragsänderungen brachten es mit sich, daß Art. 272 (ex-Art. 203) EGV zu einer sehr umfangreichen und komplizierten Vorschrift wurde[84]. Aufgrund der teilweise unklaren oder unvollständigen Textformulierungen der Norm und mangels geeigneter Verfahren zur Beilegung von Meinungsverschiedenheiten wurde das Haushaltsverfahren von 1978 an zu einer Quelle ständiger Auseinandersetzungen zwischen Rat und Parlament[85]. Bei der Erstellung des Haushalts für das Jahr 1982 erreichten die Auseinandersetzungen ihren vorläufigen Höhepunkt in der Form, daß der Rat den Feststellungsbeschluß des Parlamentspräsidenten im Wege einer Nichtigkeitsklage vor dem Europäischen Gerichtshof angriff[86]. Um eine Eskalation des Konflikts zu vermeiden, nahmen die Präsidenten der beiden beteiligten Gemeinschaftsorgane sowie der Kommission Gespräche auf, die schließlich am 30. Juni 1982 zu einer außergerichtlichen Einigung und zur Verabschiedung der Gemeinsamen Erklärung führten[87].

Entsprechend ihrer ausdrücklichen Zielsetzung sollte die Vereinbarung durch eine einvernehmliche Regelung der wichtigsten Streitfragen einen reibungs-

---

[82] ABl. 1982 C 194, S. 1 ff.
[83] Vgl. dazu Dankert, CMLR 1983, 701, 702 ff.
[84] v.d.Groeben/Thiesing/Ehlermann-Bieber, Kommentar, Art. 203, Rn. 1.
[85] Eine übersichtliche Darstellung dieser Haushaltskonflikte gibt Läufer, Die Organe der EG - Rechtsetzung und Haushaltsverfahren zwischen Kooperation und Konflikt, S. 124 ff.
[86] Rs. 72 u. 73/82, ABl. 1982 C 72, S. 7 f.
[87] Ausführlich zur Entstehungsgeschichte: Läufer, aaO (Anm. 85), S. 132 ff.

loseren Ablauf des jährlichen Haushaltsverfahrens ermöglichen. Die ersten beiden Abschnitte der Erklärung befassen sich zunächst mit dem Problem der Klassifizierung der Ausgaben. Die Kriterien, nach denen die einzelnen Haushaltsposten den obligatorischen bzw. nicht obligatorischen Ausgaben zugeordnet wurden, waren zwischen Parlament und Rat seit der Einführung der Unterscheidung regelmäßig umstritten gewesen[88]. Kapitel I Ziff. 1 der Erklärung enthält zunächst eine abstrakte Definition der obligatorischen Ausgaben. Als solche werden Ausgaben anerkannt, die „die Haushaltsbehörde in den Haushaltsplan einsetzen muß, um die Gemeinschaft in die Lage zu versetzen, ihren sich aus den Verträgen oder den aufgrund der Verträge ergangenen Rechtsakten ergebenden Verpflichtungen innerhalb und außerhalb der Gemeinschaft nachzukommen". Die konkrete Anwendung dieser Definition auf die Haushaltslinien des Gesamthaushaltsplans 1982 findet sich in einer der Erklärung beigefügten Anlage, auf die Ziff. 2 des ersten Kapitels verweist. Kapitel II der Gemeinsamen Erklärung legt dann ein Verfahren zur Kooperation der am Haushaltsverfahren beteiligten Organe fest, nach dem die Klassifizierung neuer Haushaltslinien oder bereits bestehender Positionen, deren Rechtsgrundlage geändert wurde, zukünftig erfolgen soll.

Unter der Überschrift „Zusammenarbeit zwischen den Organen im Rahmen des Haushaltsverfahrens" enthält Kapitel III der Erklärung vor allem ein Verfahren zur Einigung von Parlament und Rat über eine Neufestsetzung des Höchstsatzes für die Steigerung der nicht obligatorischen Ausgaben entsprechend Art. 272 (ex-Art. 203) Abs. 9 UAbs. 5 EGV. Kapitel III Ziff. 5 der Erklärung bietet die Grundlage für einen umfassenden „Haushaltstrialog" der Präsidenten der drei Organe, der sich auf alle „anstehenden Fragen" beziehen und außerdem eine Überprüfung der Anwendung der gemeinsamen Erklärung gewährleisten soll.

Kapitel IV der Gemeinsamen Erklärung befaßt sich dann schließlich mit „sonstigen Fragen" betreffend den Haushalt der Gemeinschaft. Dazu zählt insbesondere die umstrittene Beziehung zwischen Haushaltsverfahren und finanzwirksamer Rechtsetzung, zu der zwei grundsätzliche Festlegungen getroffen werden[89]. Damit das Haushaltsverfahren seine „wirkliche Bedeutung" behält, soll zum einen nach Kapitel IV Ziff. 3 b der Erklärung vermieden werden, daß duch den Rat Ausgabenhöchstbeträge auf dem Verordnungswege festgelegt werden. Andererseits bestimmt Kapitel IV Ziff. 3 c der Erklärung, daß „die Verwendung der in den Haushalt für neue bedeutende Gemeinschaftsaktionen eingesetzten Mittel ... nur nach Erlaß einer Grundverordnung erfolgen" kann.

---

[88] Vgl. Dewost/Lepoivre, RMC 1982, 514 ff.

[89] Vgl. im einzelnen zu dieser Streitfrage: Läufer, aaO (Anm. 85), S. 119 ff. sowie Ehlermann/Minch, EuR 1981, 23 ff.

Konsequenz der Gemeinsamen Erklärung war, daß der Rat die Klage gegen den Feststellungsbeschluß des Parlamentspräsidenten zurückzog, so daß der Gesamthaushaltsplan 1982 schließlich ausgeführt werden konnte[90]. Obwohl die der Gemeinsamen Erklärung als Anlage beigefügte Klassifizierung der Haushaltslinien auch bei der Erstellung der folgenden Haushaltspläne vielfach als Orientierungshilfe diente, erwies sich die praktische Anwendung der einzelnen Bestimmungen der Vereinbarung in der Folgezeit nur in Teilen als zufriedenstellend[91].

V. Die „Interinstitutionelle Vereinbarung über die Haushaltsdisziplin und die Verbesserung des Haushaltsverfahrens" vom 29. Juni 1988[92]

Das Haushaltsverfahren der Gemeinschaft war im Sommer 1988 erneut Gegenstand einer Übereinkunft zwischen Europäischem Parlament, Rat und Kommission, die erstmalig ausdrücklich mit dem Terminus „Interinstitutionelle Vereinbarung" überschrieben wurde. Als Teilstück der 1987 im Rahmen des ersten sogenannten „Delors-Pakets" von der Kommission eingeleiteten weiteren Finanzreform der Gemeinschaft[93] enthält die Vereinbarung erstmals Regelungen über eine Begrenzung der Erhöhung der Gemeinschaftsausgaben (sog. Haushaltsdisziplin). Zweck dieser Reform war vor allem, die Finanzierung der durch die Einheitliche Europäische Akte neu definierten Zielsetzungen der Gemeinschaft zu sichern. Zur angestrebten Vollendung des Binnenmarktes bis zum 1. Januar 1992 sowie zur Realisierung der neu eingeführten Gemeinschaftspolitiken bedurfte es eines angemessenen und verläßlichen Finanzrahmens[94]. Darüberhinaus befürchteten die Mitgliedstaaten einen weiteren Kostenanstieg im Agrarbereich und wollten daher das Wachstum der Gemeinschaftsausgaben begrenzen[95].

Um eine angemessene Finanzierung der Gemeinschaft sicherzustellen, führte zunächst der Rat durch den „Beschluß über das System der Eigenmittel der Gemeinschaften" vom 24. Juni 1988[96] eine zusätzliche Einnahmeart ein, nach der

---

[90] Vgl. Ziff. 18 der Entschließung des Europäischen Parlaments vom 8. Juli 1982, ABl. 1982 C 238, S. 64 sowie Dankert, CMLR 1983, 701.

[91] Vgl. dazu Dankert, aaO, S. 712; Häde, EuZW 1993, 401, 404.

[92] ABl. 1988 L 185, S. 33.

[93] Vgl. dazu Häde, EuZW 1993, 401, 404.

[94] Vgl. Zangl, CMLR 1989, 675.

[95] Dies belegen die Schlußfolgerungen des Europäischen Rates vom 11. bis 13. Februar in Brüssel zur Haushaltsdisziplin, Bulletin EG 2 - 1988, S. 8 ff.

[96] Beschluß (88/376/EWG,Euratom), ABl. 1988 L 185, S. 24.

der Gemeinschaft nunmehr auch ein bestimmter Anteil am Gesamtbetrag des Bruttosozialprodukts aller Mitgliedstaaten zustand[97]. In der „Entscheidung des Rates betreffend die Haushaltsdisziplin“[98] wurden die vom Europäischen Rat vom 11./12. Februar 1988 in Brüssel zur Haushaltsdisziplin gemachten Vorgaben für die obligatorischen Ausgaben im Agrarbereich umgesetzt. Schließlich einigte man sich nach mehrmonatigen Verhandlungen auf eine dreiseitige interinstitutionelle Vereinbarung, in der eine umfassende Haushaltsdisziplin sowohl für die nicht obligatorischen als auch für die obligatorischen Gemeinschaftsausgaben festgelegt wurde[99].

Anders als noch bei der Gemeinsamen Erklärung vom 30. Juni 1982 sind der Vereinbarung keine Erwägungsgründe vorangestellt. Das erste Kapitel enthält sogenannte „Grundprinzipien der Vereinbarung“, darunter insbesondere die Festlegung, daß die vereinbarte Haushaltsdisziplin alle Gemeinschaftsausgaben umfaßt und für alle beteiligten Organe „verbindlich“ ist (Kapitel I Ziff. 2). Andererseits sollen die im Vertrag festgelegten jeweiligen Haushaltsbefugnisse der beteiligten Organe nach Kapitel I Ziff. 3 von der Vereinbarung unberührt bleiben.

Kapitel II enthält dann Bestimmungen zum eigentlichen Kernstück der Vereinbarung[100], der „Finanziellen Vorausschau“ für die Jahre 1988 bis 1992. Diese ist „integrierender Bestandteil der Vereinbarung“ (Kapitel II Ziff. 5) und enthält jährliche Höchstwerte für die verschiedenen Ausgabengruppen, die durch den jeweiligen Gesamthaushaltsplan nicht überschritten werden dürfen. Die herkömmliche Differenzierung zwischen obligatorischen und nicht obligatorischen Ausgaben wird zwar beibehalten, doch wird darüberhinaus das Gesamtvolumen des Haushalts in sechs Unterplafonds mit einer jeweils eigenen Obergrenze eingeteilt. Durch diese Kategorisierung sollte der noch immer währende Streit um die Zuordnung der Haushaltslinien zu den obligatorischen oder nicht obligatorischen Ausgaben entschärft werden[101]. Schließlich ist für jedes Jahr angegeben, in welchem Umfang die Gemeinschaft zur Realisierung ihrer Ausgabenplanung Eigenmittel benötigt. Diese sog. Höchstabrufsätze der

---

97 Art. 2 (1) d des Beschlusses (88/376/EWG, Euratom).

98 Entscheidung (88/377/EWG), ABl. 1988 L 185, S. 29.

99 Während der Rat die Haushaltsdisziplin bei den obligatorischen Ausgaben ausschließlich als eigene Angelegenheit betrachtete und daher von der Vereinbarung ausnehmen wollte, bestand das Parlament auf der Einbeziehung der obligatorischen Ausgaben und setzte sich damit letztlich durch; vgl. die Schilderung der Verhandlungen bei Timmann, EuR 1988, 272, 279 ff.

100 Ähnlich Nicoll, RMC 1988, 373, 375, der die finanzielle Vorausschau als „noyau dur“ der Vereinbarung bezeichnet.

101 Vgl. Zangl, CMLR 1989, 675, 678.

Eigenmittel, die in % vom Bruttosozialprodukt der Gemeinschaft dargestellt sind, orientieren sich an der oben bereits erwähnten Festlegung in Art. 3 des Eigenmittelbeschlusses des Rates vom 24. Juni 1988[102]. In Kapitel II Ziff. 8 der Vereinbarung verpflichten sich die Gemeinschaftsorgane, dafür Sorge zu tragen, daß eine etwaige Überschreitung der Höchstwerte für die obligatorischen Ausgaben nicht zu Lasten der nichtobligatorischen Ausgaben geht. Die Ziff. 9 - 13 enthalten sodann verschiedene Verfahrensvorschriften zur jährlichen Anpassung bzw. Änderung der Finanziellen Vorausschau. Schließlich ist festgelegt, in welcher Weise der finanzielle Bezugsrahmen auf das jährliche Haushaltsverfahren anzuwenden ist (Kapitel III und IV).

Anders als bei der vorhergehenden Erklärung zum Haushaltsverfahren fällt die Bilanz der praktischen Anwendung der interinstitutionellen Vereinbarung vom 29. Juni 1988 positiv aus. Während ihres gesamten Anwendungszeitraums verliefen die einzelnen Haushaltsverfahren deutlich spannungsärmer als man dies vorher gewohnt gewesen war[103]. Gleich der Gesamthaushaltsplan 1989 konnte auf der Grundlage der Vereinbarung zum ersten Mal seit Jahren ohne Konflikte und dadurch auch ohne Verzögerung verabschiedet werden[104]. Andererseits wurde später im Schrifttum kritisiert, daß der Haushalt infolge der starren Unterteilung in sechs Unterplafonds zu unflexibel sei[105].

VI. Die „Interinstitutionelle Erklärung über Demokratie, Transparenz und Subsidiarität" vom 25. Oktober 1993[106]

Mit Inkrafttreten des Vertrags über die Europäische Union wurde den Gemeinschaftsorganen durch die neu eingeführten Art. 193 (ex-Art. 138 c) Abs. 3 EGV und Art. 195 (ex-Art. 138 e) Abs. 4 EGV die Aufnahme interinstitutioneller Verhandlungen erstmalig ausdrücklich aufgetragen. Neben der Aushandlung dieser vertraglich vorgesehenen Übereinkünfte wurde auf Drängen des Europäischen Parlaments unter anderem die Ausarbeitung eines Dokuments zu den Prinzipien der Demokratie, der Transparenz sowie der Subsidiarität in die Verhandlungen miteinbezogen[107]. Dies führte dazu, daß am 25. Oktober 1993 neben drei weiteren Vereinbarungen eine „Interinstitutionelle Erklärung über Demokratie, Transparenz und Subsidiarität" verabschiedet werden konnte. Die

---

[102] Vgl. oben (S. 22 f.).
[103] Vgl. Häde, EuZW 1993, 401, 404.
[104] Vgl. Timmann, EuR 1989, 13.
[105] Schmidhuber, EuR 1991, 329, 331 ff.; Timmann, EuR 1991, 121, 133 ff., der gleichwohl das Prinzip einer vernünftigen Haushaltsdisziplin als erhaltenswert einschätzt.
[106] ABl. 1993 C 329, S. 133.
[107] Vgl. Reich, RMC 1994, 81, 82; Monar, CMLR 1994, 693, 704.

Erklärung dient im Rahmen dieses Paketes als eine Art Präambel[108], da sie in den Sätzen 4 - 7 ausdrücklich die Annahme der drei anderen Vereinbarungen durch die beteiligten Organe vorsieht.

In S. 1 der Erklärung verpflichten sich das Europäische Parlament, der Rat und die Kommission zur uneingeschränkten Wahrung der „demokratischen Grundsätze, auf die sich die Regierungssysteme der Mitgliedstaaten stützen"[109]. Neben diesem allgemeinen Bekenntnis enthält S. 2 der Erklärung eine konkrete Maßnahme zur Umsetzung des Demokratieprinzips. Der Rat verpflichtet sich, zum jährlichen Legislativprogramm der Kommission unmittelbar nach Verabschiedung der diesbezüglichen Erklärung des Parlaments Stellung zu nehmen, und eröffnet so die Möglichkeit eines politischen Dialogs mit dem Parlament über das Gesetzgebungsprogramm[110].

S. 3 der Erklärung bringt sodann eine Auflistung verschiedener Maßnahmen, die die Organe im Interesse einer größeren Transparenz der Gemeinschaftstätigkeit bereits getroffen haben. Dazu gehören beim Rat insbesondere die Öffentlichkeit bestimmter Aussprachen, die Veröffentlichung und Erläuterung der Abstimmungsergebnisse, sowie die Veröffentlichung der in den Verfahren nach Art. 251 (ex-Art. 189 b) und Art. 252 (ex-Art. 189 c) EGV festgelegten gemeinsamen Standpunkte. Die Kommission verspricht unter anderem die Veröffentlichung geplanter Initiativen im Amtsblatt der Gemeinschaft sowie verschiedene Konsultationen von Unionsbürgern und Interessengruppen.

Nach dem bereits erwähnten Verweis auf drei weitere interinstitutionelle Vereinbarungen in den Sätzen 4 - 7 endet die Gemeinsame Erklärung mit einem Schlußabschnitt, in dem erklärt wird, daß alle am 25. Oktober 1993 beschlossenen Vereinbarungen auf die „Durchführung des Vertrags über die Europäische Union und die Stärkung der Demokratie und der Transparenz in der Europäischen Union" abzielen.

---

[108] Vgl. Monar, aaO, S. 709.

[109] Ursprünglich hatte das Europäische Parlament in den Verhandlungen eine politische Selbstverpflichtung des Rates gefordert, keinen Rechtsakt gegen den erklärten Willen des demokratisch legitimierten Parlaments zu beschließen. Das letztlich erreichte vage Bekenntnis zu demokratischen Grundsätzen bleibt hinter dieser Forderung zurück; vgl. zu den Verhandlungen Monar und Reich, jeweils aaO (Anm. 107).

[110] Das Europäische Parlament hatte hier ursprünglich die Erstellung eines Legislativprogramms durch Parlament, Rat und Kommission gefordert; vgl. Reich, RMC 1994, 81, 84.

VII. Die „Interinstitutionelle Vereinbarung zwischen dem Europäischen Parlament, dem Rat und der Kommission über die Verfahren zur Anwendung des Subsidiaritätsprinzips" vom 25. Oktober 1993[111]

Wenngleich neben den Grundsätzen der Demokratie und der Transparenz auch das Subsidiaritätsprinzip bereits in den Titel der zuvor dargestellten gemeinsamen Erklärung miteinbezogen ist, so enthält diese doch keine eigenständigen diesbezüglichen Bestimmungen. Vielmehr wurde das Subsidiaritätsprinzip in den Verhandlungen zum Gegenstand einer weiteren Übereinkunft gemacht. Die Anregung, in die interinstitutionelle Konferenz über die Umsetzung des Vertrages über die Europäische Union auch eine Übereinkunft zum Subsidiaritätsprinzip zu integrieren, war vom Rat gekommen, der sich 1992 auf seinem Gipfel in Edinburgh entsprechend geäußert hatte[112]. Auch hier gelang den beteiligten Gemeinschaftsorganen ein Kompromiß, so daß am 25. Oktober 1993 die „Interinstitutionelle Vereinbarung zwischen dem Europäischen Parlament, dem Rat und der Kommission über die Verfahren zur Anwendung des Subsidiaritätsprinzips" verabschiedet werden konnte[113].

In den vorangestellten Erwägungsgründen wird zunächst ausdrücklich auf Art. 2 (ex-Art. B) EUV sowie Art. 5 (ex-Art. 3 b) EGV, die beide das Subsidiaritätsprinzip gemeinschaftsrechtlich verankern, sowie auf die Schlußfolgerungen des Europäischen Rates von Edinburgh Bezug genommen.

Die in Kapitel II der Vereinbarung aufgeführten Verfahrensregeln verpflichten vor allem die Kommission, aber auch das Europäische Parlament und den Rat, bei der Ausübung ihrer jeweiligen Befugnisse das Subsidiaritätsprinzip zu berücksichtigen. Danach hat die Kommission bei der Wahrnehmung ihres Initiativrechts der Begründung eines jeden Vorschlags eine Rechtfertigung desselben im Hinblick auf dieses Prinzip beizufügen (Kapitel II Ziff. 2). Jede Änderung eines Kommissionsvorschlags durch das Europäische Parlament oder den Rat bedarf ebenfalls einer solchen Rechtfertigung im Hinblick auf das Subsidiaritätsprinzip (Kapitel II Ziff. 3). Darüberhinaus haben die drei Organe nach Kapitel II Ziff. 4 ihre internen Verfahrensweisen regelmäßig daraufhin zu überprüfen, ob sie in Einklang mit den Grundsätzen der Subsidiarität stehen.

Kapitel III der Vereinbarung enthält zwei Klauseln betreffend die Kontrolle dieser Vorkehrungen. Insbesondere wird hier der Kommission die Erstellung

---

[111] Als Entwurf veröffentlicht im ABl. 1993 C 329, S. 135.
[112] Vgl. Schwarze, EuR 1995 - Beiheft 2, S. 49, 60; Monar, CMLR 1994, 693, 704.
[113] Die Vereinbarung trat am 21. Dezember 1993 in Kraft.

eines jährlichen Berichts aufgetragen, über den das Parlament unter Beteiligung von Kommission und Rat eine öffentliche Aussprache abhält (Kapitel III Ziff. 2).

Schließlich sieht Kapitel IV Ziff. 1 die Möglichkeit vor, zur Beilegung etwaiger Schwierigkeiten bei der Anwendung der Vereinbarung eine „interinstitutionelle Konferenz" einzuberufen.

VIII. Die interinstitutionelle Vereinbarung vom 25. Oktober 1993 über „Modalitäten für die Abwicklung der Arbeiten des in Art. 189 b EGV vorgesehenen Vermittlungsausschusses"[114]

Eine der wichtigen Neuerungen durch den Vertrag über die Europäische Union war die Einführung des Mitentscheidungsverfahrens gemäß dem neu eingefügten Art. 251 (ex-Art. 189 b) EGV. Wenngleich das Verfahren durch die umfangreiche Vertragsvorschrift bereits recht genau geregelt wurde, stellte das Europäische Parlament dennoch Bedarf an Durchführungsbestimmungen fest und forderte deshalb eine einvernehmliche Festlegung der Arbeitsweise des in Art. 251 (ex-Art. 189 b) EGV vorgesehenen Vermittlungsausschusses durch die Gemeinschaftsorgane[115]. Nachdem der Rat sich mit dieser Forderung schließlich einverstanden erklärt hatte, konnte nach weitgehend konfliktfreien Verhandlungen zwischen dem Europäischen Parlament, dem Rat und der Kommission am 25. Oktober 1993 neben den bereits dargestellten Übereinkünften auch eine interinstitutionelle Vereinbarung über „Modalitäten für die Abwicklung der Arbeiten des in Art. 251 (ex-Art. 189 b) EGV vorgesehenen Vermittlungsausschusses" unterzeichnet werden.

Die Vereinbarung präzisiert die Verfahrensbestimmungen des Art. 251 (ex-Art. 189 b) EGV hinsichtlich der Einberufung, des Arbeitsablaufs sowie der Resultate des Vermittlungsausschusses[116]. Zunächst findet sich eine Wiederholung der Grundsätze über die Einberufung des Vermittlungsausschusses, die bereits in Art. 251 (ex-Art. 189 b) Abs. 3 und 4 EGV primärrechtlich festgelegt sind. Danach kann ein Vermittlungsausschuß unter den vertraglichen Voraussetzungen vom Präsidenten des Rates im Benehmen mit dem Parlaments-

---

[114] ABl. 1993 C 329, S. 141.

[115] Entschließung des Europäischen Parlaments zum Vermittlungsverfahren vom 17.12.1992, ABl. 1993 C 21, S. 138.

[116] Dem eigentlichen Vereinbarungstext vorangestellt ist ein kurzer Abschnitt, in dem erklärt wird, daß die im Rahmen des Zusammenarbeitsverfahren geübte Praxis, bereits vor der Festlegung eines gemeinsamen Standpunktes durch den Rat interinstitutionelle Gespräche zu führen, beibehalten und auf das Mitentscheidungsverfahren nach Art. 251 (ex-Art. 189 b) EGV übertragen werden könne.

präsidenten einberufen werden (S. 1 der Vereinbarung). Die Kommission nimmt an den Beratungen teil und fördert eine Annäherung der jeweiligen Standpunkte von Parlament und Rat (S. 2). Es folgt eine Reihe verfahrenstechnischer Einzelbestimmungen, denen gemeinsam ist, daß sie den Grundsatz der Gleichberechtigung der beiden am Vermittlungsverfahren beteiligten Organe zum Ausdruck bringen[117]. So wird beispielsweise festgelegt, daß der Vorsitz in den Sitzungen des Ausschusses abwechselnd von dem jeweiligen Parlaments- oder Ratspräsidenten geführt wird (S. 3 der Vereinbarung). Tagungsort sind abwechselnd die Räumlichkeiten des Parlaments und des Rates (S. 12). Im Interesse einer größeren Transparenz der Ausschußarbeiten legt S. 8 der Vereinbarung fest, daß die Abstimmungsergebnisse und etwaige Erklärungen zur Abstimmung innerhalb der Delegationen dem Ausschuß übermittelt werden. Nachdem notwendige Überarbeitungen gemeinsamer Entwürfe durch Rechts- und Sprachsachverständige beider Organe durchgeführt sind (S. 11 der Vereinbarung), ist der Entwurf beiden Vorsitzenden zur Billigung zu unterbreiten (S. 6), worauf letztere sicherstellen, daß dieser dem Parlament und dem Rat unverzüglich übermittelt wird (S. 9). Die Vereinbarung endet schließlich mit einer Klausel, derzufolge die vorstehenden Bestimmungen auch dann angewandt werden können, wenn ein Vermittlungsausschuß auf der Grundlage des Art. 251 (ex-Art. 189 b) Abs. 2 EGV nur zur besseren Vermittlung des gemeinsamen Standpunktes des Rates einberufen ist (S. 14 der Vereinbarung).

Die in der interinstitutionellen Vereinbarung enthaltenen Verfahrensregeln werden seit deren Inkrafttreten beim Mitentscheidungsverfahren angewandt[118].

IX. Die „Interinstitutionelle Vereinbarung vom 29. Oktober 1993 über die Haushaltsdisziplin und die Verbesserung des Haushaltsverfahrens“[119]

Gut fünf Jahre nach dem erstmaligen Abschluß einer Übereinkunft zur Haushaltsdisziplin kam es aufgrund der seitdem gemachten positiven Erfahrungen am 29. Oktober 1993 erneut zur Unterzeichnung einer entsprechenden Vereinbarung zwischen dem Europäischen Parlament, dem Rat und der Kommission. Nachdem der Europäische Rat bei seiner Zusammenkunft am 11./12. Dezember 1992 in

---

[117] Vgl. v.d.Groeben/Thiesing/Ehlermann-Schoo, Kommentar, Art. 189 b, Rn. 56; ähnlich Monar, CMLR 1994, 693, 713.

[118] Bis zum 15. Juli 1996 konnten von 33 durchgeführten Vermittlungsverfahren 32 durch einen gemeinsamen Entwurf des Ausschusses erfolgreich abgeschlossen werden; vgl. v.d. Groeben/Thiesing/Ehlermann-Schoo, Kommentar, Art. 189 b, Rn. 63.

[119] ABl. 1993 C 331, S. 1.

Edinburgh erneut die Leitlinien für den zukünftigen finanziellen Rahmen der Gemeinschaftstätigkeit vorgegeben hatte, begannen die Gemeinschaftsorgane mit der Erarbeitung einer neuen Übereinkunft, die dann nach etwa einem Jahr zäher Verhandlungen im Oktober 1993 schließlich abgeschlossen werden konnte[120].

Unter dem gleichen Titel wie 1988 enthält auch die erneuerte Fassung Regelungen über eine umfassende Haushaltsdisziplin sowie einige Bestimmungen, die auf eine möglichst konfliktfreie Durchführung des jährlichen Haushaltsverfahrens abzielen. Kernstück der Vereinbarung ist wiederum eine „Finanzielle Vorausschau", die dieses Mal den Zeitraum von 1993 bis 1999 umfaßt. Die Unterteilung in sechs Unterplafonds wurde beibehalten, wobei die letzte Ausgabengruppe neben der bereits 1988 veranschlagten Währungsreserve nunmehr zusätzlich eine Reserve zur Sicherung von Darlehen an Drittländer sowie eine Reserve für Soforthilfen an Drittländer enthält. Wesen und Verfügbarkeit dieser drei Reserven sind in Kapitel II Ziff. 15 der Vereinbarung geregelt.

Erneut enthält die Finanzielle Vorausschau auch die jeweilige Obergrenze der der Gemeinschaft zustehenden Eigenmittel, die sich an den erwähnten Schlußfolgerungen des Europäischen Rates von Edinburgh orientieren[121]. Die Grenze verläuft von 1, 20 % des Bruttosozialprodukts der Gemeinschaft im Jahr 1993 bis zu 1, 27 % für das Jahr 1997. Der jährliche Spielraum für unvorhergesehene Ausgaben wurde angesichts der erweiterten Reserven für Darlehenssicherung und Soforthilfen auf 0,01 % des Bruttosozialprodukts der Gemeinschaft gekürzt. Die Möglichkeiten einer Änderung der Finanziellen Vorausschau bleiben im Vergleich zu der Übereinkunft von 1988 weitgehend unverändert[122].

Kapitel III der Vereinbarung ist der Verbesserung des Haushaltsverfahrens gewidmet. In Ziff. 16 kommen die Organe insbesondere überein, „ein Verfahren der interinstitutionellen Zusammenarbeit für den Haushaltsbereich einzuführen",

---

[120] Die Verhandlungen gestalteten sich lange schwierig, da das Parlament sich nicht damit begnügen wollte, die Bestimmungen der Vereinbarung von 1988 neu aufzulegen, sondern neue Zugeständnisse des Rates bezüglich des Haushaltsverfahrens forderte. So verlangte das Parlament insbesondere die Aufwertung seiner Position im Bereich der obligatorischen Ausgaben sowie eine Ausdehnung des Anteils der nicht obligatorischen Ausgaben am Budget. Die Vorstellungen des Rates dagegen tendierten zu einer einfachen Erneuerung der interinstitutionellen Vereinbarung von 1988 ohne eine Erweiterung der Befugnisse des Parlaments; vgl. im einzelnen Monar, CMLR 1994, 693, 708 f. sowie Régnier-Heldmaier, RMC 1994, 94, 99 ff.

[121] Auf der Grundlage dieser Schlußfolgerungen verabschiedete der Rat am 31. Oktober 1994 auch einen neuen Eigenmittelbeschluß (94/728/EG,Euratom), ABl. 1994 L 293, S. 9.

[122] Vgl. oben unter C.V (S. 24).

das in einem Anhang niedergelegt ist[123]. Danach wird zunächst jährlich nach der technischen Anpassung der Vorausschau, aber vor Erstellung des Vorentwurfs des Haushaltsplans durch die Kommission ein „Trilog“ einberufen, um die Prioritäten im bevorstehenden Haushaltsjahr zu erörtern (Anhang II.A). Darüberhinaus wird im Bereich der obligatorischen Ausgaben ein sog. ad-hoc-Konzertierungsverfahren eingeführt[124]. Danach kann unter Beteiligung der Kommission eine Konzertierung zwischen dem Rat und einer Delegation des Europäischen Parlaments eingeleitet werden, wenn der Rat beabsichtigt, im Bereich der obligatorischen Ausgaben vom Vorentwurf der Kommission abzuweichen. Der Trilog wird von den für den Haushalt zuständigen Vertretern der drei Organe geführt. Falls es nicht gelingt, im Laufe dieses Verfahrens eine Einigung zu erzielen, entscheidet der Rat allein über die Höhe der obligatorischen Ausgaben, so wie es in Art. 272 (ex-Art. 203) EGV vorgesehen ist. Das vertragliche Entscheidungsrecht des Rates bleibt also letztlich unberührt. Nichtsdestoweniger stellt dieses ad-hoc-Konzertierungsverfahren einen wichtigen Schritt des Rates in Richtung der vom Parlament erhobenen Forderungen dar, denn zum ersten Mal gesteht der Rat hier dem Parlament im Bereich der obligatorischen Ausgaben überhaupt ein gewisses Mitspracherecht zu.

In Kapitel IV der Vereinbarung kommen die Organe schließlich überein, die finanzielle Vorausschau zu ändern, wenn es während ihrer Geltungsdauer zu einer Erweiterung der Gemeinschaft um neue Mitgliedstaaten kommt (Ziff. 24).

Ähnlich wie die erste Übereinkunft zur Haushaltsdisziplin hat auch die Vereinbarung vom 29. Oktober 1993 der interinstitutionellen Zusammenarbeit positive Impulse verliehen. Infolge des durch die umfangreichen Verhandlungen intensivierten Dialogs innerhalb der Haushaltsbehörde gelang die Erstellung des Haushalts 1994 ohne größere Konflikte[125]. Auch in den folgenden Jahren wurden die neu eingeführten Verfahren der interinstitutionellen Zusammenarbeit durchgeführt. Trotzdem war es erneut die Klassifizierung der Haushaltslinien in obligatorische und nicht obligatorische Ausgaben, die sowohl 1995 als auch 1996 im Konzertierungsverfahren zum zentralen Streitpunkt wurde und eine Einigung zwischen Parlament und Rat lange verhinderte[126].

---

[123] Anhang II, ABl. 1993 C 331, S. 7.

[124] Dadurch war der Rat dem Parlament, das ursprünglich ein Mitentscheidungsrecht bei den obligatorischen Ausgaben gefordert, dann aber diese weitgehende Forderung zurückgestellt hatte, entgegengekommen.

[125] Vgl. Fernandez-Fabregas/Lentz, RMC 1994, 505, 526.

[126] Vgl. Fernandez-Fabregas/Lentz, RMC 1995, 284, 308 sowie Lentz, RMC 1996, 585, 611.

X. Der „Verhaltenskodex für den Zugang der Öffentlichkeit zu Rats- und Kommissionsdokumenten“ vom 6. Dezember 1993[127]

Gut ein Jahr nach Verabschiedung der dargestellten Vereinbarungen zur Umsetzung des Vertrages über die Europäische Union bedienten der Rat und die Kommission sich Ende 1994 erneut des Instruments der interinstitutionellen Vereinbarungen. Im Bemühen, durch eine verbesserte Transparenz des Beschlußverfahrens den Gedanken der Bürgernähe der Gemeinschaft zu fördern, wurde ein „Verhaltenskodex für den Zugang der Öffentlichkeit zu Rats- und Kommissionsdokumenten“ verabschiedet.

Die dem Kodex vorangestellten Erwägungsgründe verweisen zunächst auf entsprechende Zielvorgaben, die unter anderem in der „Erklärung zum Recht auf Zugang zu Informationen“ in der Schlußakte des Vertrages von Maastricht[128] sowie in den Schlußfolgerungen diverser Treffen des Europäischen Rates formuliert sind.

Im eigentlichen Vereinbarungstext wird dann zunächst allgemein festgelegt, daß die Öffentlichkeit „möglichst umfassenden Zugang zu den Dokumenten der Kommission und des Rates“ erhalten solle. Als „Dokument“ im Sinne der Übereinkunft gilt nach dem ersten Abschnitt des Kodex „unabhängig vom Datenträger jedes im Besitz des Rates oder der Kommission befindliche Schriftstück mit bereits vorhandenen Informationen“. In den beiden folgenden Abschnitten werden die formellen Voraussetzungen des durch den Interessierten zu stellenden Antrags auf Einsichtnahme sowie eines eventuellen Zweitantrags beschrieben. Dabei wird insbesondere darauf hingewiesen, daß eine wiederholte Antragsablehnung mit einer Belehrung über mögliche Rechtsmittel nach Art. 193 (ex-Art. 138 c) bzw. Art. 230 (ex-Art. 173) EGV versehen sein muß.

Von besonderer Bedeutung ist der vierte Abschnitt des Verhaltenskodex. Er enthält eine Aufzählung der Gründe, aus denen die Organe den Zugang zu Dokumenten verweigern dürfen. Dazu zählen der Schutz des öffentlichen Interesses, der Schutz des einzelnen und der Privatsphäre, der Schutz des Geschäfts- und Industriegeheimnisses, der Schutz der finanziellen Interessen der Gemeinschaft sowie die Wahrung der Vertraulichkeit. Darüberhinaus kann auch ein „Interesse des Organs in bezug auf die Geheimhaltung seiner Beratungen“ die Verweigerung des Zugangs rechtfertigen.

---

[127] ABl. 1993 L 340, S. 41.
[128] Erklärung Nr. 17.

Schließlich findet sich am Ende des Verhaltenskodex der Hinweis, daß Kommission und Rat „jeweils für ihren Zuständigkeitsbereich die erforderlichen Maßnahmen zur Durchführung dieser Grundsätze“ ergreifen[129]. Ein entsprechender Beschluß wurde kurze Zeit später sowohl vom Rat[130] als auch von der Kommission[131] gefaßt.

XI. Der „Beschluß des Europäischen Parlaments vom 9. März 1994 über die Regelungen und allgemeinen Bedingungen für die Ausübung der Aufgaben des Bürgerbeauftragten“[132]

Wie bereits bemerkt wurde[133], erfuhr die Handlungsform der interinstitutionellen Vereinbarungen durch den Vertrag von Maastricht insoweit eine neue Dimension, als der EG-Vertrag nunmehr den Gemeinschaftsorganen neue Bereiche der Gemeinschaftstätigkeit ausdrücklich zur einvernehmlichen Ausgestaltung zuwies. So wurde insbesondere durch die neue Vorschrift des Art. 193 (ex-Art. 138 c) EGV die Einrichtung eines Bürgerbeauftragten auf Gemeinschaftsebene geschaffen. In Abs. 4 der gleichen Vorschrift wird die Festlegung der „Regelungen und allgemeinen Bedingungen für die Ausübung der Aufgaben des Bürgerbeauftragten“ den Gemeinschaftsorganen aufgetragen.

In Wahrnehmung dieses Rechtsetzungsauftrags traten das Europäische Parlament, der Rat und die Kommission Ende 1992 in entsprechende Verhandlungen ein[134]. Nachdem zunächst erhebliche Meinungsverschiedenheiten hinsichtlich des Rechts der Gemeinschaftsinstitutionen, dem Bürgerbeauftragten den Zugang zu Dokumenten zu verweigern, sowie hinsichtlich der allgemeinen Beschwerdefrist bestanden hatten, gelang im September 1993 schließlich ein Kompromiß[135]. So konnte das Europäische Parlament entsprechend der Verfahrensvorgabe des Art. 193 (ex-Art. 138 c) Abs. 4 EGV nach Stellungnahme

---

[129] Eine inhaltlich entsprechende Klausel findet sich bereits in den Erwägungsgründen des Kodex. Danach obliegt es jedem der beiden Organe, „diese Grundsätze durch spezifische Vorschriften zu verwirklichen“.

[130] Beschluß (93/731/EG) vom 20. Dezember 1993 über den Zugang der Öffentlichkeit zu Ratsdokumenten, ABl. 1993 L 340, S. 43.

[131] Beschluß (94/90/EGKS, EG, Euratom) vom 8. Februar 1994 über den Zugang der Öffentlichkeit zu den der Kommission vorliegenden Dokumenten, ABl. 1994 L 46, S. 58.

[132] ABl. 1994 L 113, S. 15.

[133] Vgl. oben unter A (S. 1) sowie unter B.II (S. 9).

[134] Die Aushandlung der Vereinbarung erfolgte im Paket zusammen mit den bereits dargestellten Übereinkünften zur Umsetzung des Vertrages über die Europäische Union; vgl. Monar, CMLR 1994, 693, 704 ff.

[135] Vgl. Reich, RMC 1994, 81, 84 f.; Monar, aaO, S. 706 ff.

der Kommission und mit Zustimmung des Rates[136] am 9. März 1994 den entsprechenden Beschluß fassen.

Im Schrifttum wird die Meinung vertreten, daß der auf diese spezielle Weise zustandegekommene Rechtsakt nicht als interinstitutionelle Vereinbarung zu qualifizieren sei, sondern einen Rechtsakt „sui generis" darstelle[137]. Im Einklang mit dem überwiegenden Teil der Literatur liegt dieser Arbeit jedoch ein weit gefaßter Begriff der interinstitutionellen Vereinbarungen zugrunde. Als entscheidendes Kriterium für die Einordnung in diese Kategorie wurde zu Beginn dieser Untersuchung das Merkmal eines zwischen den Organen hergestellten Einvernehmens in bestimmten Fragen herausgestellt[138]. Ein solches Einvernehmen setzt jedoch nicht zwingend voraus, daß alle daran beteiligten Organe sich bei dessen Herstellung als in allen Belangen gleiche Parteien gegenüberstehen. Wenn es sich im vorliegenden Fall auch formal um einen „Beschluß" des Europäischen Parlaments handelt, so erfordert dieser gleichwohl die vorherige Durchführung eines interinstitutionellen Verfahrens[139] und eine Übereinstimmung zwischen Parlament, Rat und Kommission[140]. Aufgrund dieser Erwägungen ist der gemäß dem in Art. 195 (ex-Art. 138 e) Abs. 4 EGV beschriebenen Verfahren erlassene Akt als interinstitutionelle Vereinbarung zu qualifizieren[141].

Der Beschluß enthält eine umfassende Ausgestaltung des Amtes des Bürgerbeauftragten und der Modalitäten etwaiger Beschwerdeverfahren. Da bereits Art. 195 (ex-Art. 138 e) EGV kompetenz-, organisations- und verfahrensrechtliche Bestimmungen enthält, beschränkt sich allerdings ein Großteil der in der Vereinbarung getroffenen Bestimmungen auf eine Wiederholung des Vertrages.

Nach einem Verweis auf die primärrechtliche Grundlage des Beschlusses in Art. 195 (ex-Art. 138 e) Abs. 4 EGV enthält dessen Art. 2 zunächst Bestimmungen über Beschwerdeberechtigte und mögliche Beschwerdegegner sowie die formellen Voraussetzungen einer Beschwerde. Danach kann jeder Unionsbürger sowie jede natürliche oder juristische Person mit Wohnort oder Sitz in einem der Mitgliedstaaten eine Beschwerde unmittelbar an den Bürger-

---

[136] Beschluß (94/114/EGKS,EG,Euratom) vom 7. Februar 1994, ABl. 1994 L 54, S. 25.

[137] Grabitz/Hilf-Läufer, Kommentar, Art. 138 e, Rn. 14.

[138] Vgl. oben unter B.III (S. 11 f.).

[139] Vgl. Rideau, Droit institutionnel de l'Union et des Communautés européennes, S. 130.

[140] Auch Läufer, aaO (Anm. 137) sieht diese Notwendigkeit einer mehrseitigen Konsensgrundlage.

[141] Ebenso Monar, CMLR 1994, 693, 712; Reich, RMC 1995, 81, 84 f.; Rideau, aaO (Anm. 139); offen insoweit v.d.Groeben/Thiesing/Ehlermann-Haag, Kommentar, Art. 138 e, Rn. 3.

beauftragten richten. Möglicher Beschwerdegegenstand ist jeder „Mißstand bei der Tätigkeit der Organe oder Institutionen der Gemeinschaft - mit Ausnahme des Gerichtshofes und des Gerichts erster Instanz“[142]. In Ergänzung der vertraglich vorgegebenen Regelung legt Art. 2 Abs. 4 des Beschlusses eine Beschwerdefrist von zwei Monaten ab Kenntnis des fraglichen Sachverhalts fest. Ebenfalls über die vertragliche Regelung hinaus geht Art. 3 des Beschlusses, der die Rechte des Bürgerbeauftragten gegenüber den Gemeinschaftsinstitutionen sowie den Mitgliedstaaten festlegt. Danach sind die Gemeinschaftsinstitutionen grundsätzlich verpflichtet, dem Bürgerbeauftragten die von ihm erbetenen Auskünfte zu erteilen. Aus „berechtigten Gründen der Geheimhaltung“ können sie jedoch den Zugang zu den betreffenden Unterlagen ausnahmsweise verweigern (Art. 3 Abs. 2 des Beschlusses). Auch die Mitgliedstaaten haben grundsätzlich alle Informationen zur Verfügung zu stellen, die zur Klärung von Mißständen bei der Gemeinschaftstätigkeit beitragen können. Eine Grenze existiert jedoch auch hier in Gestalt der Rechts- oder Verwaltungsvorschriften der Mitgliedstaaten „betreffend die Geheimhaltung“ sowie sonstiger der Veröffentlichung entgegenstehender nationaler Bestimmungen (Art. 3 Abs. 3 des Beschlusses). Art. 4 der Vereinbarung verpflichtet den Bürgerbeauftragten zur Geheimhaltung der im Rahmen seiner Tätigkeit erlangten Kenntnisse. Art. 5 gewährt ihm das Recht, nötigenfalls mit entsprechenden Stellen in den Mitgliedstaaten der Gemeinschaft zu kooperieren. Die übrigen Bestimmungen befassen sich mit der Bestellung, dem Ausscheiden und den Bedingungen einer vorzeitigen Amtsenthebung des Bürgerbeauftragten (Art. 6 - 8 des Beschlusses), seiner Unabhängigkeit und seinen Bezügen (Art. 9, 10) sowie den Beschäftigungsbedingungen und sonstigen organisatorischen Einzelheiten (Art. 11 - 17).

XII. Der „Beschluß des Europäischen Parlaments, des Rates und der Kommission vom 19. April 1995 über Einzelheiten der Ausübung des Untersuchungsrechts des Europäischen Parlaments“[143]

Neben der Einrichtung eines Bürgerbeauftragten wurde durch den Vertrag über die Europäische Union auch die Existenz nicht ständiger parlamentarischer Untersuchungsausschüsse primärrechtlich abgesichert. Anders als im Falle des Bürgerbeauftragten hatte es eine entsprechende Praxis des Europäischen

---

[142] Beide Festlegungen entsprechen der vertraglichen Regelung in Art. 195 (ex-Art. 138 e) Abs. 1 EGV.

[143] ABl. 1995 L 113, S. 2.

Parlaments, gestützt auf dessen Geschäftsordnung, bereits vorher gegeben[144]. Durch die Aufnahme des Art. 193 (ex-Art. 138 c) in den EG-Vertrag wurde schließlich der vom Parlament gestellten Forderung[145] einer vertraglichen Festlegung seines Untersuchungsrechts entsprochen.

Da auch hier die Vertragsnorm selbst das Untersuchungsrecht nicht lückenlos regelt, enthält Art. 193 (ex-Art. 138 c) Abs. 3 EGV diesbezüglich einen an das Europäische Parlament, den Rat und die Kommission gerichteten Rechtsetzungsauftrag. Die bereits 1992 aufgenommenen Verhandlungen erwiesen sich als erstaunlich schwierig[146]. Umstritten war vor allem, unter welchen Bedingungen Vertreter der Gemeinschaftsinstitutionen und der Mitgliedstaaten vor Untersuchungsausschüssen aussagen müssen und unter welchen Bedingungen einem Untersuchungsausschuß die Einsicht in Dokumente verweigert werden kann[147]. Schließlich gelang nach mehr als zwei Jahren ein Kompromiß, so daß am 19. März 1995 der entsprechende dreiseitige Beschluß verabschiedet werden konnte.

Wie die Übereinkunft zur Einrichtung des Bürgerbeauftragten enthält auch die Vereinbarung zum Untersuchungsrecht in Art. 1 zunächst einen Hinweis auf ihre vertragliche Grundlage in Art. 193 (ex-Art. 138 c) EGV. Art. 2 des Beschlusses definiert dann insbesondere die Voraussetzungen, unter denen ein parlamentarischer Untersuchungsausschuß eingesetzt werden kann, beschreibt dessen Arbeitsweise und regelt seine Befristung. Danach kann das Europäische Parlament auf Antrag eines Viertels seiner Mitglieder eine Einsetzung beschließen, um „behauptete Verstöße gegen das Gemeinschaftsrecht oder Mißstände bei der Anwendung desselben" zu überprüfen[148]. Nach Art. 2 Abs. 2 des Beschlusses tagt ein Untersuchungsausschuß grundsätzlich in öffentlicher Sitzung. Allerdings ist bei einer Befassung mit Informationen, die der Geheimhaltung unterliegen, die Öffentlichkeit ausgeschlossen. Jeder nichtständige Untersuchungsausschuß endet entweder nach zwölf Monaten oder nach Ablauf einer

---

[144] Ob die Geschäftsordnung dafür eine ausreichende Rechtsgrundlage war, war allerdings im Schrifttum umstritten; vgl. v.d.Groeben/Thiesing/Ehlermann-Haag, Kommentar, Art. 138 c, Rn. 2 m.w.N.

[145] Vgl. etwa Art. 18 des Entwurfs eines Vertrages zur Gründung der Europäischen Union, Entschließung des Europäischen Parlaments vom 14. Februar 1984, ABl. 1984 C 77, S. 33.

[146] Die Schwierigkeiten führten dazu, daß das Vorhaben schließlich aus dem Verhandlungspaket mit den anderen Vereinbarungen, die im Oktober 1993 unterzeichnet wurden, herausgenommen werden mußte; vgl. Monar, CMLR 1994, 693, 707 sowie Reich, RMC 1994, 81, 85.

[147] Vgl. Monar, aaO.

[148] Insoweit stellt die Vereinbarung nur eine Wiederholung des Vertrages dar, der in Art. 193 (ex-Art. 138 c) Abs. 2 EGV bereits diese Voraussetzungen normiert.

bei seiner Einsetzung festgelegten Frist, spätestens jedoch mit dem Ende der Wahlperiode des Europäischen Parlaments (Art. 2 Abs. 4 des Beschlusses).

Kernstück des Beschlusses ist dessen Art. 3, der die Pflichten der Gemeinschaftsorgane, der Mitgliedstaaten und einzelner Personen gegenüber einem Untersuchungsausschuß festlegt. Nach Art. 3 Abs. 3 des Beschlusses haben sowohl die Mitgliedstaaten als auch die Organe oder Institutionen der Gemeinschaft auf ein entsprechendes Ersuchen hin einen ihrer Bediensteten auszuwählen, den sie dazu ermächtigen, vor dem Untersuchungsausschuß aufzutreten, sofern dem nicht „Gründe der Geheimhaltung oder der öffentlichen oder nationalen Sicherheit“ entgegenstehen. Mit der gleichen Einschränkung sind sie gemäß Art. 3 Abs. 4 des Beschlusses verpflichtet, einem Untersuchungsausschuß auf dessen Anfrage hin die zur Erfüllung seiner Aufgaben erforderlichen Dokumente vorzulegen[149]. Entsprechende Pflichten treffen nach Art. 3 Abs. 7 des Beschlusses auch „natürliche oder juristische Personen, die durch das Gemeinschaftsrecht mit dessen Anwendung beauftragt wurden“. Art. 3 Abs. 8 bestimmt, daß ein Untersuchungsausschuß, soweit dies zur Erfüllung seiner Aufgaben erforderlich ist, jede andere Person auffordern kann, als Zeuge auszusagen. Schließlich finden sich in Art. 4 - 7 des Beschlusses Bestimmungen bezüglich der Vertraulichkeit der eingeholten Informationen, Regelungen über mögliche Folgen einer abgeschlossenen Untersuchung sowie einige Schlußbestimmungen.

In der Praxis hat sich gezeigt, daß das Europäische Parlament nur zurückhaltend von seinem Untersuchungsrecht Gebrauch macht[150]. So wurden seit der Einführung des Art. 193 (ex-Art. 138 c) in den EG-Vertrag erst zwei nicht ständige Untersuchungsausschüsse eingerichtet[151].

---

[149] Gemäß Art. 3 Abs. 5 der Vereinbarung berühren deren Absätze 3 und 4 nicht „sonstige in den Mitgliedstaaten geltende Bestimmungen, die einem Erscheinen von Beamten oder der Übermittlung von Dokumenten entgegenstehen“.

[150] Vgl. v.d.Groeben/Thiesing/Ehlermann-Haag, Kommentar, Art. 138 c, Rn. 13.

[151] - Zur Untersuchung von Zollbetrügereien im Zusammenhang mit dem Gemeinschaftlichen Versandverfahren, Beschluß vom 13. Dezember 1995, ABl. 1996 C 7, S. 1 und C 17, S. 47
- Zur Prüfung von Rechtsverstößen und Mißständen im Zusammenhang mit BSE, Beschluß vom 17. Juli 1996, ABl. 1996 C 239, S. 1.

XIII. Die „Interinstitutionelle Vereinbarung vom 13. Oktober 1998 zu den Rechtsgrundlagen und der Ausführung des Haushaltsplans"[152]

Eine weitere Vereinbarung jüngeren Datums zwischen dem Europäischen Parlament, dem Rat und der Kommission betrifft einmal mehr den Bereich des gemeinschaftlichen Haushaltsrechts. Konkret geht es um die Problematik der Rechtsgrundlagen, die die Gemeinschaftsorgane in den letzten zwanzig Jahren immer wieder beschäftigt hat[153].

Der Ursprung der in diesem Zusammenhang immer wieder auftauchenden Unstimmigkeiten liegt darin, daß nach dem EG-Vertrag die Ausstattung der einzelnen Gemeinschaftsorgane mit legislativen Befugnissen einerseits und haushaltsrechtlichen Befugnissen andererseits nicht gleichförmig ist[154]. Nachdem das Europäische Parlament in den siebziger Jahren wichtige haushaltsrechtliche Kompetenzen erhalten hatte[155], hat es stets versucht, mittels dieser Kompetenzen auch mehr Einfluß auf die legislative Tätigkeit der Gemeinschaft auszuüben. Der daraus zwangsläufig entstehende Konflikt mit dem Rat führte im Jahre 1982 dazu, daß in die Gemeinsame Erklärung über verschiedene Maßnahmen zur Gewährleistung einer besseren Abwicklung des Haushaltsverfahrens[156] eine Klausel aufgenommen wurde, nach der die Verwendung von Haushaltsmitteln für neue „bedeutende Gemeinschaftsaktionen" nur nach Erlaß einer Grundverordnung erfolgen kann[157]. Die etatmäßige Bereitstellung bildet danach in der Regel eine notwendige, aber allein nicht ausreichende Rechtsgrundlage für die Verwendung von Gemeinschaftsmitteln. Obwohl später eine inhaltlich identische Vorschrift auch in die Haushaltsordnung der Gemeinschaft aufgenommen wurde[158], kam es auch weiterhin bei der Ausführung des Haushaltsplans zu Meinungsverschiedenheiten, die im April 1996 schließlich dazu führten, daß die Regierung des Vereinigten Königreichs Entscheidungen der Kommission über die Finanzierung verschiedener Maßnahmen zur Bekämpfung der Armut im Wege der Nichtigkeitsklage vor dem Europäischen Gerichtshof angriff[159]. Die britische Regierung machte geltend, daß die in Frage stehenden Maßnahmen eine

---

[152] ABl. 1998 C 344, S. 1.
[153] Vgl. dazu Ehlermann/Minch, EuR 1981, 23, 25 ff.
[154] Vgl. v.d.Groeben/Thiesing/Ehlermann-Bieber, Kommentar, Art. 205, Rn. 11.
[155] Vgl. oben unter C.II (S. 16 f.) sowie C.IV (S. 20).
[156] ABl. 1982 C 194, S. 1; vgl. dazu oben unter C.IV (S. 20 ff.).
[157] Kapitel IV Ziff. 3 c der Gemeinsamen Erklärung, vgl. oben unter C.IV (S. 21).
[158] Art. 22 Abs. 1 der Haushaltsordnung vom 21. Dezember 1977, ABl. 1977 L 356, S. 1; geändert unter anderem durch die Verordnung (610/90/Euratom, EGKS, EWG) vom 13. März 1990, ABl. 1990 L 70, S. 1.
[159] Rs. C-106/96 (Vereinigtes Königreich./.Kommission), EuGH Slg. 1998, I-2729.

„bedeutende Gemeinschaftsaktion“ darstellten und die Kommission die entsprechenden Mittelbindungen daher nicht ohne einen Basisrechtsakt habe vornehmen dürfen. Nachdem der Gerichtshof in seinem Urteil vom 12. Mai 1998[160] diese Auffassung bestätigt hatte, kam es auf Drängen des Europäischen Parlaments zu Verhandlungen über eine interinstitutionelle Vereinbarung zu den Rechtsgrundlagen, die schließlich am 13. Oktober 1998 unterzeichnet wurde.

Die Vereinbarung bringt im wesentlichen eine Spezifizierung des in der gemeinsamen Erklärung vom 30. Juni 1982 sowie in Art. 22 der Haushaltsordnung niedergelegten Grundsatzes, nach dem die Verwendung von Haushaltsmitteln grundsätzlich erst nach Erlaß eines entsprechenden Basisrechtsaktes zulässig ist. Eine allgemeine Definition eines solchen „Basisrechtsaktes“ findet sich in Ziff. 1 der Übereinkunft. Ziff. 2 enthält sodann als eigentlichen Kern der Vereinbarung eine Aufzählung der Mittel, die vor allem von der Kommission in Ausnahme von obigem Grundsatz ohne einen Basisrechtsakt verwendet werden können. Dies sind zum einen Mittel für bestimmte Maßnahmen zur Vorbereitung künftiger Gemeinschaftsaktionen (lit. a), daneben Mittel für Maßnahmen, die die Kommission aufgrund von Aufgaben durchführt, die sich aus bestimmten institutionellen Vorrechten und besonderen Zuständigkeiten ihrerseits ergeben (lit. b) sowie Mittel, die für das Funktionieren jedes Organs im Rahmen seiner Selbstverwaltung bestimmt sind (lit. c). Ein der Vereinbarung beigefügter Anhang enthält ein Verzeichnis der Vertragsvorschriften, in denen der Kommission besondere Zuständigkeiten im Sinne von lit. b übertragen werden. In Gestalt dieser Auflistung enthält die Vereinbarung gleichsam eine Negativdefinition des Begriffs der „bedeutenden Gemeinschaftsaktion“.

Schließlich wird in Ziff. 3 der zeitliche Anwendungsrahmen der Vereinbarung festgelegt. Danach gilt diese im „weiteren Verlauf des Haushaltsverfahrens 1999 sowie für die Haushaltspläne der nachfolgenden Haushaltsjahre, sofern sie nicht von einem der drei Organe gekündigt wird“.

XIV. Weitere interinstitutionelle Vereinbarungen

Die vorstehende Darstellung veranschaulicht bereits die in der Einleitung[161] angedeutete Vielgestaltigkeit interinstitutioneller Vereinbarungen. Die folgende Auflistung gibt ohne Anspruch auf Vollständigkeit einen Überblick über weitere Übereinkünfte zwischen den Gemeinschaftsorganen und -institutionen.

---

[160] EuGH, aaO, Rn. 17 ff.

[161] Unter B.II/III (S. 8 ff.).

- Mitteilung des Präsidenten des Rates bezüglich der „Zusammenarbeit zwischen dem Rat und dem Europäischen Parlament im Rahmen des Haushaltsverfahrens“ vom 10. November 1971[162]

- „Gemeinsame Erklärung des Europäischen Parlaments, des Rates, der im Rat vereinigten Vertreter der Mitgliedstaaten und der Kommission vom 11. Juni 1986 gegen Rassismus und Fremdenfeindlichkeit“[163]

- Briefwechsel zwischen dem Europäischen Parlament, dem Rat und der Kommission zum Petitionsrecht[164] aus dem Jahre 1989

- Vereinbarung über die Methoden der Zusammenarbeit zwischen Kommission, Europäischer Investitionsbank und Rechnungshof vom 28. Juni 1989, erneuert am 23. November 1992[165]

- Vereinbarung zwischen dem Rat und der Kommission „betreffend die Vorbereitung von FAO-Sitzungen, die Abgabe von Stellungnahmen sowie die Stimmabgabe“ vom 19. Dezember 1991[166]

- „Interinstitutionelle Vereinbarung vom 20. Dezember 1994 über ein beschleunigtes Arbeitsverfahren für die amtliche Kodifizierung von Rechtstexten“[167]

- „Modus vivendi vom 20. Dezember 1994 zwischen dem Europäischen Parlament, dem Rat und der Kommission betreffend die Maßnahmen zur Durchführung der nach dem Verfahren des Artikels 189 b EGV erlassenen Rechtsakte“[168]

- „Erklärung des Europäischen Parlaments, des Rates und der Kommission vom 6. März 1995 zur Aufnahme von Finanzvorschriften in Rechsakte“[169]

---

[162] ABl. 1971 C 124, S. 62.
[163] ABl. 1988 C 158, S. 1.
[164] ABl. 1989 C 120, S. 90.
[165] Keine der beiden Übereinkünfte wurde bislang veröffentlicht.
[166] Nicht veröffentlicht.
[167] ABl. 1996 C 102, S. 2.
[168] ABl. 1996 C 102, S. 1.
[169] ABl. 1996 C 102, S. 4.

- „Verhaltenskodex" über die Beziehungen zwischen dem Europäischen Parlament und der Kommission nach Inkrafttreten des Vertrages über die Europäische Union vom 15. März 1995[170]

- „Interinstitutionelle Vereinbarung zwischen dem Europäischen Parlament, dem Rat und der Kommission über Vorschriften zur Finanzierung der Gemeinsamen Außen- und Sicherheitspolitik" vom 16. Juli 1997[171]

D. Zulässigkeit interinstitutioneller Vereinbarungen

Eine umfassende rechtliche Würdigung interinstitutioneller Vereinbarungen erfordert eine Untersuchung anhand zweier unterschiedlicher Fragestellungen. Vor der Erarbeitung der Voraussetzungen möglicher Rechtswirkungen und der Prüfung der damit zusammenhängenden Justitiabilität stellt sich zunächst die Frage, ob die beschriebene Praxis der Gemeinschaftsinstitutionen, Absprachen zu treffen oder förmliche Vereinbarungen miteinander abzuschließen, nach der Gemeinschaftsrechtsordnung überhaupt zulässig ist. Erst nach Beantwortung dieser Frage ist dann eine etwaige Bindungswirkung der Vereinbarungen zu überprüfen.

Eine solche Aufspaltung der Untersuchung bringt allerdings insoweit Schwierigkeiten mit sich, als beide Problemkreise keineswegs voneinander unabhängig sind. So wie einerseits die Überprüfung etwaiger Rechtswirkungen einer Vereinbarung nur dann sinnvoll ist, wenn deren Bestehen überhaupt mit der Gemeinschaftsrechtsordnung vereinbar ist, dürfte andererseits bei der Beantwortung der Frage nach der Zulässigkeit einer Vereinbarung eine Rolle spielen, ob diese Rechtsverbindlichkeit beansprucht oder nicht[172]. Trotz dieser Interdependenz sind jedoch beide Fragen keinesfalls zwingend einheitlich zu beantworten und daher - entgegen einer im Schrifttum verbreiteten Tendenz[173] - getrennt zu bearbeiten, wobei die Überprüfung der Zulässigkeit hier vorangestellt werden soll. Wegen des angedeuteten Zusammenhangs mit der Frage der rechtlichen Bindungswirkung ist dabei sowohl die Möglichkeit, daß eine Übereinkunft Rechtsverbindlichkeit beansprucht, als auch die Alternative, in der dies nicht der Fall ist, zu berücksichtigen.

---

[170] ABl. 1995 C 89, S. 69.

[171] Bulletin EU 7/8 - 1997, Kap. 2.3.1.

[172] Auch Schwarze, EuR 1995 - Beiheft 2, S. 49, 50 hält die Frage der Zulässigkeit interinstitutioneller Vereinbarungen für „untrennbar mit der Frage nach ihren Rechtswirkungen verknüpft".

[173] Vgl. oben unter A (S. 5).

Wie bereits festgestellt wurde, enthält der EG-Vertrag bis heute keine ausdrückliche Ermächtigungsnorm allgemeiner Art, die die Frage der Zulässigkeit interinstitutioneller Vereinbarungen umfassend beantworten könnte[174]. Lediglich Art. 218 (ex-Art. 162) Abs. 1 EGV sieht vor, daß Rat und Kommission einvernehmlich die Art und Weise ihrer Zusammenarbeit regeln. Darüberhinaus enthält der EG-Vertrag in seiner heutigen Fassung einige Klauseln, die den Abschluß spezieller Vereinbarungen ausdrücklich vorsehen[175].

Auch der Rechtsprechung des Europäischen Gerichtshofes lassen sich zur Frage der Zulässigkeit interinstitutioneller Vereinbarungen keine Einzelheiten entnehmen[176]. In seinem Urteil vom 3. Juli 1986[177] gibt der Gerichtshof unter Bezugnahme auf die Gemeinsame Erklärung vom 30. Juni 1982 zum Haushaltsverfahren[178] diesbezüglich immerhin einen vagen Hinweis, indem er feststellt:

> „Im übrigen sind die Probleme der Abgrenzung der nichtobligatorischen gegenüber den obligatorischen Ausgaben Gegenstand eines interinstitutionellen Schlichtungsverfahrens, das durch die 'Gemeinsame Erklärung' des Europäischen Parlaments, des Rates und der Kommission vom 30. Juni 1982 (ABl. C 194) eingeführt worden ist; sie können in diesem Rahmen gelöst werden."[179]

Zwar bezieht sich die Formulierung des Europäischen Gerichtshofes ausdrücklich nur auf die Gemeinsame Erklärung vom 30. Juni 1982, doch erlaubt sie immerhin den Schluß, daß die Richter den Abschluß derartiger Vereinbarungen grundsätzlich für zulässig halten[180]. In zwei Urteilen jüngeren Datums hat der Gerichtshof zwar ausdrücklich zur Rechtswirkung einzelner Vereinbarungen, nicht aber zur Frage ihrer Zulässigkeit Stellung genommen[181]. Auch dies läßt sich dahingehend interpretieren, daß die Richter stillschweigend von der Zulässigkeit der entsprechenden Übereinkünfte ausgehen. Woraus diese sich ergibt, läßt sich der Judikatur des Europäischen Gerichtshofes jedoch nicht entnehmen.

Zur Beantwortung der Zulässigkeitsfrage ist zunächst der gemeinschaftsrechtliche Maßstab herauszuarbeiten, an dem die in Frage stehende institutionelle

---

[174] Siehe oben unter A (S. 3).

[175] Art. 193 (ex-Art. 138 c) Abs. 3, Art. 195 (ex-Art. 138 e) Abs. 4, Art. 248 (ex-Art. 188 c) Abs. 3 UAbs. 3 sowie Art. 272 (ex-Art. 203) Abs. 9 UAbs. 5 EGV.

[176] Vgl. oben unter A (S. 4).

[177] Rs. 34/86 (Rat./.Parlament), EuGH Slg. 1986, 2155.

[178] ABl. 1982 C 194, S. 1; vgl. dazu oben unter C.IV (S. 20 ff.).

[179] EuGH, aaO (Anm. 177), S. 2212 (Rn. 50).

[180] Ebenso Schwarze, EuR 1995 - Beiheft 2, S. 49, 51.

[181] EuGH, Urt. v. 19. März 1996, Rs. C-25/94 (Kommission./.Rat), Slg. 1996, I-1469, 1510 (Rn. 49); Urt. v. 30. April 1996, Rs. C-58/94 (Niederlande./.Rat), Slg. 1996, I-2169, 2195 (Rn. 23 ff.).

Praxis zu messen ist. Anhand dieses Maßstabs sind dann die Voraussetzungen zu entwickeln, die an eine gemeinschaftsrechtliche Ermächtigung zum Abschluß interinstitutioneller Vereinbarungen zu stellen sind.

I. Die Europäische Gemeinschaft als Rechtsgemeinschaft

Ein wesentliches Merkmal der Gemeinschaftsrechtsordnung ist deren rechtsstaatlich-demokratische Verfaßtheit[182]. In der Präambel zur Einheitlichen Europäischen Akte[183] haben die Mitgliedstaaten sich erstmalig zu den Grundsätzen der Rechtsstaatlichkeit bekannt. Die Präambel zum Unionsvertrag bestätigte später dieses Bekenntnis[184].

Konsequenz der rechtsstaatlichen Verfaßtheit ist, daß die Gemeinschaft allgemeinen Rechtsregeln unterworfen und dadurch in ihrem eigenen Souveränitätsanspruch begrenzt ist[185]. Auch der Europäische Gerichtshof hat in seinem Urteil vom 23. April 1986[186] die Europäische Gemeinschaft ausdrücklich als „Rechtsgemeinschaft" bezeichnet und daraus konkrete Rechtsfolgen für die Tätigkeit der Gemeinschaftsorgane abgeleitet. Danach sind diese ebenso wie die Mitgliedstaaten der Kontrolle darüber unterworfen, ob ihre Handlungen im Einklang mit der Verfassungsurkunde der Gemeinschaft, d.h. dem EG-Vertrag, stehen[187]. Entsprechend der vertraglichen Regelung in Art. 220 (ex-Art. 164) EGV obliegt es dem Europäischen Gerichtshof, die Einhaltung dieses umfassenden Gebots der Vertragskonformität zu überwachen. Die durch die Gründungsverträge geschaffene Gemeinschaftsrechtsordnung ist demnach der Maßstab, anhand dessen jegliches Organhandeln rechtlich zu überprüfen ist.

Der Abschluß interinstitutioneller Vereinbarungen stellt ein solches „Organhandeln" dar, mit der Folge, daß auch diese Praxis daraufhin zu überprüfen ist, ob sie im Einklang mit der „gemeinschaftlichen Verfassungsurkunde", dem EG-Vertrag, steht. Dabei interessiert zunächst nur, ob grundsätzlich die Verwendung der Handlungsform „interinstitutionelle Vereinbarung" durch die Gemeinschaftsinstitutionen mit der Gemeinschaftsrechtsordnung zu vereinbaren ist. Diese allgemeine Zulässigkeitsfrage ist zu unterscheiden von der Überprüfung der inhaltlichen Konformität einzelner Vereinbarungen mit den Normen des Vertrages, um die es erst an anderer Stelle gehen wird.

---

[182] Vgl. dazu Zuleeg, NJW 1994, 545.
[183] ABl. 1987 L 169, S. 1.
[184] 3. Erwägungsgrund der Präambel.
[185] Vgl. v.d.Groeben/Thiesing/Ehlermann-Beutler, Kommentar, Art. F EUV, Rn. 14.
[186] Rs. 294/83 (Parti écologiste „Les Verts"./.Parlament), Slg. 1986, 1357.
[187] EuGH, aaO, S. 1365 (Rn. 23).

II. Das Prinzip der begrenzten Ermächtigung

Wenngleich das Prinzip der Rechtsstaatlichkeit ebenso wie in den nationalen Verfassungen der einzelnen Mitgliedstaaten auch im Rechtssystem der Europäischen Gemeinschaft Gültigkeit beansprucht, so sind bei der Ableitung der daraus resultierenden Begrenzung der hoheitlichen Regelungsbefugnisse gleichwohl wesentliche Unterschiede zwischen den jeweiligen Systemen zu berücksichtigen.

Die nationalen Staatsverfassungen sehen den Staat und dessen Organe grundsätzlich als Träger einer umfassenden Zuständigkeit und einer ebenso umfassenden Hoheitsgewalt. Deren Begrenzung ergibt sich aus einer dem Individuum meist in Form von Grundrechten zugestandenen Freiheitssphäre oder bestimmten Verfassungsprinzipien wie etwa der Gewaltenteilung[188]. Bei der Europäischen Gemeinschaft handelt es sich dagegen um einen zwischenstaatlichen Integrationsverband[189], der durch die ihm in den Gründungsverträgen eingeräumten Befugnisse die umfassende Hoheitsgewalt seiner Mitgliedstaaten relativiert[190]. Das sich hieraus ergebende Konkurrenzverhältnis zwischen der Gemeinschaft und ihren Mitgliedstaaten bedingt die Besonderheit der der Gemeinschaftsrechtsordnung gestellten Regelungsaufgabe. Anders als eine staatliche Verfassung muß sie die Handlungsbefugnisse ihrer Organe nicht nur zum Schutz individueller Grundrechte und grundlegender Verfassungsprinzipien beschränken, sondern auch zur Begrenzung der Aufgaben der Gemeinschaft an sich, um so den Erhalt der den Mitgliedstaaten verbliebenen Kompetenzen zu gewährleisten[191].

1. Inhalt des Prinzips

Der EG-Vertrag kommt seiner Aufgabe zur Beschränkung des Zuständigkeitsbereichs der Gemeinschaft nach, indem er durch die Vorschrift des Art. 5 (ex-Art. 3 b) Abs. 1 EGV[192] festlegt, daß die Gemeinschaft „innerhalb der Grenzen der ihr in diesem Vertrag zugewiesenen Befugnisse und gesetzten Ziele“ tätig wird. Dadurch werden die Zuständigkeiten der Europäischen Gemeinschaft gegenüber denen ihrer Mitgliedstaaten in der Form abgegrenzt, daß die

---

[188] Vgl. H.P. Ipsen, Europäisches Gemeinschaftsrecht, S. 425 f.

[189] H.P. Ipsen, aaO, S. 196 ff. bezeichnet die Gemeinschaft als „Zweckverband funktioneller Integration“.

[190] Vgl. v.d.Groeben/Thiesing/Ehlermann-Zuleeg, Kommentar, Art. 3 b, Rn. 2.

[191] Vgl. H.P. Ipsen, aaO (Anm. 188), S. 431.

[192] Eingeführt 1992 durch den Vertrag von Maastricht.

Kompetenzen der Gemeinschaft stets einer vertraglichen Ermächtigung bedürfen. Dieser Grundsatz wird als „principe de compétence d'attribution“[193] oder „Prinzip der begrenzten Ermächtigung“[194] bezeichnet. In seinem Gutachten vom 28. März 1996[195] hat der Europäische Gerichtshof ihn erstmalig aus dem durch den Vertrag über die Europäische Union eingeführten Art. 5 (ex-Art. 3 b) Abs. 1 EGV hergeleitet[196]. Indessen enthielt der EG-Vertrag bereits vor Inkrafttreten des Vertrages von Maastricht eine Fülle von Hinweisen auf die Existenz dieses Prinzips[197]. So regelt z.B. Art. 7 (ex-Art. 4) Abs. 1 S. 2 EGV die Abgrenzung der Zuständigkeiten der einzelnen Organe, indem er auf die „in diesem Vertrag zugewiesenen Befugnisse“ verweist[198]. In den einzelnen Vorschriften, die den Organen der Gemeinschaft die Erfüllung ihrer jeweiligen Aufgaben zuweisen, wird dieser Grundsatz durch inhaltlich entsprechende Klauseln wiederholt[199].

Die Gemeinschaftsorgane dürfen also nur dann tätig werden, wenn und soweit die Gründungsverträge ihnen dazu eine Ermächtigungsgrundlage bieten. Eine allgemeine Rechtsetzungskompetenz der Gemeinschaftsorgane existiert dagegen nicht. Deren Handlungsbefugnisse sind vielmehr in zweifacher Hinsicht begrenzt[200]. Inhaltlich hat sich die Tätigkeit auf die Materien zu beschränken, die überhaupt Gegenstand des EG-Vertrages sind. Maßstab ist insoweit vor allem der Dritte Teil (Art. 23 (ex-Art. 9) - 181 (ex-Art. 130 y)) des Vertrages. Daneben besteht eine Begrenzung der Handlungsformen, die sich daraus ergibt, daß die einzelnen Ermächtigungen im Vertrag zur Erfüllung der jeweiligen Aufgabe regelmäßig die Verwendung eines bestimmten Handlungsinstruments vor-

---

[193] Grundlegend Lagrange, RDP 1961, 40, 45.

[194] Kraußer, Das Prinzip begrenzter Ermächtigung im Gemeinschaftsrecht als Strukturprinzip des EWG-Vertrags, S. 16 ff.; H.P. Ipsen, Europäisches Gemeinschaftsrecht, S. 425 ff. Teilweise wird in der Literatur auch eine etwas abweichende Terminologie verwandt. So spricht beispielsweise Nicolaysen, Europarecht I, S. 128 von „begrenzten Einzelzuständigkeiten“, Beutler/Bieber/Pipkorn/Streil, Die Europäische Union - Rechtsordnung und Politik, S. 82 dagegen von einer „enumerativen Einzelermächtigung“.

[195] Gutachten 2/94, „Beitritt der Gemeinschaft zur Konvention zum Schutze der Menschenrechte und Grundfreiheiten“, EuGH Slg. 1996, I-1759.

[196] EuGH, aaO, S. 1787 (Rn. 23).

[197] Vgl. dazu Kraußer, aaO (Anm. 194), S. 17.

[198] Nach v.d.Groeben/Thiesing/Ehlermann-Zuleeg, Kommentar, Art. 3 b, Rn. 1 hat Art. 7 (ex-Art. 4) Abs. 1 S. 2 EGV nunmehr nur noch Bedeutung für das Verhältnis der Organe zueinander.

[199] Dort finden sich Formulierungen, nach denen die jeweiligen Befugnisse „nach Maßgabe dieses Vertrages“ (Art. 202 (ex-Art. 145), Art. 211 (ex-Art. 155) EGV) bzw. „nach diesem Vertrag“ (Art. 189 (ex-Art. 137) EGV) auszuüben sind.

[200] Vgl. H.P. Ipsen, aaO (Anm. 194), S. 426 ff.

schreiben. Dieser Grundsatz wird nur dann durchbrochen, wenn der Vertrag den Organen die freie Wahl der Handlungsform ausdrücklich zugesteht[201].

2. Berührung des Schutzbereichs durch interinstitutionelle Vereinbarungen

Es stellt sich die Frage, ob und unter welchen Voraussetzungen das Prinzip der begrenzten Ermächtigung auf die hier in Frage stehenden interinstitutionellen Vereinbarungen anzuwenden ist. Dazu bedarf es zunächst einer Präzisierung der Reichweite des Prinzips. Der Vertrag selbst gibt über die Frage, welche Handlungen der Gemeinschaftsorgane am Grundsatz der begrenzten Ermächtigung zu messen sind, keine genaue Auskunft. Art. 7 (ex-Art. 4) Abs. 1 S. 2 EGV enthält eine Formulierung, nach der die Organe nach Maßgabe des Vertrages „handeln“[202]. Die genaue Bedeutung des Begriffs „handeln“ bleibt jedoch offen.

Maßstab für die Ermittlung der Reichweite des Prinzips der begrenzten Ermächtigung muß daher mangels präziser vertraglicher Angaben der Zweck sein, den dieses erfüllt. Dazu sind die Schutzgüter des Prinzips zu ermitteln. Seine Anwendbarkeit im Einzelfall wird dann davon abhängen, ob das in Frage stehende Organhandeln geeignet ist, eines dieser Schutzgüter zu beeinträchtigen.

a. Mitgliedstaatliche Kompetenzen und individuelle Rechtssphäre des Gemeinschaftsbürgers

Wie oben bereits angedeutet[203], wird das Prinzip der begrenzten Ermächtigung in erster Linie durch die notwendige Abgrenzung der gemeinschaftlichen von der mitgliedstaatlichen Regelungsbefugnis bestimmt[204]. Insoweit manifestiert es „die Grenze des Willens der Mitgliedstaaten, auf die Ausübung ihrer eigenen Hoheitsrechte zu verzichten“[205]. Daneben kommt ihm rechtliche Bedeutung für das Verhältnis der Gemeinschaft zum einzelnen Gemeinschaftsbürger zu. Indem die der Gemeinschaft eingeräumte Hoheitsgewalt gleich „von der Quelle her“[206] dosiert wird, ist der einzelne Gemeinschaftsbürger vor Eingriffen in seine

---

[201] Vgl. H.P. Ipsen, aaO (Anm. 200).
[202] In Art. 5 (ex-Art. 3 b) Abs. 1 EGV heißt es: „Die Gemeinschaft wird ... tätig“.
[203] Vgl. unter D.II.1 (S. 43 ff.).
[204] Vgl. Schwarze, Europäisches Verwaltungsrecht, Band I, S. 238.
[205] Nicolaysen, EuR 1966, 136.
[206] H.P. Ipsen, Europäisches Gemeinschaftsrecht, S. 432.

Rechtssphäre geschützt, die über diese Dosierung hinausgehen. Insoweit ist das Prinzip der begrenzten Ermächtigung dem im deutschen Verfassungsrecht geltenden Vorbehalt des Gesetzes vergleichbar[207]. Aus diesen beiden Schutzfunktionen ergibt sich, daß das Prinzip jedenfalls dann Anwendung zu finden hat, wenn ein bestimmtes Organhandeln geeignet ist, die den Mitgliedstaaten verbliebene Kompetenzsphäre oder die individuelle Rechtssphäre des einzelnen Gemeinschaftsbürgers zu beeinträchtigen.

Eine im Schrifttum vertretene Ansicht lehnt eine Anwendung des Prinzips der begrenzten Ermächtigung auf interinstitutionelle Vereinbarungen mit der Begründung ab, daß die Absprachen zwischen den Organen nur deren eigene Kompetenzen beträfen, in die Rechte der Mitgliedstaaten oder der Individuen dagegen nicht eingriffen[208]. Der Schutzbereich des Prinzips der begrenzten Ermächtigung sei daher nicht betroffen. Dementsprechend bedürfe es zum Abschluß derartiger Übereinkünfte durch die Gemeinschaftsorgane auch keiner ausdrücklichen Zuständigkeitszuweisung[209].

Diese Auffassung begegnet insoweit Bedenken, als die Prämisse, daß die Übereinkünfte zwischen den Organen die Rechte der Mitgliedstaaten sowie des einzelnen generell nicht berühren, nicht mehr dem aktuellen Entwicklungsstand des Phänomens interinstitutioneller Vereinbarungen entspricht. Zwar trifft es nach wie vor zu, daß der ganz überwiegende Teil der getroffenen Übereinkünfte Fragen der interinstitutionellen Zusammenarbeit betrifft[210]. Eine Betrachtung der in Ausübung des jeweiligen Regelungsauftrags in Art. 193 (ex-Art. 138 c) Abs. 3 sowie Art. 195 (ex-Art. 138 e) Abs. 4 EGV erlassenen Vereinbarungen verdeutlicht jedoch, daß dies nicht generell auf das Phänomen in seiner gesamten Bandbreite zutrifft. Der oben dargestellte dreiseitige Beschluß vom 19. April 1995 über Einzelheiten der Ausübung des Untersuchungsrechts des Europäischen Parlaments[211] berührt sowohl den Rechtskreis der Mitgliedstaaten als auch den des einzelnen Gemeinschaftsbürgers, indem er etwa die Bedingungen festlegt, unter denen diese jeweils vor einem Untersuchungs-

---

[207] Ebenso Kraußer, Das Prinzip begrenzter Ermächtigung im Gemeinschaftsrecht als Strukturprinzip des EWG-Vertrags, S. 27; H.P. Ipsen, aaO, S. 431; auf die gleichwohl zu beachtenden Unterschiede zwischen beiden Prinzipien weist Schwarze, Europäisches Verwaltungsrecht, Band I, S. 238 hin.

[208] Gauweiler, Die rechtliche Qualifikation interorganschaftlicher Absprachen im Europarecht, S. 56 ff.; ebenso für die Gemeinsame Erklärung zum Konzertierungsverfahren (ABl. 1975 C 89, S. 1) Beutler, Rechtsfragen des Konzertierungsverfahrens, in: Gedächtnisschrift Sasse, S. 311, 319 ff.

[209] Gauweiler, aaO, S. 58 f.

[210] Vgl. oben unter B.II (S. 8 ff.).

[211] ABl. 1995 L 113, S. 2; vgl. dazu unter C.XII (S. 34 ff.).

ausschuß aufzutreten verpflichtet sind[212]. Entsprechendes gilt für den Beschluß vom 9. März 1994 über die Regelungen und allgemeinen Bedingungen für die Ausübung der Aufgaben des Bürgerbeauftragten[213], der unter anderem bestimmte Mitwirkungspflichten der Mitgliedstaaten sowie eine für alle Gemeinschaftsbürger geltende Beschwerdefrist festlegt[214]. Die Einschätzung, daß eine Berührung der Rechte der Mitgliedstaaten und Individuen durch interinstitutionelle Vereinbarungen generell ausgeschlossen sei, läßt sich angesichts dessen nicht aufrechterhalten.

Andererseits muß eingeräumt werden, daß die beiden zitierten Beschlüsse, soweit sie Festlegungen enthalten, die über den Bereich der interinstitutionellen Beziehungen hinausgehen, Ausnahmefälle darstellen. Der weit überwiegende Teil der dem Phänomen zuzuordnenden Übereinkünfte betrifft dagegen in der Tat Fragen der interinstitutionellen Zusammenarbeit und läßt daher eine Beeinträchtigung der Rechte Außenstehender nicht befürchten.

Gleichwohl bleibt festzuhalten, daß interinstitutionelle Vereinbarungen, soweit sie ausnahmsweise geeignet sind, die den Mitgliedstaaten verbliebenen Kompetenzen oder die Rechtssphäre des einzelnen Gemeinschaftsbürgers zu berühren, aus diesem Grunde nach dem Prinzip der begrenzten Ermächtigung einer vertraglichen Grundlage bedürfen.

b. Die vertragliche Kompetenzordnung

Zwar wird die Funktion des Prinzips der begrenzten Ermächtigung meist nur in bezug auf das Verhältnis der Gemeinschaft und ihrer Organe zu Mitgliedstaaten und Gemeinschaftsbürgern gesehen[215], doch ist seine rechtliche Bedeutung damit nicht erschöpft. Vielmehr kommt dem Prinzip auch Bedeutung für das Verhältnis der einzelnen Gemeinschaftsorgane untereinander zu.

Wenn der EG-Vertrag einem Organ die Befugnis zum Erlaß eines bestimmten Rechtsaktes zuweist, so ist diese Ermächtigung regelmäßig an eine ebenfalls bereits festgelegte Form des Zusammenwirkens mit anderen Gemeinschaftsorganen gebunden. Legt der Vertrag beispielsweise den Erlaß einer Richtlinie oder Verordnung „gemäß dem Verfahren des Art. 251“ (ex-Art. 189 b) EGV fest, so ergeben sich daraus ganz bestimmte Mitwirkungsbefugnisse für die

---

[212] Art. 3 des Beschlusses; vgl. oben unter C.XII (S. 36).
[213] ABl. 1994 L 113, S. 15; vgl. dazu oben unter C.XI (S. 32 ff.).
[214] Art. 3 sowie Art. 2 Abs. 4 des Beschlusses; vgl. oben unter C.XI (S. 34).
[215] Vgl. etwa Bleckmann, Europarecht, S. 150 (Rn. 382); sowie ders. in DÖV 1977, 615 ff.

Kommission, den Rat und das Europäische Parlament. In dieser Weise gewährleistet das Prinzip der begrenzten Ermächtigung eine Funktionenordnung zwischen den einzelnen Organen, ein „gemeinschaftsinternes System von 'checks and balances'"[216], das dem Gewaltenteilungsprinzip nationaler Verfassungssysteme vergleichbar ist. Dieses System, das der Europäische Gerichtshof als „institutionelles Gleichgewicht" bezeichnet[217], ist ein wesentlicher Träger des Rechtsstaatsprinzips und dient damit nicht zuletzt auch der Sicherung der Freiheitssphäre des einzelnen Gemeinschaftsbürgers[218]. Zu dessen umfassendem Schutz gehört daher unverzichtbar auch die Garantie der durch den Vertrag geschaffenen, gemeinschaftsinternen Funktionenordnung der Organe. Darin besteht neben den beiden oben beschriebenen eine weitere Funktion des Prinzips der begrenzten Ermächtigung[219], das insoweit Berührungspunkte mit dem Grundsatz des „institutionellen Gleichgewichts" aufweist[220].

Der oben dargestellten Auffassung des Schrifttums[221] ist daher entgegenzuhalten, daß sie den Schutzbereich des Prinzips der begrenzten Ermächtigung unzulässig einengt. Die Einschätzung, daß die Prinzipien der Souveränität der Mitgliedstaaten und der Rechtsstaatlichkeit die Vorhersehbarkeit der Maßnahmen der Gemeinschaft nur erfordere, soweit die Akte der Organe die Mitgliedstaaten oder die Individuen binden bzw. deren Rechte berühren[222], greift zu kurz. Vielmehr dient auch das sog. „institutionelle Gleichgewicht" - wie gezeigt wurde - auf die ihm eigene Weise der Sicherung der Rechtsstaatlichkeit auf Gemeinschaftsebene, so daß neben den Rechten Dritter auch die gemeinschaftsinterne Kompetenzordnung dem Schutzbereich des Prinzips der begrenzten Ermächtigung zuzuordnen ist[223].

---

[216] Kraußer, Das Prinzip begrenzter Ermächtigung im Gemeinschaftsrecht als Strukturprinzip des EWG-Vertrags, S. 28.

[217] Vgl. etwa EuGH, Urt. v. 17. Dezember 1970, Rs. 25/70 (Einfuhr- und Vorratsstelle für Getreide und Futtermittel./.Köster), Slg. 1970, 1161, 1173 (Rn. 9); Urt. v. 29. Oktober 1980, Rs. 138, 139/70 (Roquette und Maizena./.Rat), Slg. 1980, 3333, 3360 (Rn. 33); Urt. v. 22. Mai 1990, Rs. C 70/88 (Parlament./.Rat), Slg. 1990, I-2041, 2072 (Rn. 21 ff.); im Schrifttum stößt diese Terminologie des Gerichtshofes auf Ablehnung, vgl. v.d.Groeben/Thiesing/Ehlermann-Bieber, Kommentar, Art. 4, Rn. 66.

[218] Ähnlich H.P. Ipsen, Europäisches Gemeinschaftsrecht, S. 432.

[219] Ebenso H.P. Ipsen, aaO; Kraußer, aaO (Anm. 216); Schwarze, EuR 1995 - Beiheft 2, S. 49, 50.

[220] Ähnlich Kraußer, aaO, S. 92.

[221] Vgl. Anm. 208.

[222] So Bleckmann, Europarecht, S. 150 (Rn. 382).

[223] Als weitere Funktion des Prinzips nennen Kraußer, aaO (Anm. 216), S. 27 und H.P. Ipsen, aaO (Anm. 218), S. 432 die Gewährleistung effektiven Rechtsschutzes; Kraußer sieht darüberhinaus auch eine Bedeutung für das Demokratieprinzip.

In bezug auf die in Frage stehenden interinstitutionellen Vereinbarungen ergibt sich daraus, daß diese auch dann in den Anwendungsbereich des Prinzips der begrenzten Ermächtigung fallen können, wenn sie die Rechte der Mitgliedstaaten und Individuen - anders als in den beiden oben beschriebenen Fällen - tatsächlich nicht berühren. Ausreichend ist allein, daß sie geeignet sind, die den Gemeinschaftsorganen durch den Vertrag vorgegebene Kompetenzordnung zu beeinträchtigen.

Interinstitutionelle Vereinbarungen dienen vor allem der Ausgestaltung einzelner Aspekte der gemeinschaftsinternen Beziehungen zwischen den Organen. Soweit sie in dieser Funktion etwa Regelungen über einzelne Kompetenzen bestimmter Organe bzw. Verfahrensvorgaben für den Erlaß bestimmter Rechtsakte enthalten[224], sind sie auch geeignet, die vertragliche Kompetenzordnung zu beeinträchtigen. Auch diese auf den gemeinschaftsinternen Bereich bezogenen Übereinkünfte fallen somit in den Anwendungsbereich des Prinzips der begrenzten Ermächtigung, ohne daß es des Nachweises einer Beeinträchtigung der Rechte Dritter bedürfte[225].

c. Nicht rechtsverbindliche Vereinbarungen

Eine wichtige Einschränkung der Reichweite des Prinzips der begrenzten Ermächtigung ergibt sich aus folgender Überlegung. Eine Rechtsposition, gleich welcher Art sie ist und wem sie zusteht, kann grundsätzlich nur durch solche Handlungen beeinträchtigt werden, die überhaupt geeignet sind, rechtserhebliche Folgen auszulösen. Auf rechtlich unverbindliche Akte der Gemeinschaftsorgane, wie z.B. Stellungnahmen oder Empfehlungen des Rates oder der Kommission, findet deshalb das Prinzip der begrenzten Ermächtigung keine Anwendung, da die Gefahr einer unmittelbaren Berührung von Rechtspositionen der Mitgliedstaaten, der Gemeinschaftsbürger oder der anderen Gemeinschaftsinstitutionen hier nicht besteht.

Für die Handlungen der Kommission enthält der Vertrag selbst eine dementsprechende Regelung. Art. 211 (ex-Art. 155), 2. Spiegelstrich EGV gesteht der Kommission zu, „auf den in diesem Vertrag bezeichneten Gebieten" unverbindliche Empfehlungen und Stellungnahmen abzugeben, „soweit der Vertrag dies ausdrücklich vorsieht oder soweit sie es für notwendig erachtet".

---

[224] Die obige Übersicht über die wichtigsten bestehenden Vereinbarungen bietet eine Fülle entsprechender Beispiele; vgl. unter C (S. 13 - 40).

[225] Ebenso Kraußer, aaO (Anm. 216), S. 91 ff. sowie Schwarze, EuR 1995 - Beiheft 2, S. 49, 50 f.

Entsprechend den obigen Erwägungen kann diese vertragliche Regelung im Einklang mit dem Schutzzweck des Prinzips begrenzter Ermächtigung auf die übrigen Organe und Institutionen übertragen werden, so daß sich ein allgemeiner Grundsatz ergibt, nach dem die Vornahme unverbindlicher Handlungen grundsätzlich in das Ermessen der jeweiligen Institutionen gestellt ist[226]. Eine Grenze ergibt sich hier lediglich insoweit, als derartige Akte entsprechend der Formulierung in Art. 211 (ex-Art. 155) EGV nur „auf den in diesem Vertrag bezeichneten Gebieten“ ergehen dürfen. Auch unverbindliche Handlungen sind danach nur dann zulässig, wenn sie inhaltlich im Rahmen des sachlichen Geltungsbereichs des Vertrages liegen. Zur Ermittlung dieses Geltungsbereichs kann auf die in Art. 2 EGV enthaltene allgemeine Aufgabenbestimmung der Europäischen Gemeinschaft zurückgegriffen werden[227].

Übertragen auf das Phänomen der interinstitutionellen Vereinbarungen folgt daraus, daß die Organe zu deren Abschluß nur dann einer vertraglichen Ermächtigung bedürfen, wenn die entsprechende Vereinbarung rechtliche Verbindlichkeit beanspruchen soll. Unter welchen Voraussetzungen eine solche Rechtsverbindlichkeit angenommen werden kann, wird im Rahmen dieser Untersuchung noch zu erörtern sein. Der Abschluß von Vereinbarungen im außerrechtlichen Bereich ist dagegen ohne besondere vertragliche Ermächtigung zulässig, soweit der jeweilige Gegenstand der Übereinkunft im Rahmen des sachlichen Geltungsbereichs des EG-Vertrages bleibt.

3. Zusammenfassung

Aufgrund ihres typischen Regelungsinhalts sind interinstitutionelle Vereinbarungen vor allem geeignet, die vertraglich festgelegte Kompetenzordnung unter den Gemeinschaftsinstitutionen zu berühren. Eine Beeinträchtigung der den Mitgliedstaaten verbliebenen Kompetenzen sowie der Rechtssphäre des einzelnen Gemeinschaftsbürgers kommt zwar nur in Ausnahmefällen vor, ist aber auch nicht ausgeschlossen. Soweit die Vereinbarungen Rechtsverbindlichkeit beanspruchen, bedürfen die Gemeinschaftsorgane daher nach dem Prinzip der begrenzten Ermächtigung zu deren Abschluß einer vertraglichen Rechtsgrundlage. Nicht rechtsverbindliche Übereinkünfte sind dagegen ohne eine spezielle vertragliche Grundlage zulässig, wenn sie inhaltlich im Rahmen des sachlichen Geltungsbereichs des EG-Vertrags bleiben.

---

[226] So auch Kraußer und Schwarze, aaO.

[227] Vgl. Kraußer, aaO, S. 89.

III. Ausdrückliche gemeinschaftsrechtliche Ermächtigungen

Zunächst ist der Blick auf diejenigen Regelungen des Gemeinschaftsrechts zu lenken, die den Abschluß interinstitutioneller Vereinbarungen ausdrücklich vorsehen. Dazu ist festzustellen, daß der Terminus „interinstitutionelle Vereinbarung" selbst im EG-Vertrag an keiner Stelle erwähnt wird. Dies bedeutet jedoch nicht, daß das Phänomen dem Vertrag gänzlich fremd wäre. Es wurde bereits darauf hingewiesen, daß für die Zuordnung einer Organhandlung zum Begriff der interinstitutionellen Vereinbarungen nicht die jeweils verwandte Begrifflichkeit oder Form entscheidend ist, sondern die Tatsache, daß es sich um eine einvernehmliche Ausgestaltung bestimmter Sachbereiche durch die Gemeinschaftsinstitutionen handelt[228]. Im folgenden werden also die Normen zu untersuchen sein, die eine solche einvernehmliche Festlegung bestimmter Fragen durch die Gemeinschaftsinstitutionen ausdrücklich vorsehen. Derartige Normen existieren vor allem im primären, aber auch im sekundären Gemeinschaftsrecht.

1. Art. 218 (ex-Art. 162) Abs. 1 EGV

Zunächst findet sich im Fünften Teil des EG-Vertrages im Rahmen der Regelungen über Aufgaben und Befugnisse der Kommission ein allgemeiner Hinweis auf die interinstitutionelle Zusammenarbeit. Nach Art. 218 (ex-Art. 162) Abs. 1 EGV ziehen Rat und Kommission einander zu Rate und „regeln einvernehmlich die Art und Weise ihrer Zusammenarbeit"[229]. Im zweiten Halbsatz ist also ausdrücklich vorgesehen, was das Wesen interinstitutioneller Vereinbarungen zu einem wesentlichen Teil ausmacht.

Dennoch wird im Schrifttum die Auffassung vertreten, die Norm stelle nicht etwa eine Ermächtigungsgrundlage zur Verabschiedung entsprechender interinstitutioneller Vereinbarungen dar, sondern gebe lediglich darüber Auskunft, wie etwaige Regelungen über die Zusammenarbeit zu beschließen seien[230]. Eine solche Interpretationsweise bedeutet letztlich, den Regelungsinhalt der Norm auf das Attribut „einvernehmlich" zu reduzieren. Entsprechendes läßt sich jedoch weder aus deren Wortlaut noch aus der Systematik des Vertrages herleiten.

---

[228] Vgl. oben unter B.III (S. 10 ff.).

[229] Nachdem von 1965 an zwischenzeitlich die inhaltlich identische Regelung der Art. 15 und 16 des Fusionsvertrags (ABl. 1967, 152, S. 2) galt, stimmt der Normtext seit Inkrafttreten des Vertrages über die Europäische Union wieder voll mit der ursprünglichen Fassung der römischen Verträge überein; vgl. v.d.Groeben/Thiesing/Ehlermann-Schmitt von Sydow, Kommentar, Art. 162, Rn. 1.

[230] Schwarze, EuR 1995 - Beiheft 2, S. 49, 52; Bieber, Das Verfahrensrecht von Verfassungsorganen, S. 69 sowie S. 191.

Vielmehr gestattet Art. 218 (ex-Art. 162) Abs. 1 EGV nach seinem natürlichen Wortsinn den beiden Organen ausdrücklich, ihre Zusammenarbeit selbst auszugestalten, und ist daher als ein an Kommission und Rat gerichteter Handlungsauftrag zu begreifen. Durch die Verwendung des Wortes „einvernehmlich" wird zusätzlich zum Ausdruck gebracht, daß beide Organe sich dabei gleichberechtigt gegenüberstehen sollen.

Wenngleich der Begriff „interinstitutionelle Vereinbarung" nicht ausdrücklich verwandt wird, sind von den beiden Organen ausgehandelte Übereinkünfte gleichwohl das geeignete Instrument, um diesen Regelungsauftrag des Art. 218 (ex-Art. 162) Abs. 1 EGV zu erfüllen. Die Vorschrift stellt somit eine Ermächtigungsgrundlage zum Abschluß von interinstitutionellen Vereinbarungen zwischen Rat und Kommission dar[231]. Zu beachten ist, daß es sich dabei nur um zweiseitige Übereinkünfte handelt. Eine unmittelbare Anwendung auf Vereinbarungen, an denen weitere Gemeinschaftsinstitutionen - insbesondere das Europäische Parlament - beteiligt sind, verbietet sich angesichts des insoweit eindeutigen Wortlauts der Norm[232].

Inhaltlich ist die Ermächtigung auf die Regelung der Zusammenarbeit zwischen den beiden Organen begrenzt. Als Ermächtigungsgrundlage kann sie somit nur für Vereinbarungen dienen, die sich auf den gemeinschaftsinternen Bereich der interinstitutionellen Beziehungen zwischen Rat und Kommission beschränken, einen direkten Eingriff in Rechte außenstehender Dritter gestattet Art. 218 (ex-Art. 162) Abs. 1 EGV dagegen nicht.

Kommission und Rat haben von den ihnen zugewiesenen Befugnissen nur partiell Gebrauch gemacht. Eine umfassende Regelung der bilateralen Zusammenarbeit liegt bis heute nicht vor[233]. Zwar beziehen sich die meisten der im Amtsblatt veröffentlichten interinstitutionellen Vereinbarungen auch auf Einzelaspekte der Zusammenarbeit der beiden Organe, doch ist regelmäßig auch das Europäische Parlament beteiligt, so daß diese dreiseitigen Abkommen nicht auf die ausdrückliche Ermächtigung des Art. 218 (ex-Art. 162) Abs. 1 EGV gestützt werden können[234].

---

231 So wohl auch v.d.Groeben/Thiesing/Ehlermann-Schmitt von Sydow, Kommentar, Art. 162, Rn. 2; Grabitz/Hilf-Hummer, Kommentar, Art. 162, Rn. 4.

232 Ebenso Schwarze, aaO (Anm. 230).

233 Vgl. v.d.Groeben/Thiesing/Ehlermann-Schmitt von Sydow, Kommentar, Art. 162, Rn. 2.

234 Dies trifft beispielsweise auf alle Vereinbarungen über die Haushaltsdisziplin bzw. zum Haushaltsverfahren zu, vgl. oben unter C.IV (S. 20 ff.), V (S. 22 ff.), IX (S. 28 ff.), XIII (S. 37 f.).

Gleichwohl gibt es auch Übereinkünfte, die den Vorgaben des Art. 218 (ex-Art. 162) Abs. 1 EGV entsprechen. Insoweit ist vor allem der im Amtsblatt abgedruckte „Verhaltenskodex für den Zugang der Öffentlichkeit zu Rats- und Kommissionsdokumenten" vom 6. Dezember 1993[235] zu nennen. Er enthält eine einvernehmliche Regelung der Zusammenarbeit im Bereich der Informations- und Kommunikationspolitik der Gemeinschaft[236]. Ein weiteres Beispiel bildet die Vereinbarung zwischen Rat und Kommission „betreffend die Vorbereitung von FAO-Sitzungen, die Abgabe von Stellungnahmen sowie die Stimmabgabe" vom 19. Dezember 1991[237].

2. Art. 193 (ex-Art. 138 c) Abs. 3 EGV

Eine spezielle primärrechtliche Ermächtigung zum Abschluß einer interinstitutionellen Vereinbarung enthält Art. 193 (ex-Art. 138 c) EGV. Die durch den Vertrag über die Europäische Union eingefügte Norm enthält, entsprechend einer langjährigen Forderung des Europäischen Parlaments[238], nunmehr eine primärrechtliche Grundlage für nicht ständige parlamentarische Untersuchungsausschüsse. Jedoch ist die Vorschrift relativ knapp gefaßt und bietet daher keine detaillierte Regelung aller im Zusammenhang mit dem parlamentarischen Untersuchungsrecht auftauchenden Fragen. Daher richtet Art. 193 (ex-Art. 138 c) Abs. 3 EGV einen entsprechenden Rechtsetzungsauftrag an das Europäische Parlament, den Rat und die Kommission. Diese haben „die Einzelheiten der Ausübung des Untersuchungsrechts ... im gegenseitigen Einvernehmen" festzulegen. Wenngleich der Begriff selbst nicht ausdrücklich genannt wird, stellt Art. 193 (ex-Art. 138 c) Abs. 3 EGV damit nach der hier zugrundegelegten Definition[239] eine weitere ausdrückliche vertragliche Ermächtigung zum Abschluß einer interinstitutionellen Vereinbarung dar[240]. Im Unterschied zu Art. 218 (ex-Art. 162) EGV handelt es sich um eine dreiseitige, das Europäische Parlament einschließende Vereinbarung. In inhaltlicher Hinsicht bezieht sich die Ermächtigung nicht pauschal auf die Regelung der interinstitutionellen Zusammenarbeit, sondern speziell auf die Ausgestaltung des Instituts der parlamentarischen Untersuchungsausschüsse.

---

[235] ABl. 1993 L 340, S. 41; vgl. dazu oben unter C.X (S. 31 f.).
[236] Vgl. die Formulierung im letzten Erwägungsgrund des Verhaltenskodex.
[237] Nicht veröffentlicht.
[238] Vgl. z.B. Art. 18 des Entwurfs eines Vertrages zur Gründung der Europäischen Union, Entschließung des Europäischen Parlaments vom 14. Februar 1984, ABl. 1984 C 77, S. 33.
[239] Siehe oben unter B.III (S. 10 ff.).
[240] Ebenso v.d.Groeben/Thiesing/Ehlermann-Haag, Kommentar, Art. 138 c, Rn. 4.

Etwa zwei Jahre nach Einführung der Norm haben die Organe den Rechtsetzungsauftrag des Art. 193 (ex-Art. 138 c) Abs. 3 EGV erfüllt. Am 19. April 1995 verabschiedeten sie einen interinstitutionellen Beschluß über Einzelheiten der Ausübung des Untersuchungsrechts des Europäischen Parlaments[241]. Dieser verweist in Art. 1 ausdrücklich auf seine vertragliche Grundlage in Art. 193 (ex-Art. 138 c) Abs. 3 EGV und den entsprechenden Vorschriften des EGKS- und des EAG-Vertrags.

3. Art. 195 (ex-Art. 138 e) Abs. 4 EGV

Ebenfalls durch den Vertrag über die Europäische Union wurde die Vorschrift des Art. 195 (ex-Art. 138 e) in den EG-Vertrag eingeführt. Entsprechend dem Vorbild in einigen Mitgliedstaaten[242], fand dadurch die Einrichtung eines Bürgerbeauftragten Eingang in die Gemeinschaftsrechtsordnung. Art. 195 (ex-Art. 138 e) EGV enthält nicht nur eine Regelung des Rechts zur Anrufung des Bürgerbeauftragten, sondern auch darüberhinausgehende kompetenz- und verfahrensrechtliche Bestimmungen[243]. Gleichwohl bleibt die Ausgestaltung der „Regelungen und allgemeinen Bedingungen für die Ausübung der Aufgaben des Bürgerbeauftragten" nach Abs. 4 der Vorschrift auch hier den Gemeinschaftsorganen überlassen. Damit enthält Art. 195 (ex-Art. 138 e) Abs. 4 EGV, ebenso wie Art. 193 (ex-Art. 138 c) Abs. 3 EGV, einen an die Gemeinschaftsorgane gerichteten Rechtsetzungsauftrag[244]. Unterschiede bestehen jedoch hinsichtlich der durch den Vertrag jeweils vorgegebenen Modalitäten der Verwirklichung dieses Auftrags. Art. 195 (ex-Art. 138 e) Abs. 4 EGV spricht insoweit nicht von einer Festlegung „im gegenseitigen Einvernehmen", sondern verlangt einen „Beschluß" des Europäischen Parlaments, der nach Stellungnahme der Kommission und nach mit qualifizierter Mehrheit erteilter Zustimmung des Rates zu fassen ist[245].

Wenngleich es sich hier formal um einen einseitigen Akt des Parlaments handelt, so ist dieser in Anwendung der dieser Untersuchung zugrundeliegenden Begriffsdefinition[246] aufgrund seiner besonderen Entstehungsweise dennoch der

---

[241] ABl. 1995 L 113, S. 2; näheres dazu oben unter C.XII (S. 34 ff.).

[242] Einen Überblick über die verschiedenen Modelle gibt Marias (Hrsg.), The European Ombudsman: Working Document, S. 1 - 70.

[243] Vgl. oben unter C.XI (S. 33 f.).

[244] Ebenso v.d.Groeben/Thiesing/Ehlermann-Haag, Kommentar, Art. 138 e, Rn. 3.

[245] Nach Monar, CMLR 1994, 693, 712 ähnelt das Verfahren dem allgemeinen Rechtsetzungsprozeß der Gemeinschaft, wobei die den beteiligten Organen zugewiesenen Rollen vertauscht seien.

[246] Vgl. oben unter B.III (S. 10 ff.).

Kategorie der interinstitutionellen Vereinbarungen zuzuordnen[247]. Die Tatsache, daß die dem Europäischen Parlament zugewiesenen Befugnisse hier besonders weit reichen, dürfte aus der vertraglich angelegten engen Anbindung des Bürgerbeauftragten an das Parlament resultieren[248]. Art. 195 (ex-Art. 138 e) Abs. 4 EGV enthält folglich eine weitere ausdrückliche Ermächtigung zum Abschluß einer speziellen interinstitutionellen Vereinbarung[249].

Auf der Grundlage dieser Vorschrift wurde der entsprechende Beschluß nach Stellungnahme der Kommission und Zustimmung des Rates[250] am 9. März 1994 durch das Europäische Parlament verabschiedet[251].

4. Art. 248 (ex-Art. 188 c) Abs. 3 UAbs. 3, S. 1 EGV

Eine weitere ausdrückliche Ermächtigung zum Abschluß einer interinstitutionellen Vereinbarung wurde jüngst durch den Vertrag von Amsterdam in den EG-Vertrag eingefügt. Nach dem neuen Art. 248 (ex-Art. 188 c) Abs. 3 UAbs. 3 S. 1 EGV sollen die „Rechte des Rechnungshofs auf Zugang zu Informationen der Europäischen Investitionsbank im Zusammenhang mit deren Tätigkeit bei der Verwaltung von Einnahmen und Ausgaben der Gemeinschaft" zum Gegenstand einer Vereinbarung zwischen dem Rechnungshof, der Bank und der Kommission gemacht werden.

Aufgrund des besonderen Status der mit eigener Rechtspersönlichkeit ausgestatteten Investitionsbank[252] besitzt der Europäische Rechnungshof dieser gegenüber nur eingeschränkte Kontrollrechte. Da Art. 14 der Satzung der Europäischen Investitionsbank für die mit deren eigenen Mitteln durchgeführten Maßnahmen ein besonderes Rechnungsprüfungsverfahren vorsieht, besteht nach Art. 248 (ex-Art. 188 c) Abs. 1 S. 2 EGV insoweit keine Prüfungszuständigkeit des Rechnungshofes. Andererseits verwaltet die Bank jedoch im Auftrag der Kommission auch Mittel der Gemeinschaft und unterliegt diesbezüglich auch der Kontrolle durch den Rechnungshof. Um bestehenden Schwierigkeiten bei der

---

[247] Vgl. die Begründung dieser Einordnung oben unter C.XI (S. 33).
[248] Vgl. Monar, CMLR 1994, 693, 712; v.d.Groeben/Thiesing/Ehlermann-Haag, Kommentar, Art. 138 e, Rn. 3.
[249] Anders insoweit Grabitz/Hilf-Läufer, Kommentar, Art. 138 e, Rn. 14.
[250] Beschluß (94/114/EGKS, EG, Euratom) vom 7. Februar 1994, ABl. 1994 L 54, S. 25.
[251] ABl. 1994 L 113, S. 15; näheres dazu oben unter C.XI (S. 32 ff.).
[252] Vgl. Geiger, EG-Vertrag, Art. 4 b, Rn. 1; Beutler/Bieber/Pipkorn/Streil, Die Europäische Union - Rechtsordnung und Politik, S. 156.

Durchführung dieser Kontrolle[253] abzuhelfen, war auf Drängen des Rechnungshofes sowie des Europäischen Parlaments[254] bereits am 28. Juni 1989 erstmalig eine Übereinkunft im Sinne des heutigen Art. 248 (ex-Art. 188 c) Abs. 3 UAbs. 3 S. 1 EGV geschlossen worden. Diese wurde am 23. November 1992 erneuert. Keine der beiden Vereinbarungen ist bislang amtlich veröffentlicht.

Der neu eingeführte Art. 248 (ex-Art. 188 c) Abs. 3 UAbs. 3 S. 1 EGV bestätigt folglich nur nachträglich und für die Zukunft eine bereits bestehende institutionelle Praxis[255]. Dem entspricht es, daß die drei Institutionen durch eine Erklärung in der Schlußakte des Vertrages von Amsterdam aufgefordert werden, „die derzeitige Dreiervereinbarung in Kraft zu belassen“[256]. Nach Inkrafttreten des Vertrages von Amsterdam bildet Art. 248 (ex-Art. 188 c) Abs. 3 UAbs. 3 EGV somit für die aktuelle Vereinbarung über die Methoden der Zusammenarbeit zwischen Kommission, Europäischer Investitionsbank und Rechnungshof vom 23. November 1992 eine vertragliche Grundlage.

5. Art. 272 (ex-Art. 203) Abs. 9 UAbs. 5 EGV

Eine weitere Norm, durch die der Vertrag eine bestimmte Angelegenheit der einvernehmlichen Regelung durch die Gemeinschaftsorgane überläßt, findet sich inmitten der Finanzvorschriften.

Art. 272 (ex-Art. 203) Abs. 9 EGV legt fest, daß zu Beginn eines jeden Haushaltsverfahrens ein Höchstsatz festzulegen ist, um den die nicht obligatorischen Ausgaben des laufenden Haushaltsjahres maximal erhöht werden dürfen. Dieser Höchstsatz wird anhand bestimmter Kriterien durch die Kommission festgelegt und ist grundsätzlich für alle am Haushaltsverfahren beteiligten Organe verbindlich. Die letzten Unterabsätze der Vorschrift sehen jedoch zwei Fälle vor, in denen der Höchstsatz unter Beachtung bestimmter Modalitäten überschritten werden darf. So erlaubt insbesondere Art. 272 (ex-Art. 203) Abs. 9 UAbs. 5 EGV die Festlegung eines neuen Höchstsatzes „in Übereinstimmung zwischen dem Rat und dem Europäischen Parlament“, wenn entweder das Europäische Parlament, der Rat oder die Kommission der Ansicht

---

[253] Vgl. dazu den Jahresbericht des Rechnungshofes zum Haushaltsjahr 1988, ABl. 1988 C 316, S. 1 (Ziff. 1.38 - 1.46).

[254] Vgl. Ziff. 15 und 16 der Entschließung des Parlaments vom 13. April 1988, ABl. 1988 L 156, S. 52.

[255] Ebenso Ekelmans, Cour des comptes, S. 7 (Anm. 39), in: Répertoire communautaire Dalloz.

[256] So die „33. Erklärung zu Artikel 248 Absatz 3 des Vertrags zur Gründung der Europäischen Gemeinschaft“ der Schlußakte des Vertrags von Amsterdam.

ist, daß die Tätigkeiten der Gemeinschaft eine Überschreitung des ursprünglich von der Kommission festgelegten Satzes erfordern. Folglich bedarf es zu einer derartigen Änderung des Höchstsatzes eines Konsenses zwischen dem Europäischen Parlament und dem Rat, wobei die Initiative zu dieser Einigung auch von der Kommission ausgehen kann.

Art. 272 (ex-Art. 203) Abs. 9 UAbs. 5 EGV erlaubt also den jährlich im Rahmen des Haushaltsverfahrens wiederkehrenden Abschluß einer interinstitutionellen Vereinbarung zwischen dem Europäischen Parlament und dem Rat über eine etwaige Erhöhung des Höchstsatzes der nicht obligatorischen Ausgaben. In der Praxis wird eine derartige Vereinbarung regelmäßig getroffen, indem der Rat in zweiter Lesung die vom Parlament in dessen zweiter Lesung festgelegten nicht obligatorischen Ausgaben bestätigt[257].

In den interinstitutionellen Vereinbarungen zur Haushaltsdisziplin[258] sind seit 1988 auch die für den jeweiligen Geltungszeitraum maximal vorgesehenen nicht obligatorischen Ausgaben der Gemeinschaft im voraus festgelegt. Diese Festlegung mag zwar - vorbehaltlich der Rechtsverbindlichkeit dieser Vereinbarungen - das den Gemeinschaftsorganen bei ihrem Beschluß gemäß Art. 272 (ex-Art. 203) Abs. 9 UAbs. 5 EGV zustehende Ermessen begrenzen, sie ersetzt jedoch nicht den jährlichen Beschluß über die tatsächliche Steigerung des Höchstsatzes im Rahmen des Haushaltsverfahrens[259].

6. Sekundärrechtliche Normen

Neben den dargestellten Vorschriften des EG-Vertrags findet sich auch im abgeleiteten Gemeinschaftsrecht eine Norm, die den Abschluß einer interinstitutionellen Vereinbarung ausdrücklich vorsieht. Art. 18 der auf der Grundlage von Art. 279 (ex-Art. 209) lit. a) EGV erlassenen Haushaltsordnung[260] räumt den Gemeinschaftsorganen die Befugnis ein, den Zeitplan für das jährlich stattfindende Haushaltsverfahren zum Gegenstand einer interinstitutionellen Vereinbarung zu machen. Entsprechendes war ohnehin lange vor der Einführung

---

257 Ebenso Jacqué, Budget, S. 15 (Rn. 90), in: Répertoire communautaire Dalloz.

258 Übereinkünfte vom 24. Juni 1988, ABl. 1988 L 185, S. 33 sowie vom 29. Oktober 1993, ABl. 1993 C 331, S. 1; näheres dazu oben unter C.V (S. 22 ff.) und C.IX (S. 28 ff.).

259 Anders v.d.Groeben/Thiesing/Ehlermann-Bieber, Kommentar, Art. 203, Rn. 33, der die in der Finanziellen Vorausschau enthaltenen Höchstsätze der nicht obligatorischen Ausgaben als Vereinbarung i.S.v. Art. 203 Abs. 9 UAbs. 5 EGV wertet; wie hier wohl auch Jacqué, aaO (Anm. 257).

260 ABl. 1977 L 356, S. 1, geändert unter anderem durch die Verordnung (610/90/Euratom, EGKS, EWG), ABl. 1990 L 70, S. 1.

dieser Klausel in die Haushaltsordnung im Jahre 1990 geschehen: Bereits 1976 hatten sich das Europäische Parlament, der Rat und die Kommission auf einen von Art. 272 (ex-Art. 203) EGV abweichenden „pragmatischen Zeitplan“ geeinigt[261]. Dieser wird seit 1977 bis heute bei der Erstellung des Budgets von der Haushaltsbehörde angewandt.

Jedoch läßt sich aus Art. 18 der Haushaltsordnung als Vorschrift des sekundären Gemeinschaftsrechts nicht die Zulässigkeit dieser interinstitutionellen Übereinkunft ableiten. Als rechtlicher Maßstab, an dem die Zulässigkeit interinstitutioneller Vereinbarungen zu messen ist, wurde oben das Prinzip der begrenzten Ermächtigung herausgearbeitet. Dabei wurde festgestellt, daß die Gemeinschaftsrechtsordnung für den Abschluß rechtsverbindlicher interinstitutioneller Vereinbarungen eine Ermächtigung verlangt, die sich aus den Gründungsverträgen ergibt[262]. Dieser Voraussetzung genügt die gemäß Art. 279 (ex-Art. 209) lit. a) EGV vom Rat erlassene und demnach dem sekundären Gemeinschaftsrecht zuzurechnende Haushaltsordnung nicht. Art. 18 der Haushaltsordnung ist daher für die Frage nach der Zulässigkeit interinstitutioneller Vereinbarungen ohne Relevanz.

7. Zusammenfassung

In Art. 218 (ex-Art. 162) Abs. 1, Art. 193 (ex-Art. 138 c) Abs. 3, Art. 195 (ex-Art. 138 e) Abs. 4, Art. 248 (ex-Art. 188 c) Abs. 3 UAbs. 3 sowie Art. 272 (ex-Art. 203) Abs. 9 UAbs. 5 weist der EG-Vertrag fünf Bestimmungen auf, in denen die Gemeinschaftsorgane ausdrücklich zur Verabschiedung interinstitutioneller Vereinbarungen ermächtigt werden.

Mit Ausnahme von Art. 218 (ex-Art. 162) Abs. 1 EGV sind alle diese Ermächtigungen spezieller Art, d.h. der jeweilige Regelungsgegenstand der zu treffenden Vereinbarung wird bereits durch den Vertrag selbst eng eingegrenzt. Im Rahmen dieser Begrenzung ergibt sich die Zulässigkeit der entsprechenden Vereinbarungen unmittelbar aus der jeweiligen vertraglichen Ermächtigung. Dies trifft für den auf Art. 193 (ex-Art. 138 c) Abs. 3 EGV gestützten interinstitutionellen Beschluß über die Einzelheiten des parlamentarischen Untersuchungsrechts, den in Art. 195 (ex-Art. 138 e) Abs. 4 vorgesehenen Beschluß über die Regelung der Aufgaben des Bürgerbeauftragten sowie die auf Art. 248 (ex-Art. 188 c) Abs. 3 UAbs. 3 EGV basierende Vereinbarung über die

---

[261] Vgl. Kommission der EG, Die Finanzverfassung der Europäischen Union, S. 100; Strasser, Die Finanzen Europas, S. 109 f.

[262] Vgl. oben unter D.II (S. 43 ff.)

Beziehungen zwischen Kommission, Europäischer Investitionsbank und Rechnungshof zu.

Die Ermächtigung des Art. 218 (ex-Art. 162) Abs. 1 EGV ist zwar in inhaltlicher Hinsicht insoweit weiter gefaßt, als sie sich auf die interorganschaftliche Kooperation als solche bezieht. Jedoch sieht sie nur zweiseitige Vereinbarungen zwischen Kommission und Rat vor. Diese haben bislang nicht umfassend Gebrauch davon gemacht. Als Beispiele sind insoweit lediglich der „Verhaltenskodex für den Zugang der Öffentlichkeit zu Rats- und Kommissionsdokumenten" sowie die Übereinkunft betreffend die Mitwirkung in der FAO zu nennen.

Art. 272 (ex-Art. 203) Abs. 9 UAbs. 5 EGV schließlich bildet eine spezielle Ermächtigungsgrundlage für das im Rahmen des jährlichen Haushaltsverfahrens herzustellende Einvernehmen zwischen dem Europäischen Parlament und dem Rat über die tatsächliche Höhe der nichtobligatorischen Ausgaben der Gemeinschaft.

Eine ausdrückliche, generalklauselartige Ermächtigung zum Abschluß aller übrigen zwischen den Organen geschlossenen Vereinbarungen enthält der Vertrag dagegen nicht.

Schließlich sieht auch Art. 18 der Haushaltsordnung ausdrücklich den Abschluß einer interinstitutionellen Vereinbarung vor. Als Vorschrift des abgeleiteten Gemeinschaftsrechts genügt die Norm den Anforderungen des Prinzips der begrenzten Ermächtigung an eine Rechtsgrundlage jedoch nicht.

IV. Stillschweigende vertragliche Ermächtigung

Da der Vertrag nur in beschränktem Umfang ausdrückliche Ermächtigungen zum Abschluß interinstitutioneller Vereinbarungen enthält, bleibt zu prüfen, ob die Gemeinschaftsrechtsordnung eine derartige Organpraxis stillschweigend zuläßt.

Dazu ist jedoch zunächst zu klären, ob eine solche stillschweigende Ermächtigung überhaupt mit den Grundprinzipien der Gemeinschaftsrechtsordnung vereinbar wäre. Wie oben eingehend dargelegt wurde, bedürfen die Gemeinschaftsorgane zum Erlaß verbindlicher Rechtsakte aufgrund der Geltung des Prinzips der begrenzten Ermächtigung einer vertraglichen Rechtsgrundlage. Fraglich ist jedoch, ob diese Rechtsgrundlage stets ausdrücklicher Art sein muß oder ob auch eine stillschweigend im Vertrag enthaltene Ermächtigung den Voraussetzungen des Prinzips genügen kann.

Kraußer[263], der annimmt, daß rechtsverbindliche interinstitutionelle Vereinbarungen in den Anwendungsbereich des Prinzips der begrenzten Ermächtigung fallen, leitet daraus die Einschätzung ab, daß deren Abschluß „mangels vertraglicher Ermächtigung nicht möglich“ sei. Die Möglichkeit einer entsprechenden stillschweigenden vertraglichen Befugniszuweisung zieht er nicht in Betracht.

Der Europäische Gerichtshof hat in mehreren Entscheidungen die Existenz stillschweigender Ermächtigungen anerkannt. Allerdings läßt sich dieser Rechtsprechung wenig über die methodische Herleitung dieser stillschweigenden Befugniszuweisungen entnehmen. Bereits der Gerichtshof der EGKS hat in seinem Urteil vom 29. November 1956 die Anwendung einer Auslegungsregel für zulässig erklärt, nach der „die Vorschriften eines völkerrechtlichen Vertrages oder eines Gesetzes zugleich diejenigen Vorschriften beinhalten, bei deren Fehlen sie sinnlos wären oder nicht in vernünftiger und zweckmäßiger Weise zur Anwendung gelangen könnten“[264]. Diese Auffassung wurde später in verschieden Urteilen bestätigt, ohne daß sich die Richter dabei bezüglich der Herleitungsmethode ausdrücklich auf eine bestimmte Theorie beriefen[265]. Zuletzt stellte der Europäische Gerichtshof in seinem Gutachten zur Zuständigkeit der Gemeinschaft für einen Beitritt zur Europäischen Menschenrechtskonvention[266] folgendes fest:

> „Die Gemeinschaft handelt im Regelfall aufgrund spezifischer Befugnisse, die ... sich nicht notwendig ausdrücklich aus spezifischen Bestimmungen ergeben müssen, sondern auch implizit aus ihnen abgeleitet werden können.“[267]

1. „Implied powers“

Im Recht der internationalen Organisationen ist die Existenz stillschweigend erteilter Befugnisse, sogenannter „implied powers“, anerkannt[268]. Es stellt sich

---

[263] Das Prinzip begrenzter Ermächtigung im Gemeinschaftsrecht als Strukturprinzip des EWG-Vertrages, S. 92 f.

[264] EuGH, Rs. 8/55 (Fédération Charbonnière de Belgique./.Hohe Behörde), Slg. 1955-1956, 197, 312.

[265] Z.B. Urt. v. 9. Juli 1987, verb. Rs. 281, 283-285 und 287/85 (Bundesrepublik Deutschland u.a../.Kommission), Slg. 1987, 3203, 3253 (Rn. 28); Urt. v. 30. Mai 1989, Rs. 242/87 (Kommission./. Rat), Slg. 1989, 1425, 1452 (Rn. 6 ff.).

[266] Gutachten 2/94, Slg. 1996, I-1759.

[267] EuGH, aaO, S. 1787 (Rn. 25).

[268] Vgl. Seidl-Hohenveldern/Laibl, Das Recht der internationalen Organisationen einschließlich der Supranationalen Gemeinschaften, S. 227.

die Frage, ob die in diesem Bereich entwickelte Theorie von den „implied powers“ auch im Recht der Europäischen Gemeinschaft Anwendung finden kann und inwieweit sich daraus eine Ermächtigung zum Abschluß interinstitutioneller Vereinbarungen ergibt.

Die Theorie von den „implied powers“ wurde ursprünglich im US-amerikanischen Verfassungsrecht entwickelt, ist aber vor allem aus dem Bereich des Völkerrechts bekannt[269]. Danach können den Organen einer internationalen Organisation zusammen mit ihren ausdrücklichen Kompetenzen stillschweigend zusätzliche Befugnisse miterteilt sein, derer sie zur Erfüllung ihrer Aufgaben bedürfen[270]. Das bundesstaatlich angelegte deutsche Verfassungsrecht kennt unter der Bezeichnung der Bundeskompetenz „kraft Sachzusammenhang“ eine vergleichbare Konstruktion[271].

Im Kern besagt die „implied powers“-Doktrin, daß den Organen einer internationalen Organisation durch stillschweigende Ermächtigungen diejenigen Befugnisse erteilt werden, welche die vollständige Ausführung einer ausdrücklich zugewiesenen Kompetenz verlangt[272]. Die Ableitung von „implied powers“ setzt somit notwendig die Existenz einer den Organen ausdrücklich zuerkannten Befugnis voraus. Diese spezielle Befugnis kann dann im Wege der Auslegung unter besonderer Berücksichtigung des jeweiligen Ziels der Norm und der zu dessen Erreichen erforderlichen Mittel gegebenenfalls erweitert werden[273].

Die Überprüfung der Anwendbarkeit der implied powers-Lehre im Europäischen Gemeinschaftsrecht hat unter Berücksichtigung der spezifischen Besonderheiten der Gemeinschaftsrechtsordnung zu erfolgen.

---

269 Ausführlich dazu Bernhardt, Die Auslegung völkerrechtlicher Verträge - insbesondere in der neueren Rechtsprechung internationaler Gerichte, S. 97 ff.; vgl. auch Verdross/Simma, Universelles Völkerrecht - Theorie und Praxis, S. 494 f.

270 Vgl. Seidl-Hohenveldern/Laibl, aaO (Anm. 268); Meng, Das Recht der Internationalen Organisationen - eine Entwicklungsstufe im Völkerrecht, S. 97; H.P. Ipsen, Europäisches Gemeinschaftsrecht, S. 436.

271 Vgl. dazu Stern, Das Staatsrecht der Bundesrepublik Deutschland, Band II, S. 610 ff. sowie Sachs (Hrsg.), Grundgesetz - Kommentar, Art. 70, Rn. 38 ff. mit zahlreichen Nachweisen aus der Rechtsprechung des Bundesverfassungsgerichts.

272 Nicolaysen, EuR 1966, 129, 135.

273 Vgl. Nicolaysen, aaO; H.P. Ipsen, aaO (Anm. 270).

a. Vereinbarkeit der „implied powers"-Doktrin mit dem Prinzip der begrenzten Ermächtigung

Bedenken gegen die Anwendung der „implied powers"-Lehre könnten sich zunächst aus den Grundsätzen ergeben, die dem Prinzip der begrenzten Ermächtigung zugrundeliegen.

Das Prinzip der begrenzten Ermächtigung gewährleistet vor allem die Abgrenzung der Gemeinschaftskompetenzen von den bei den Mitgliedstaaten verbliebenen Zuständigkeiten. Darüberhinaus dient es dem Schutz des einzelnen Gemeinschaftsbürgers sowie dem Erhalt des zwischen den Gemeinschaftsorganen bestehenden institutionellen Gleichgewichts[274]. Indem es zum Erhalt obiger Schutzgüter die Organe an ihre vertraglichen Befugnisse bindet und so die Hoheitsgewalt der Gemeinschaft begrenzt, erfüllt das Prinzip der begrenzten Ermächtigung die Funktion einer rechtsstaatlichen Sicherung. Auf der anderen Seite werden den Organen ihre vertraglichen Befugnisse gerade zugewiesen, damit die Erfüllung der Aufgaben der Gemeinschaft, wie sie in Art. 2 (ex-Art. 2) EGV abstrakt formuliert sind, gewährleistet ist (Art. 7 (ex-Art. 4) EGV). Dementsprechend steht dem Willen der Vertragsgründer zur Begrenzung der Organbefugnisse auf der anderen Seite deren Wille gegenüber, den Organen gleichwohl all die Befugnisse zu gewähren, die diese zur vollständigen Ausübung der ihnen übertragenen Kompetenzen benötigen[275]. Dies folgt aus dem Prinzip der Sicherung der Funktionsfähigkeit der Gemeinschaft[276]. Gerade der Ableitung dieser Befugnisse dient jedoch die Lehre von den „implied powers". Damit gewährleistet sie nur die vollständige und effektive Wahrnehmung der Organkompetenzen und realisiert so letztlich den entsprechenden Willen der Mitgliedstaaten[277]. Da die Ableitung stillschweigender Befugnisse stets an die spezielle Zielsetzung einer einzelnen, ausdrücklich zugewiesenen Kompetenz gebunden ist, ist eine unzulässige Ausweitung der den einzelnen Organen zugewiesenen Kompetenzen nicht zu besorgen. Voraussetzung ist allerdings, daß die Grundsätze der „implied powers"-Theorie konsequent angewandt werden. Diesbezüglich ist insbesondere bei der jeweiligen Erforderlichkeitsprüfung ein strenger Maßstab anzulegen[278].

---

274 Vgl. oben unter D.II.2 (S. 45 ff.).

275 Vgl. Nicolaysen, aaO (Anm. 272).

276 H.P. Ipsen, aaO (Anm. 270); vgl. auch Köck, Die „implied powers" der Europäischen Gemeinschaften als Anwendungsfall der „implied powers" internationaler Organisationen überhaupt, in: Festschrift Seidl-Hohenveldern, S. 279, 293 ff.

277 Ähnlich Nicolaysen, aaO; H.P. Ipsen, aaO.

278 Vgl. Priebe, Entscheidungsbefugnisse vertragsfremder Einrichtungen im Europäischen Gemeinschaftsrecht, S. 164.

Aus dem Prinzip der begrenzten Ermächtigung ergeben sich somit keine Einwände gegen eine Anwendung der „implied powers"-Theorie im Gemeinschaftsrecht.

b. Vereinbarkeit der „implied powers"-Doktrin mit der Sonderermächtigung des Art. 308 (ex-Art. 235) EGV

Andererseits erscheint fraglich, ob nicht eine Anerkennung der „implied powers"-Lehre im Europäischen Gemeinschaftsrecht im Widerspruch zu der vertraglichen Regelung des Art. 308 (ex-Art. 235) EGV stände. Diese Vorschrift erteilt den Gemeinschaftsorganen eine ergänzende Rechtsetzungsermächtigung, durch deren Ausübung Vertragslücken geschlossen werden können. Nach dem Wortlaut der Norm ist den Gemeinschaftsorganen eine rechtsetzende Tätigkeit auch ohne ausdrückliche Ermächtigung erlaubt, wenn ein Tätigwerden der Gemeinschaft um eines der Ziele des Gemeinsamen Marktes willen erforderlich erscheint, der Vertrag aber die dazu erforderlichen Befugnisse nicht vorsieht. Art. 308 (ex-Art. 235) EGV dient somit der Überwindung bestehender Inkongruenzen zwischen vertraglicher Zielbestimmung und vertraglicher Handlungsermächtigung[279]. Der dabei angewandte Grundgedanke besteht ähnlich wie bei der „implied powers"-Lehre im Schluß vom Ziel auf die Gewährung der dazu erforderlichen Mittel.

Im Schrifttum wurde die Auffassung vertreten, daß die in Art. 308 (ex-Art. 235) EGV normierte Methode der Vertragslückenschließung auf denselben Erwägungen beruhe, wie sie der „implied powers"-Theorie zugrundelägen, mit der Folge, daß das Gemeinschaftsrecht für eine Anwendung der „implied powers"-Doktrin neben Art. 308 (ex-Art. 235) EGV keinen Raum lasse[280].

Obwohl hinsichtlich der Gewinnungsmethode Ähnlichkeiten zwischen beiden Ansätzen nicht zu leugnen sind, besteht, wie *Nicolaysen*[281] ausführlich gezeigt hat, auch ein deutlicher Unterschied. Während bei der „implied powers"-Lehre einzelne ausdrückliche Kompetenznormen ausgelegt werden[282], orientiert sich die Regelung des Art. 308 (ex-Art. 235) EGV an den allgemeinen Zielbestimmungen der Gemeinschaft als solcher[283]. Die „Ziele", an denen sich beide Methoden zu orientieren scheinen, sind folglich im einen Fall die speziellen Zweckbe-

---

279 H.P. Ipsen, Europäisches Gemeinschaftsrecht, S. 434.
280 Rabe, Das Verordnungsrecht der Europäischen Wirtschaftsgemeinschaft, S. 151 ff., 156 f.
281 EuR 1966, 129, 132 ff.
282 Vgl. oben (S. 61).
283 Nicolaysen, aaO, S. 132; vgl. auch Priebe, Entscheidungsbefugnisse vertragsfremder Einrichtungen im Europäischen Gemeinschaftsrecht, S. 162.

stimmungen einzelner ausdrücklicher Organkompetenzen, im anderen Fall dagegen die allgemeinen Ziele der Gemeinschaft, wie sie etwa in Art. 2 (ex-Art. 2) EGV formuliert sind. Anders als die ergänzende Rechtsetzungsbefugnis des Art. 308 (ex-Art. 235) EGV ermöglicht die „implied powers"-Doktrin damit keine wirkliche Neubegründung, sondern letztlich nur eine notwendige Ergänzung bestehender Zuständigkeiten[284].

Die Ableitung stillschweigender Kompetenzen nach der „implied powers"-Theorie ist auch mit dem Wortlaut des Art. 308 (ex-Art. 235) EGV zu vereinbaren. Für dessen Anwendung bedarf es nach dem Vertragstext einer Lücke innerhalb der im Vertrag vorgesehenen Befugnisse. Daß dabei nur die ausdrücklich vorgesehenen Befugnisse zu berücksichtigen seien, läßt sich der Vorschrift jedoch nicht entnehmen[285]. Vielmehr dürfte gemeint sein, daß die Vorschrift einschlägig ist, wenn der Vertrag weder ausdrücklich noch stillschweigend entsprechende Befugnisse vorsieht.

Art. 308 (ex-Art. 235) EGV ist damit gegenüber der Ableitung einer stillschweigenden vertraglichen Ermächtigung nach den Grundsätzen der „implied powers"-Lehre subsidiär. Bevor die Begründung einer Organkompetenz nach Art. 308 (ex-Art. 235) EGV erfolgen kann, ist stets zu prüfen, ob die ausdrücklichen Kompetenzzuweisungen nicht entsprechend der „implied powers"-Lehre eine stillschweigende Befugnis der benötigten Art implizieren[286].

Zusammenfassend ist festzustellen, daß die Heranziehung der „implied powers"-Theorie zur Herleitung stillschweigender Organbefugnisse nicht in Widerspruch zu der vertraglichen Regelung des Art. 308 (ex-Art. 235) EGV steht.

c. Vertragliche Anknüpfungsnormen

Wie gezeigt wurde, ist die Ableitung stillschweigend im Vertrag enthaltener Organbefugnisse entsprechend der „implied powers"-Lehre unter Berücksichtigung der spezifischen Besonderheiten der Gemeinschaftsverfassung zulässig[287]. Es ist daher zu prüfen, ob sich aus den Normen des Vertrages unter

---

[284] Vgl. Nicolaysen, aaO, S. 136.
[285] So auch v.d.Groeben/Thiesing/Ehlermann-Schwartz, Kommentar, Art. 235, Rn. 90.
[286] Vgl. v.d.Groeben/Thiesing/Ehlermann-Schwartz, aaO.
[287] Unter Hinweis auf die Rechtsprechung des Europäischen Gerichtshofes im Ergebnis ebenso: Waelbroeck, Les „déclarations communes" en tant qu'instruments d'un accroissement des compétences du Parlement européen, in: Louis/Waelbroeck (Hrsg.), Le Parlement européen dans l'évolution institutionnelle, S. 79, 83.

Anwendung dieser Doktrin eine stillschweigende Ermächtigung der Gemeinschaftsorgane zum Abschluß interinstitutioneller Vereinbarungen ergibt.

Dazu bedarf es als Anknüpfungspunkt einer ausdrücklichen Einzelkompetenz, welche unter besonderer Berücksichtigung der ihr zugrundeliegenden Zielvorstellung gegebenenfalls erweiternd auszulegen ist. Diesbezüglich kommen insbesondere die Normen in Betracht, die im weitesten Sinne die Organisation der einzelnen Institutionen sowie deren Beziehungen untereinander betreffen. Daneben erscheint jedoch auch eine Anknüpfung an einzelne im Vertrag ausformulierte Aufgaben der Gemeinschaftsorgane denkbar.

i. Einzelne Aufgabennormen

Der EG-Vertrag ermächtigt die Gemeinschaftsorgane an vielen verschiedenen Stellen zum Erlaß einzelner Rechtsakte. Diese Ermächtigungen könnten gleichzeitig die Befugnis zur normativen Festlegung der Modalitäten, nach denen der jeweilige Rechtsakt zu erlassen ist, implizieren[288]. So ist beispielsweise denkbar, daß Art. 272 (ex-Art. 203) Abs. 9 UAbs. 5 EGV, der eine einvernehmliche Überschreitung des Steigerungssatzes der nicht obligatorischen Ausgaben im jährlichen Haushaltsverfahren erlaubt[289], den Organen stillschweigend die Befugnis erteilt, gemeinsam Verfahrensweisen festzulegen, nach denen diese Ausgabenerhöhungen durch die Organe zu beschließen sind. Entsprechende Verfahrensabsprachen enthält, wie oben festgestellt wurde, die gemeinsame Erklärung des Europäischen Parlaments, des Rates und der Kommission über verschiedene Maßnahmen zur Gewährleistung einer besseren Abwicklung des Haushaltsverfahrens vom 30. Juni 1982[290]. Die entsprechenden Klauseln der Vereinbarung[291] könnten somit nach der Lehre von den „implied powers" auf eine in Art. 272 (ex-Art. 203) Abs. 9 UAbs. 5 EGV enthaltene stillschweigende Ermächtigung gestützt werden.

Eine derartige Ableitung stillschweigender Befugnisse dürfte aufgrund ihrer strikten Ausrichtung auf die jeweilige spezielle Aufgabenzuweisung mit den Grundsätzen der „implied powers"-Doktrin in Einklang stehen. Andererseits ist es genau diese Ausrichtung, die eine derartige Anknüpfung für die hier zu lösende Problematik nur begrenzt praktikabel erscheinen läßt. Der Regelungsgegenstand interinstitutioneller Vereinbarungen ist in den wenigsten Fällen auf

---

288 Ebenso Bieber, Das Verfahrensrecht von Verfassungsorganen, S. 71.
289 Vgl. dazu oben unter D.III.5 (S. 56 f.).
290 ABl. 1982 C 194, S. 1; vgl. unter C.IV (S. 21).
291 Kapitel III der Gemeinsamen Erklärung.

die Festlegung von Modalitäten für den Erlaß einzelner Rechtsakte beschränkt. Dies läßt sich bereits anhand des obigen Beispiels illustrieren. Die für eine Zuordnung zu der in Art. 272 (ex-Art. 203) Abs. 9 UAbs. 5 EGV stillschweigend enthaltenen Ermächtigung in Frage kommende Vereinbarung enthält eine Vielzahl weiterer Bestimmungen zu verschiedenen Fragen des Haushaltsverfahrens und geht somit inhaltlich weit über diese Ermächtigung hinaus[292]. Ähnliche Probleme würden sich hinsichtlich anderer sachlich spezieller Ermächtigungen ergeben.

Dennoch bleibt festzuhalten, daß aus einzelnen Aufgabennormen theoretisch durchaus stillschweigende Ermächtigungen zum Erlaß interinstitutioneller Vereinbarungen abgeleitet werden können. Ein Beispiel bildet insoweit Kapitel III der Gemeinsamen Erklärung zum Haushaltsverfahren vom 30. Juni 1982, das entsprechend der „implied powers"-Doktrin auf Art. 272 (ex-Art. 203) Abs. 9 UAbs. 5 EGV gestützt werden könnte. Zur Ableitung einer umfassenden Ermächtigung ist jedoch angesichts der inhaltlichen Vielgestaltigkeit des Phänomens interinstitutioneller Vereinbarungen eine Anknüpfung an einzelne ausdrückliche Ermächtigungen zum Erlaß von Gemeinschaftsrechtsakten nicht geeignet.

ii. Art. 199 (ex-Art. 142) Abs. 1, Art. 207 (ex-Art. 151) Abs. 3, Art. 218 (ex-Art. 162) Abs. 2 EGV

In Anbetracht der Tatsache, daß die Organe sich durch die geschlossenen Vereinbarungen vielfach Verfahrensregeln auferlegen[293], könnten die ausdrücklich im Vertrag enthaltenen Ermächtigungen zum Erlaß einer Geschäftsordnung als Anknüpfungspunkt verwertbar sein. Diese sind unter Verwendung eines jeweils ähnlichen Wortlauts unter anderem in Art. 199 (ex-Art. 142) Abs. 1 EGV an das Europäische Parlament, in Art. 207 (ex-Art. 151) Abs. 3 EGV an den Rat sowie in Art. 218 (ex-Art. 162) Abs. 2 EGV an die Kommission gerichtet[294].

Inwieweit aus diesen Ermächtigungsnormen anhand der „implied powers"-Lehre eine stillschweigende Befugnis zum Erlaß interinstitutioneller Vereinbarungen herleitbar ist, ist unter Beachtung der oben erarbeiteten Grundsätze zu über-

---

[292] Vgl. unter C.IV (S. 20 ff.).

[293] Vgl. oben unter B.II (S. 8 ff.).

[294] Darüberhinaus ermächtigt der Vertrag den Europäischen Gerichtshof in Art. 245 (ex-Art. 188) S. 3 EGV sowie das Gericht erster Instanz in Art. 225 (ex-Art. 168 a) Abs. 4 EGV zum Erlaß einer Verfahrensordnung. Der Wirtschafts- und Sozialausschuß sowie der Ausschuß der Regionen geben sich nach Art. 260 (ex-Art. 196) S. 2 EGV bzw. Art. 264 (ex-Art. 198 b) S. 2 EGV jeweils eine Geschäftsordnung.

prüfen. Maßstab sind dabei die diesen Normen jeweils zugrundeliegenden Zielsetzungen und die zu deren Erreichen ausdrücklich erteilten Befugnisse[295].

In seinem Urteil vom 7. Mai 1991 beschreibt der Europäische Gerichtshof die Zielsetzung der Geschäftsordnung eines Gemeinschaftsorgans folgendermaßen:

> „ ... die Geschäftsordnung eines Gemeinschaftsorgans bezweckt, die interne Arbeitsweise der Dienststellen im Interesse einer ordnungsgemäßen Verwaltung zu organisieren. Die in ihr enthaltenen Vorschriften insbesondere für die Organisation der Beratungen und die Beschlußfassung haben daher im wesentlichen die Aufgabe, den reibungslosen Ablauf der Verhandlungen unter vollständiger Wahrung der Vorrechte eines jeden Mitglieds des Organs sicherzustellen.“ [296]

Die Zielsetzung der Art. 199 (ex-Art. 142) Abs. 1, Art. 207 (ex-Art. 151) Abs. 3 und Art. 218 (ex-Art. 162) Abs. 2 EGV besteht demnach darin, den einzelnen Organen die autonome Organisation ihrer jeweiligen internen Verfahrensabläufe zu ermöglichen. Das dafür zur Verfügung gestellte Mittel ist das Recht zur Geschäftsordnungsgebung.

Ob die genannte Zielsetzung über das Geschäftsordnungsrecht hinaus die Ableitung einer stillschweigenden Befugnis zum Erlaß interinstitutioneller Vereinbarungen verlangt, erscheint zweifelhaft. Zur Organisation der jeweiligen organinternen Verfahrensabläufe dürfte das ausdrücklich zur Verfügung gestellte Instrument der Geschäftsordnung ausreichend sein. Interinstitutionelle Vereinbarungen dagegen gehen über diesen internen Bereich einzelner Organe hinaus, sie dienen der Gestaltung der Beziehungen zwischen den Organen und Institutionen. Ob sie in dieser Weise ebenfalls zur Verwirklichung eines allgemeinen Vertragszieles dienen oder gar unverzichtbar sind, kann an dieser Stelle dahinstehen, denn eine solche Zielsetzung liegt jedenfalls nicht den Normen zugrunde, die die einzelnen Organe zum autonomen Erlaß einer Geschäftsordnung ermächtigen.

Die Systematik der vertraglichen Regelung bestätigt diese Einschätzung, denn die Existenz des Art. 218 (ex-Art. 162) Abs. 1 EGV, der sich auf die Zusammenarbeit zwischen Kommission und Rat bezieht[297], wäre sinnlos, wenn die Ausgestaltung dieses Interorgan-Verhältnisses bereits durch Art. 218 (ex-Art. 162) Abs. 2 EGV vorgesehen wäre.

---

[295] Vgl. oben unter D.IV.1 (S. 61).
[296] EuGH, Rs. C-69/89 (Nakajima./.Rat), Slg. 1991, I-2069, 2183 (Rn. 49).
[297] Vgl. dazu oben unter D.III.1 (S. 51 ff.)

Aufgrund der strikten Orientierung an der Zielsetzung der speziellen Norm, so wie sie bei der Anwendung der „implied powers"-Doktrin geboten ist[298], eignen die Art. 199 (ex-Art. 142) Abs. 1, Art. 207 (ex-Art. 151) Abs. 3, Art. 218 (ex-Art. 162) Abs. 2 EGV sich mithin nicht zur Ableitung einer stillschweigenden Befugnis zur Gestaltung der Interorganbeziehungen durch interinstitutionelle Vereinbarungen.

iii. Art. 218 (ex-Art. 162) Abs. 1 EGV

Ein anderer möglicher Anknüpfungspunkt könnte die Regelung des Art. 218 (ex-Art. 162) Abs. 1 EGV sein. Anders als die oben zitierten Vorschriften ermächtigt diese Norm nicht zum autonomen Erlaß einer Geschäftsordnung, sondern zur einvernehmlichen Regelung der Zusammenarbeit zwischen Rat und Kommission[299]. Als solche wurde die Norm bereits als ausdrückliche Ermächtigung zum Erlaß interinstitutioneller Vereinbarungen untersucht[300]. Dabei wurde festgestellt, daß ihr Anwendungsbereich letztlich sehr eng ist, da sie nur zweiseitige Übereinkünfte zwischen Kommission und Rat vorsieht, während der überwiegende Teil der veröffentlichten interinstitutionellen Vereinbarungen auch das Europäische Parlament mit einschließt.

Gleichwohl vertritt Generalanwalt *Mancini* in seinen Schlußanträgen zur Rechtssache 204/86[301] die Auffassung, daß interinstitutionelle Vereinbarungen wie die dreiseitige Erklärung zum Haushaltsverfahren vom 30. Juni 1982[302] ihre Rechtsgrundlage neben Art. 10 (ex-Art. 5) EGV insbesondere auch in Art. 218 (ex-Art. 162) Abs. 1 EGV[303] haben. Angesichts dessen stellt sich die Frage, ob die Ermächtigung zum Erlaß zweiseitiger interinstitutioneller Vereinbarungen unter Anwendung der „implied powers"-Lehre eine stillschweigende Befugnis zum Erlaß drei- oder mehrseitiger Vereinbarungen einschließt.

---

[298] Vgl. oben unter D.IV.1.a (S. 62).

[299] Die im Schrifttum vertretene Auffassung, nach der Art. 218 (ex-Art. 162) Abs. 1 EGV lediglich die bei der Regelung der Zusammenarbeit zu beachtenden Modalitäten festlege, wurde bereits oben unter D.III.1 (S. 51 f.) abgelehnt.

[300] Vgl. unter D.III.1 (S. 51 ff.).

[301] (Griechenland./.Rat), EuGH Slg. 1988, 5323, 5337, 5349.

[302] ABl. 1982 C 194, S. 1; näheres dazu oben unter C.IV (S. 20 ff.).

[303] Wörtlich bezieht Mancini sich auf Art. 15 des Fusionsvertrags (ABl. 1967, 152, S. 2), der von 1965 an zwischenzeitlich bis zum Inkrafttreten des Vertrages über die Europäische Union galt. Die Vorschrift ist in ihrem Wortlaut identisch mit der aktuellen Fassung des Art. 218 (ex-Art. 162) Abs. 1 EGV.

Dies würde voraussetzen, daß Art. 218 (ex-Art. 162) Abs. 1 EGV dahingehend ausgelegt werden könnte, daß er die Regelung der interinstitutionellen Beziehungen durch die Organe selbst unter Einschluß mindestens des Europäischen Parlaments bezwecke. Zwar erscheint eine solche Zielsetzung grundsätzlich plausibel, doch ist auch hier zweifelhaft, ob sie sich konkret der Regelung des Art. 218 (ex-Art. 162) Abs. 1 EGV entnehmen läßt. Unter Berücksichtigung der bei der Anwendung der „implied powers"-Doktrin gebotenen Strenge[304] dient als Auslegungsmaßstab ausschließlich die Zielsetzung der konkreten Einzelnorm. Allgemeine Zielsetzungen des Vertrages als ganzes haben dagegen unberücksichtigt zu bleiben. Auch wenn eine multilaterale Regelung der interinstitutionellen Zusammenarbeit auf Gemeinschaftsebene grundsätzlich wünschenswert erscheint, bleibt somit dennoch zu beachten, daß der Wortlaut des Art. 218 (ex-Art. 162) Abs. 1 EGV unzweideutig nur von der Zusammenarbeit zwischen Kommission und Rat spricht, das Europäische Parlament oder andere Gemeinschaftsinstitutionen dagegen nicht erwähnt. Eine so eindeutige Formulierung einer Vertragsnorm kann nach den im Gemeinschaftsrecht geltenden Auslegungsgrundsätzen nicht durch andere Auslegungsmethoden beiseite geschoben werden[305]. Insoweit stellt der Wortlaut einer Norm letztlich auch eine Grenze bei deren teleologischer Auslegung dar. Die angedeutete zweckorientierte Auslegung wäre mit diesem eindeutigen Wortlaut der Norm kaum zu vereinbaren.

Angesichts der im Gemeinschaftsrecht gebotenen Strenge bei der Anwendung der „implied powers"-Lehre, ist die Ableitung einer stillschweigenden Befugnis zum Erlaß drei- oder mehrseitiger interinstitutioneller Vereinbarungen aus Art. 218 (ex-Art. 162) Abs. 1 EGV daher abzulehnen.

d. Zusammenfassung

Zusammenfassend ist festzustellen, daß sich unter Anwendung der Lehre von den „implied powers" aus den Normen des Vertrages keine stillschweigende Ermächtigung allgemeiner Art zum Abschluß interinstitutioneller Vereinbarungen herleiten läßt. Ursache dafür ist vor allem die methodische Strenge der „implied powers"-Doktrin, die ausschließlich die Berücksichtigung der Zielsetzung einzelner Vertragsnormen, nicht aber allgemeiner gemeinschaftsrechtlicher Zwecke erlaubt.

---

[304] Vgl. oben unter D.IV.1.a (S. 62).

[305] Vgl. Bleckmann, Europarecht, S. 202 (Rn. 539); Beutler/Bieber/Pipkorn/Streil, Die Europäische Union - Rechtsordnung und Politik, S. 245.

Zwar besteht grundsätzlich die Möglichkeit, einzelne Übereinkünfte auf die in bestimmten vertraglichen Aufgabennormen enthaltenen stillschweigenden Ermächtigungen zu stützen. Eine umfassende Befugnis zum Abschluß interinstitutioneller Vereinbarungen läßt sich jedoch aus diesen speziellen Normen nicht ableiten.

2. Organisationsgewalt

Neben der „implied powers"-Theorie ist im Recht der internationalen Organisationen eine weitere stillschweigende Befugnis zum Erlaß sekundärer Rechtsakte anerkannt. Als Ausdruck ihrer sogenannten „Organisationsgewalt" hat jede internationale Organisation unabhängig von besonderen vertraglichen Ermächtigungen das Recht, ihren internen Verwaltungsbetrieb selbst zu regeln[306]. Die Anerkennung dieser Befugnis zur Selbstorganisation beruht auf der Erwägung, daß die jeweiligen Entscheidungsträger die ihnen durch den Gründungsvertrag zugewiesenen Aufgaben nur dann erfogreich wahrnehmen können, wenn sie auch zur Gestaltung der dazu erforderlichen internen Strukturen befugt sind[307]. Dementsprechend besitzen neben der Organisation als Einheit insbesondere auch deren einzelne Organe und Institutionen im Interesse einer ordnungsgemäßen Wahrnehmung der ihnen übertragenen Aufgaben eine umfassende Befugnis, ihre innere Funktionsweise zu regeln[308]. Die allgemeine Zuweisung von Aufgaben an die Organe impliziert auf diese Weise notwendig die Ermächtigung, die Modalitäten der Erfüllung dieser Aufgaben selbst normativ festzulegen[309].

Die Existenz einer Organisationsgewalt im beschriebenen Sinne ist auch im Recht der Europäischen Gemeinschaften sowohl nach der Rechtsprechung des Europäischen Gerichtshofes[310] als auch im Schrifttum[311] grundsätzlich anerkannt.

---

[306] Vgl. Seidl-Hohenveldern/Laibl, Das Recht der internationalen Organisationen einschließlich der Supranationalen Gemeinschaften, S. 221 (Rn. 1522); Priebe, Entscheidungsbefugnisse vertragsfremder Einrichtungen im Europäischen Gemeinschaftsrecht, S. 167.

[307] Ähnlich Priebe, aaO.

[308] Seidl-Hohenveldern, aaO (Anm. 306), S. 221 (Rn. 1523).

[309] Vgl. Bieber, Das Verfahrensrecht von Verfassungsorganen, S. 70.

[310] EuGH, Urt. v. 30. April 1996, Rs. C-58/94 (Niederlande./.Rat), Slg. 1996, I-2169, 2198 (Rn. 37); vgl. auch EuG, Urt. v. 5. März 1997, Rs. T-105/95 (WWF UK./.Kommission), Slg. 1997, II-313, 342 (Rn. 54).

[311] Vgl. Bleckmann, Europarecht, S. 180 ff. (Rn. 472 - 476); Grabitz/Hilf-Nettesheim, Kommentar, Art. 4, Rn. 7 ff.; Priebe, aaO (Anm. 306); Hilf, Die Organisationsstruktur der Europäischen Gemeinschaften, S. 8 ff., 12 weist allerdings auf die nicht einheitliche

Zur Beantwortung der Frage, ob diese die Gemeinschaftsinstitutionen auch zum Abschluß interinstitutioneller Vereinbarungen ermächtigt, ist zunächst deren Reichweite festzustellen.

a. Organinternes Selbstorganisationsrecht

Die der Europäischen Gemeinschaft zustehende Organisationsgewalt beinhaltet jedenfalls das Recht der einzelnen Gemeinschaftsorgane, ihre jeweiligen internen Verfahrensabläufe autonom zu gestalten. Dies ist nicht nur im Schrifttum[312] anerkannt, sondern auch der Europäische Gerichtshof hat den Gemeinschaftsorganen diese „interne Organisationsgewalt" ausdrücklich zugestanden[313]. Auf der Ebene des primären Gemeinschaftsrechts findet dieser Grundsatz positiven Ausdruck in den ausdrücklichen Ermächtigungen der Institutionen zur autonomen Geschäftsordnungsgebung[314]. Diese Normen ermöglichen jeder einzelnen Institution, ihre interne Arbeitsweise im Interesse einer ordnungsgemäßen Verwaltung selbst zu organisieren. Die Geschäftsordnungsakte besitzen jedoch, wie bereits festgestellt wurde[315], nur interne Wirkung, d.h. sie können Rechte und Pflichten ebensowenig gegenüber Mitgliedstaaten und einzelnen Gemeinschaftsbürgern begründen wie gegenüber den anderen Gemeinschaftsinstitutionen[316]. Angesichts der Tatsache, daß das Phänomen der interinstitutionellen Vereinbarungen ja gerade über den jeweiligen organinternen Bereich hinausgeht, eignet sich die Organisationsgewalt in diesem Umfang daher ebensowenig als deren Ermächtigungsgrundlage wie die bereits untersuchten Normen über das Geschäftsordnungsrecht[317].

Im Schrifttum findet sich der Ansatz, dieser Tatsache dadurch Rechnung zu tragen, daß man interinstitutionelle Vereinbarungen als inhaltsgleich gestaltetete

---

Verwendung des Terminus der Organisationsgewalt hin und rät daher, den Begriff möglichst zu vermeiden.

[312] Grabitz/Hilf-Nettesheim, Priebe, Hilf jeweils aaO.

[313] Siehe die Nachweise in Anm. 310.

[314] - Art. 199 (ex-Art. 142) Abs. 1 EGV für das Europäische Parlament
- Art. 207 (ex-Art. 151) Abs. 3 EGV für den Rat
- Art. 218 (ex-Art. 162) Abs. 2 EGV für die Kommission
- Art. 225 (ex-Art. 168 a) Abs. 4 EGV für das Europäische Gericht erster Instanz
- Art. 245 (ex-Art. 188) S. 3 EGV für den Europäischen Gerichtshof
- Art. 260 (ex-Art. 196) S. 2 EGV für den Wirtschafts- und Sozialausschuß
- Art. 264 (ex-Art. 198 b) S. 2 EGV für den Ausschuß der Regionen.

[315] Vgl. oben unter D.IV.1.c.ii (S. 66 ff.).

[316] Vgl. Bleckmann, Europarecht, S. 181 (Rn. 474).

[317] Ebenso Läufer, EuR 1979, 261, 273 sowie Gauweiler, Die rechtliche Qualifikation interorganschaftlicher Absprachen im Europarecht, S. 66.

interne Selbstorganisationsakte der jeweils beteiligten Organe qualifiziert[318]. Die Annahme einer solchen parallelen Wahrnehmung des jeweiligen Geschäftsordnungsrechts entspricht jedoch nicht dem Wesen interinstitutioneller Vereinbarungen. Diese bestehen gerade nicht aus einzelnen autonomen Akten, die nur durch ihre jeweiligen Urheber in inhaltliche Übereinstimmung gebracht sind, aber jeweils nur die Regelung interner Verfahrensabläufe beinhalten. Vielmehr handelt es sich ja um mehrseitige Akte, die einen Konsens über bestimmte Fragen der Zusammenarbeit zwischen den Institutionen zum Ausdruck bringen[319].

Demnach bleibt festzuhalten, daß die Organisationsgewalt im engeren Sinne als Recht der Gemeinschaftsinstitutionen zur autonomen Ausgestaltung ihrer internen Verfahrensabläufe keine geeignete Ermächtigung zum Erlaß interinstitutioneller Vereinbarungen darstellt[320].

b. Organübergreifendes Selbstorganisationsrecht

Es stellt sich die Frage, ob der Grundsatz der Organisationsgewalt im Gemeinschaftsrecht auf dieses enge Verständnis begrenzt werden muß. Denkbar wäre auch die Annahme einer weiter konzipierten, die einzelnen Organe überspannenden Organisationsgewalt. Ein solches organübergreifendes Selbstorganisationsrecht könnte, anders als nach dem engen Begriffsverständnis im obigen Sinne, auch die Gestaltung der interinstitutionellen Beziehungen mit einschließen.

Im Schrifttum wird die Annahme einer solchen weit gefaßten Organisationsgewalt unterschiedlich beurteilt. *Hilf*[321] vertritt die Auffassung, daß die Organisationsgewalt der Gemeinschaft nicht über den Bereich des einzelnen Organs hinausgehe. Demgegenüber gehen andere Autoren davon aus, daß die für die interne Selbstorganisation der Organe geltenden Grundsätze auch für die Beziehungen der Organe untereinander zu gelten haben[322].

---

[318] Rengeling, Zu den Befugnissen des Europäischen Parlaments beim Abschluß völkerrechtlicher Verträge im Rahmen der Gemeinschaftsverfassung, in: Festschrift Schlochauer, S. 877, 895.
[319] Vgl. oben unter B.II (S. 8 ff.).
[320] Ebenso Hilf, EuR 1984, 9, 21 sowie Gauweiler, Die rechtliche Qualifikation interorganschaftlicher Absprachen im Europarecht, S. 66 f.; vgl. auch Bleckmann, Europarecht, S. 182 (Rn. 475).
[321] EuR 1984, 9, 21.
[322] Bleckmann, Europarecht, S. 182 (Rn. 475); Bieber, Das Verfahrensrecht von Verfassungsorganen, S. 71 f.; Schwarze, EuR 1995 - Beiheft 2, S. 49, 53.

Die Reichweite der Organisationsgewalt der Gemeinschaft ist teleologisch, d.h. unter besonderer Berücksichtigung von deren Sinn und Zweck, zu bestimmen. Wie oben bereits dargestellt wurde, beruht die Organisationsgewalt darauf, daß aus den grundlegenden Zielbestimmungen einer internationalen Organisation diejenigen Organisationsbefugnisse ableitbar sind, die derselben und ihren Organen zur Verwirklichung dieser Zielbestimmungen notwendig zur Verfügung stehen müssen[323]. Anders als die „implied powers" werden diese stillschweigenden Befugnisse somit nicht aus der Zielsetzung einzelner Vertragsnormen, sondern aus den allgemeinen Zielbestimmungen des Gründungsvertrags abgeleitet[324]. Dabei sind die Besonderheiten des institutionellen Systems der jeweiligen Organisation zu berücksichtigen.

Der Erste Teil des EG-Vertrags gibt die diesbezüglich für die Europäische Gemeinschaft geltenden Grundsätze an. Art. 2 (ex-Art. 2) EGV beschreibt die der Gemeinschaft durch ihre Mitgliedstaaten zugewiesenen Aufgaben. Art. 3 (ex-Art. 3) und Art. 4 (ex-Art. 3 a) EGV geben sodann einen Überblick über die zur Erfüllung dieser Aufgaben für erforderlich gehaltenen Tätigkeiten der Gemeinschaft. Schließlich wird die Wahrnehmung dieser Aufgaben durch Art. 7 (ex-Art. 4) EGV den dort aufgeführten Gemeinschaftsorganen übertragen.

Eine zufriedenstellende Wahrnehmung dieser Aufgaben setzt zunächst sicherlich voraus, daß den dazu berufenen Organen die autonome Organisation ihrer internen Arbeitsabläufe etwa durch Geschäftsordnungen zugestanden wird[325]. Ob diese Befugnis zur organinternen Selbstorganisation die Funktionsfähigkeit der Gemeinschaft allein zu sichern vermag, erscheint jedoch zweifelhaft. Deren institutionelles System ist nach dem EG-Vertrag nicht so konstruiert, daß jedes Organ sämtliche ihm zugewiesene Aufgaben allein zu erfüllen hat. Vielmehr kommt nach der vertraglichen Regelung der größte Teil der sekundären Gemeinschaftsrechtsakte unter Beteiligung mehrerer Organe zustande. Dies gilt beispielsweise für die Verfahren der Mitentscheidung nach Art. 251 (ex-Art. 189 b) EGV und der Zusammenarbeit nach Art. 252 (ex-Art. 189 c) EGV, die beide unter maßgeblicher Beteiligung des Rates wie auch des Europäischen Parlaments und der Kommission ablaufen, sowie in besonderem Maße für das

---

[323] Vgl. oben unter D.IV.2 (S. 77).

[324] In rechtssystematischer Hinsicht handelt es sich folglich um einen Anwendungsfall der sog. „resulting powers"-Doktrin; vgl. Priebe, Entscheidungsbefugnisse vertragsfremder Einrichtungen im Europäischen Gemeinschaftsrecht, S. 167; Böhm, Kompetenzauslegung und Kompetenzlücken im Gemeinschaftsrecht, S. 198 ff.; Beutler, Rechtsfragen des Konzertierungsverfahrens, in: Gedächtnisschrift Sasse, S. 311, 321 spricht dagegen von „inherent powers".

[325] Vgl. oben unter D.IV.2.a (S. 71 f.).

Haushaltsverfahren der Gemeinschaft[326]. Die in Art. 272 (ex-Art. 203) EGV niedergelegte Aufteilung des Budgetrechts zwischen Rat und Parlament erfordert aufgrund der vielfältigen Verschränkungen der jeweiligen Befugnisse unbedingt ein einvernehmliches Zusammenwirken zwischen beiden Organen[327].

Diese gemeinsame Tätigkeit der Gemeinschaftsorgane kann also nur insoweit gelingen, als diese erfolgreich miteinander kooperieren[328]. Daß die Organe selbst sich dessen bewußt sind, geht aus dem ersten Erwägungsgrund der gemeinsamen Erklärung zum Haushaltsverfahren vom 30. Juni 1982[329] hervor. Dort heißt es:

> „Das ordnungsgemäße Funktionieren der Gemeinschaft erfordert eine ausgewogene Zusammenarbeit zwischen den Organen."

Diese Einschätzung wird auch durch die Rechtsprechung des Europäischen Gerichtshofes bestätigt. In seinem Urteil vom 30. März 1995[330] hat der Gerichtshof dargelegt:

> „Wie der Gerichtshof ... entschieden hat, gelten im Rahmen des Dialogs der Organe ... die gleichen gegenseitigen Pflichten zu redlicher Zusammenarbeit, wie sie die Beziehungen zwischen den Mitgliedstaaten und den Gemeinschaftsorganen prägen."[331]

Die Funktionsfähigkeit der Gemeinschaft hängt damit neben der Regelung organinterner Verfahrensweisen in ebenso hohem Maße davon ab, wie die Beziehungen zwischen den einzelnen Organen und Institutionen beschaffen sind. Der Vertrag selbst legt insoweit jedoch allenfalls grobe Umrisse einer interinstitutionellen Zusammenarbeit fest, während detaillierte Regelungen über Einzelfragen der Zusammenarbeit oft fehlen[332]. Wenn aber bereits ein autonom handelndes Organ einer internationalen Organisation aus der Natur der Sache zur Geschäftsordnungsgebung ermächtigt ist, so muß auf Gemeinschaftsebene eine entsprechende Ermächtigung umso mehr für das regelmäßig konfliktträchtigere Zusammenwirken mehrerer Organe bestehen[333].

---

[326] Vgl. oben unter A (S. 2 f.).

[327] Zu den sich dabei stellenden Problemen vgl. oben unter C.IV (S. 20 ff.).

[328] Ebenso v.d.Groeben/Thiesing/Ehlermann-Bieber, Kommentar, Art. 4, Rn. 63.

[329] ABl. 1982 C 194, S. 1.

[330] Rs. C-65/93 (Parlament./.Rat), Slg. 1995, 643; vgl. auch das Urteil vom 27. September 1988, Rs. 204/86 (Griechenland./.Rat), Slg. 1988, 5323, 5359 (Rn. 16).

[331] EuGH, aaO, S. 668 (Rn. 23).

[332] Ähnlich Snyder, Interinstitutional Agreements: Forms and Constitutional Limitations, S. 17 sowie Monar, CMLR 1994, 693, 694; vgl. oben unter A (S. 2 f.).

[333] So auch Bieber, Das Verfahrensrecht von Verfassungsorganen, S. 71; ähnlich Schwarze, EuR 1995 - Beiheft 2, S. 49, 53.

Der Europäische Gerichtshof hat den Gemeinschaftsorganen derartige Befugnisse bereits ausdrücklich zugesprochen. In der Rs. 244/81[334] ging es um die Vorschrift des Art. 58 EGKSV, die die Einführung eines Systems von Erzeugungsquoten bei krisenhaften Nachfragerückgängen vorsieht und dazu ein interinstitutionelles Verfahren zwischen Kommission und Rat vorgibt. Dazu erklärte der Gerichtshof:

> „Die Form dieser in Artikel 58 vorgesehenen Verständigung zwischen Kommission und Rat ist im einzelnen nicht geregelt. Unter diesen Umständen ist es Sache dieser beiden Organe, ihre Zusammenarbeit einvernehmlich und unter Wahrung der jeweiligen Zuständigkeiten zu gestalten."[335]

Der Gerichtshof weist den Gemeinschaftsorganen folglich die Aufgabe zu, Fragen ihrer Zusammenarbeit, die der Vertrag nicht beantwortet, selbst einvernehmlich untereinander zu regeln.

Unter Berücksichtigung dieser Erwägungen und in Übereinstimmung mit der dargestellten Rechtsprechung des Europäischen Gerichtshofes ist es geboten, die der Gemeinschaft und ihren Organen zustehende Organisationsgewalt so weit zu fassen, daß sie die Befugnis zu einer organübergreifenden Selbstorganisation einschließt[336]. Die Organe und Institutionen sind daher grundsätzlich befugt, Fragen ihrer Zusammenarbeit durch Absprachen, gemeinsame Erklärungen und förmliche Vereinbarungen einvernehmlich zu regeln.

3. Zusammenfassung

Unabhängig von der Regelung des Art. 308 (ex-Art. 235) EGV sind im Europäischen Gemeinschaftsrecht zwei Arten von Kompetenzen anzuerkennen, bei denen die Gemeinschaftsorgane aufgrund stillschweigender Ermächtigungen handlungsbefugt sind. Dies sind zum einen die Befugnisse, die unter Anwendung der „implied powers"-Doktrin aus einzelnen Vertragsnormen abgeleitet werden können, zum anderen die sog. Organisationsgewalt, die auch der Europäischen Gemeinschaft als internationale Organisation zusteht.

Die Lehre von den implied powers eignet sich aufgrund ihrer srikten Orientierung an der Zielsetzung einzelner Vertragsnormen nicht zur Ableitung einer allgemeinen Befugnis zum Abschluß interinstitutioneller Übereinkünfte. Eine weiter gefaßte Ermächtigung zum Abschluß interinstitutioneller Verein-

---

334 (Klöckner-Werke./.Kommission), EuGH Slg. 1983, 1451.

335 EuGH, Urt. v. 11. Mai 1983, aaO, S. 1477 f. (Rn. 11).

336 So auch Schwarze sowie Bieber, jeweils aaO (Anm. 333); ohne nähere Begründung im Ergebnis gleich: Bleckmann, Europarecht, S. 182 (Rn. 475).

barungen ergibt sich dagegen aus der Organisationsgewalt der Gemeinschaft. Diese erlaubt nicht nur dem einzelnen Gemeinschaftsorgan die autonome Gestaltung seiner internen Verfahrensabläufe, sondern auch eine organübergreifende Regelung der interinstitutionellen Zusammenarbeit. Soweit die Vereinbarungen auf die Ausgestaltung der gemeinschaftsinternen interinstitutionellen Beziehungen beschränkt sind, können sie daher auf die stillschweigend im Vertrag enthaltene Organisationsgewalt gestützt werden.

V. Grenzen der Ermächtigung

Die vorangegangenen Ausführungen haben gezeigt, daß der EG-Vertrag sowohl einzelne ausdrückliche Ermächtigungen zum Abschluß interinstitutioneller Vereinbarungen als auch eine allgemeine stillschweigende Ermächtigung zur Regelung der interinstitutionellen Zusammenarbeit enthält. Keine dieser Ermächtigungen gewährt jedoch eine unbeschränkte Handlungsfreiheit. Vielmehr unterliegen die den Organen und Institutionen der Gemeinschaft erteilten Befugnisse bestimmten Begrenzungen, die im folgenden darzustellen sind.

1. Mögliche Regelungsadressaten

Zunächst erfährt das den Gemeinschaftsinstitutionen bei dem Abschluß interinstitutioneller Vereinbarungen zustehende Gestaltungsermessen eine Beschränkung im Hinblick auf den zulässigen Adressatenkreis der Übereinkünfte. Angesichts des unterschiedlichen Charakters der nachgewiesenen Ermächtigungen ist dabei zu differenzieren zwischen Vereinbarungen, die sich auf eine ausdrückliche Befugniserteilung durch den Vertrag stützen, und solchen, die in Ausübung der den Gemeinschaftsinstitutionen zustehenden Organisationsgewalt verabschiedet werden.

a. Ermächtigung durch die Organisationsgewalt

Für die Mehrzahl der interinstitutionellen Vereinbarungen, die auf die stillschweigende Ermächtigung durch die Organisationsgewalt gestützt sind, ergibt sich die Beschränkung des zulässigen Adressatenkreises aus dem spezifischen Charakter der Organisationsgewalt.

Wie oben dargestellt wurde, erlaubt diese die Regelung der jeweiligen organinternen Verfahrensabläufe sowie organübergreifend die Gestaltung der Zusammenarbeit zwischen den Organen. Diese Selbstorganisation - gleich ob organintern oder organübergreifend - ist begriffsnotwendig auf den gemeinschaftsinternen Bereich beschränkt. Eine Befugnis, außerhalb der Gemeinschaftsinstitutionen stehende Rechtsträger zu Adressaten rechtsverbindlicher Vereinbarungen zu machen, schließt diese Organisationsgewalt nicht ein.

Allerdings ist zu berücksichtigen, daß auch internen Organisationsregeln eine gewisse Außenwirkung zukommen kann. Indem solche Bestimmungen etwa das Verfahren zum Erlaß materieller Rechtsakte regeln, betreffen sie mittelbar auch die Adressaten dieser Rechtsakte, die regelmäßig nach außen gerichtet sind[337]. Diese „mittelbare" Außenwirkung ist jedoch von einem direkten Eingriff in Rechte der Mitgliedstaaten und Gemeinschaftsbürger zu unterscheiden und daher von der stillschweigenden Ermächtigung durch die Organisationsgewalt gedeckt. Auch der Europäische Gerichtshof hat festgestellt, daß derartige indirekte Rechtswirkungen gegenüber Dritten die Qualifizierung von Organisationsakten als interne Maßnahmen nicht in Frage stellen und daher zulässig sind[338]. Eine unmittelbare Drittwirkung wird dagegen von der stillschweigenden Ermächtigung zur Selbstorganisation nicht gedeckt.

Für die auf die Organisationsgewalt der Gemeinschaft gestützten interinstitutionellen Vereinbarungen gilt also die Beschränkung, daß diese unmittelbar nur Rechte und Pflichten der Gemeinschaftsorgane selbst begründen können. Mitgliedstaaten und einzelne Gemeinschaftsbürger gehören dagegen - abgesehen von einer mittelbaren Betroffenheit der beschriebenen Art - nicht zum zulässigen Adressatenkreis solcher Vereinbarungen.

b. Ausdrückliche vertragliche Ermächtigungen

Anders als bei der Organisationsgewalt ergeben sich bei den auf eine ausdrückliche vertragliche Ermächtigung gestützten Übereinkünften hinsichtlich des zulässigen Adressatenkreises keine wesentlichen Besonderheiten im Vergleich zu den üblichen Handlungsinstrumenten der Gemeinschaftsorgane. Als Entscheidungsträger einer supranationalen Gemeinschaft, die befugt ist, Rechtsakte sowohl an ihre Mitgliedstaaten als auch unmittelbar an deren Bürger zu richten (vgl. Art. 249 (ex-Art. 189) EGV), sind diese grundsätzlich befugt, sowohl einander als auch die Mitgliedstaaten sowie den einzelnen Gemein-

---

[337] Vgl. Bieber, Das Verfahrensrecht von Verfassungsorganen, S. 199; siehe auch Bleckmann, Europarecht, S. 182 (Rn. 475).

[338] EuGH, Urt. v. 30. April 1996, Rs. C-58/94 (Niederlande./.Rat), Slg. 1996, I-2169, 2198 (Rn. 38); vgl. auch das Urt. v. 15. Juni 1994, Rs. C-137/92 P (Kommission./.BASF u.a.), Slg. 1994, I-2555, 2652 f. (Rn. 75 f.) sowie das Urt. v. 7. Mai 1991, Rs. C-69/89 (Nakajima./.Rat), Slg. 1991, I-2069, 2183 (Rn. 49 f.).

schaftsbürger zu unmittelbaren Adressaten abgeleiteter Gemeinschaftsrechtsakte zu machen. Entsprechend dem Prinzip der begrenzten Ermächtigung ist allerdings stets unabdingbare Voraussetzung, daß die jeweilige spezielle Befugnisnorm einen derartigen Eingriff in die Rechte Dritter gestattet.

Diese Grundsätze gelten auch für die in Frage stehenden interinstitutionellen Vereinbarungen. Ein Eingriff in die Rechte der Mitgliedstaaten oder des einzelnen Marktbürgers ist demnach auch hier zulässig, soweit die jeweilige Ermächtigungsnorm einen solchen vorsieht. Dies trifft etwa auf die dargestellten Vorschriften der Art. 193 (ex-Art. 138 c) Abs. 3 und Art. 195 (ex-Art. 138 e) Abs. 4 EGV zu. Die Festlegung der Einzelheiten des parlamentarischen Untersuchungsrechts bzw. der Rechtsstellung des Bürgerbeauftragten impliziert unter anderem auch die Statuierung bestimmter Kooperationspflichten der Mitgliedstaaten sowie des einzelnen Gemeinschaftsbürgers. Indem der Vertrag die Gemeinschaftsorgane mit dieser Aufgabe betraut, gestattet er somit gleichzeitig entsprechende Eingriffe in die Rechtsbeziehungen zwischen der Gemeinschaft und außenstehenden Dritten[339].

Ein gegenteiliges Beispiel bietet die Regelung des Art. 218 (ex-Art. 162) Abs. 1 EGV. Wie bereits dargestellt wurde[340], enthält die Vorschrift eine ausdrückliche Ermächtigung zur bilateralen Ausgestaltung der Zusammenarbeit zwischen Rat und Kommission. Anders als im Falle des Art. 193 (ex-Art. 138 c) Abs. 3 oder des Art. 195 (ex-Art. 138 e) Abs. 4 EGV geht es also hier nur um Regeln gemeinschaftsinterner Kooperation zwischen den beiden Organen. Einen direkten Eingriff in Rechte der Mitgliedstaaten oder der Gemeinschaftsbürger gestattet Art. 218 (ex-Art. 162) Abs. 1 EGV dagegen nicht. Entsprechendes gilt für die ausdrückliche Ermächtigung des Art. 248 (ex-Art. 188 c) Abs. 3 UAbs. 3 S. 1 EGV, die sich nur auf die Zusammenarbeit zwischen Kommission, Europäischer Investitionsbank und Rechnungshof bezieht[341].

Zusammenfassend bleibt also festzuhalten, daß der zulässige Adressatenkreis vertraglich ausdrücklich vorgesehener Vereinbarungen anhand der jeweiligen Ermächtigung zu definieren ist. Dabei ist nicht ausgeschlossen, daß über die Gestaltung der Rechtsbeziehungen zwischen den Organen und Institutionen hinaus auch direkte Eingriffe in die Rechte außenstehender Dritter gestattet sind.

---

[339] Ebenso für den Fall des Art. 138 c Abs. 3 EGV: v.d.Groeben/Thiesing/Ehlermann-Haag, Kommentar, Art. 138 c, Rn. 4.
[340] Vgl. oben unter D.III.1 (S. 51 ff.).
[341] Vgl. oben unter D.III.4 (S. 55 f.).

2. Materielle Grenzen

Nach dem bereits zitierten Grundsatzurteil des Europäischen Gerichtshofes vom 23. April 1986[342] haben sämtliche Akte der Gemeinschaftsorgane mit den Bestimmungen des EG-Vertrags in Einklang zu stehen. Daraus ergibt sich nicht nur die grundsätzliche Notwendigkeit einer vertraglichen Ermächtigung[343], sondern darüberhinaus eine inhaltliche Grenze der in Ausübung dieser Ermächtigung erlassenen Rechtsakte der Gemeinschaft. Dies ergibt sich auch aus der vertraglichen Regelung des Art. 230 (ex-Art. 173) EGV, nach der grundsätzlich alle „Handlungen“ der Gemeinschaftsorgane hinsichtlich ihrer Vereinbarkeit mit höherrangigen Rechtsnormen der Kontrolle durch den Europäischen Gerichtshof unterworfen sind.

a. Einordnung in das System der Gemeinschaftsrechtsquellen

Zur Festlegung der inhaltlichen Grenzen interinstitutioneller Vereinbarungen sind somit zunächst diese höherrangigen Rechtsnormen festzustellen. Dazu bedarf es einer Lokalisierung interinstitutioneller Vereinbarungen innerhalb des Systems der Gemeinschaftsrechtsquellen.

Im Typenkatalog des Art. 249 (ex-Art. 189) EGV, der die wichtigsten den Gemeinschaftsorganen zugewiesenen Handlungsinstrumente auflistet, findet die Handlungsform „interinstitutionelle Vereinbarung“ weder ausdrückliche Erwähnung noch eine inhaltliche Entsprechung[344]. Dies ändert jedoch nichts an der Tatsache, daß ein Organhandeln vorliegt[345]. Dem Vertrag selbst läßt sich entnehmen, daß er über den Typenkatalog des Art. 249 (ex-Art. 189) EGV hinaus weitere Rechtsakte der Gemeinschaftsorgane kennt. Dies ergibt sich etwa aus den Vertragsklauseln, die den Erlaß bestimmter Rechtsakte durch die Organe vorsehen, ohne diese einer der in Art. 249 (ex-Art. 189) EGV vorgesehenen Handlungsformen zuzuordnen[346].

Dementsprechend ist auch im Schrifttum anerkannt, daß die Nomenklatur der in Art. 249 (ex-Art. 189) EGV ausdrücklich vorgesehenen Akte nicht abschließend ist, sondern durch eine Kategorie der „sonstigen Rechtshandlungen“ ergänzt wird. Im Gegensatz zu den in Art. 249 (ex-Art. 189) EGV vorgesehenen

---

[342] Rs. 294/83 (Parti écologiste „Les verts“./.Parlament), EuGH Slg. 1986, 1357.
[343] Vgl. oben unter D.I/II (S. 42 ff.).
[344] Vgl. oben unter A (S. 3).
[345] Vgl. oben unter D.I (S. 42).
[346] Als Beispiele wären etwa Art. 12 (ex-Art. 6) Abs. 2, Art. 26 (ex-Art. 28) oder Art. 42 (ex-Art. 51) EGV zu nennen.

Rechtsakten, welche das Verhältnis der Gemeinschaft und ihrer Organe zu den Mitgliedstaaten und den deren Hoheitsgewalt unterworfenen juristischen und natürlichen Personen ausgestalten, kommen diese atypischen Rechtsakte vor allem dann zur Anwendung, wenn die Gemeinschaftsorgane die Rechtswirkung ihres Handelns auf den innergemeinschaftlichen Bereich beschränkt wissen wollen[347]. Dieser Kategorie sind auch interinstitutionelle Vereinbarungen grundsätzlich zuzuordnen. Allerdings ist der Bestand an solchen Rechtshandlungen der Gemeinschaftsorgane sehr vielgestaltig und entbehrt aus diesem Grunde nach wie vor einer einheitlichen Strukturierung und Terminologie[348]. Im Rahmen einer Auflistung „sonstiger Rechtshandlungen" bezeichnet *H.P. Ipsen* „einvernehmliche Regelungen der Zusammenarbeit zwischen Rat und Kommission" als eine Fallgruppe der Organisations- und innerdienstlichen Handlungen[349].

Letztlich kann jedoch dahinstehen, wo interinstitutionelle Vereinbarungen innerhalb dieses Spektrums genau zu lokalisieren sind. Entscheidend für die hier gestellte Frage nach den materiellen Grenzen der Vereinbarungen ist allein die Tatsache, daß die von den Gemeinschaftsorganen erlassenen Rechtsakte regelmäßig der Kategorie des sekundären Gemeinschaftsrechts zuzuordnen sind und als solche eine Rangstellung unterhalb des Vertragsrechts einnehmen. Zur Schaffung weiteren primären Gemeinschaftsrechts sind die Gemeinschaftsorgane nur in ausdrücklich geregelten Ausnahmefällen befugt[350]. Da eine solche ausdrückliche Zulassung hier nicht ersichtlich ist, sind interinstitutionelle Vereinbarungen als „sonstige" Rechtshandlungen der Gemeinschaftsorgane der Kategorie des organgeschaffenen sekundären Gemeinschaftsrechts zuzurech-

---

[347] Vgl. v.d.Groeben/Thiesing/Ehlermann-Schmidt, Kommentar, Art. 189, Rn. 16; Oppermann, Europarecht, S. 185 (Rn. 488).

[348] Die im Schrifttum nachweisbaren Systematisierungen dieser Akte orientieren sich an unterschiedlichen Kriterien:

- Oppermann, Europarecht, S. 185 ff. (Rn. 489 ff.) teilt die sonstigen Rechtsakte „nach dem Grade ihrer Verbindlichkeit" in verschiedene Gruppen ein.
- zwischen Akten des Rates bzw. der Regierungen der Mitgliedstaaten und gemeinsamen Akten der Gemeinschaftsorgane unterscheidet Bothe, „Soft Law" in den Europäischen Gemeinschaften?, in: Festschrift Schlochauer, S. 761, 762 ff.
- Everling, Zur rechtlichen Wirkung von Beschlüssen, Entschließungen, Erklärungen und Vereinbarungen des Rates oder der Mitgliedstaaten der Europäischen Gemeinschaft, in: Gedächtnisschrift Constantinesco, S. 133, 141 ff. erstellt eine in dreifacher Hinsicht differenzierende Analyse, indem er die Akte nicht nur nach ihrem Urheber, sondern auch nach ihrer Form sowie nach ihrem Gegenstand gliedert.

[349] Europäisches Gemeinschaftsrecht, S. 478.

[350] Beispiel: Die auf Art. 269 (ex-Art. 201) S. 2 EGV gestützten Eigenmittelbeschlüsse des Rates.

nen[351]. Ob sie aufgrund ihres Regelungsinhaltes im Rang über anderen abgeleiteten Gemeinschaftsrechtsakten stehen, ist für die Frage nach den Grenzen interinstitutioneller Vereinbarungen ohne Bedeutung und kann deshalb an dieser Stelle noch dahinstehen.

b. Vertragskonformität

Aus der Rangstelle interinstitutioneller Vereinbarungen im System der Gemeinschaftsrechtsquellen ergibt sich die materielle Beschränkung jeglicher Ermächtigung zu deren Abschluß. Interinstitutionelle Vereinbarungen sind nur soweit zulässig, als sie keine Bestimmungen enthalten, die mit einer Norm des primären Gemeinschaftsrechts, insbesondere dem EG-Vertrag selbst, in Widerspruch stehen[352]. Grenze des den Gemeinschaftsorganen und -institutionen zustehenden Gestaltungsermessens beim Abschluß interinstitutioneller Vereinbarungen ist folglich das gesamte Vertragsrecht.

Hinsichtlich der durch Art. 193 (ex-Art. 138 c) Abs. 3 EGV und Art. 195 (ex-Art. 138 e) Abs. 4 EGV erteilten ausdrücklichen Ermächtigungen, hat diese Begrenzung allerdings wenig praktische Bedeutung, da der materielle Regelungsgegenstand der jeweiligen Vereinbarung hier ohnehin bereits primärrechtlich vorgegeben ist. Soweit die Organe lediglich dem so erteilten Rechtsetzungsauftrag nachgekommen sind, dürfte die Gefahr einer inhaltlichen Kollision mit Normen des Vertragsrechts gering sein.

Besondere Bedeutung erfährt die Begrenzung durch das materielle Vertragsrecht dagegen bei der durch die Organisationsgewalt erteilten Ermächtigung zur organübergreifenden Selbstorganisation. In Anbetracht der Tatsache, daß die darauf gestützten Vereinbarungen vielfach der gegenseitigen Abgrenzung der jeweiligen Befugnisse der Organe dienen, besteht hier die wesentliche Gestaltungsgrenze vor allem in Form der vertraglich festgelegten Kompetenzordnung. Der Europäische Gerichtshof hat dazu ausdrücklich festgestellt, daß

---

351 Ebenso Schweitzer/Hummer, Europarecht, S. 6 (Rn. 18); H.P. Ipsen, Europäisches Gemeinschaftsrecht, S. 470; Beutler/Bieber/Pipkorn/Streil, Die Europäische Union - Rechtsordnung und Politik, S. 200.

352 Ebenso Schwarze, EuR 1995 - Beiheft 2, S. 49, 55; Monar, CMLR 1994, 693, 700; Bieber, Das Verfahrensrecht von Verfassungsorganen, S. 194.

„... die Grundsätze über die Willensbildung der Gemeinschaftsorgane im Vertrag festgelegt sind und nicht zur Disposition der Mitgliedstaaten oder der Organe selbst stehen."[353]

Maßgebliche Vertragsnormen sind diesbezüglich Art. 7 (ex-Art. 4) EGV sowie die Gesamtheit der sonstigen im Gründungsverrag enthaltenen Kompetenznormen. Ob man, wie der Europäische Gerichtshof[354], zu deren Kennzeichnung den Begriff des „institutionellen Gleichgewichts" verwenden sollte oder nicht, kann hier dahinstehen[355]. Jedenfalls wird das den Gemeinschaftsinstitutionen zustehende Gestaltungsermessen durch all jene Vertragsnormen begrenzt, die den einzelnen Organen bestimmte Kompetenzen zuweisen oder sie auf bestimmte Verfahrensweisen festlegen[356].

Einige der im Amtsblatt veröffentlichten Vereinbarungen lassen erkennen, daß die Gemeinschaftsorgane selbst sich dieser Gestaltungsgrenze bewußt sind. So enthalten alle drei veröffentlichten Übereinkünfte zum Haushaltsverfahren[357] sowie die Vereinbarung zum Subsidiaritätsprinzip vom 25. Oktober 1993[358] einleitend einen Hinweis darauf, daß die jeweils folgenden Regelungen „unter Wahrung der in den Verträgen festgelegten Kompetenzen der einzelnen Organe der Gemeinschaften" getroffen werden.

---

[353] EuGH, Urt. v. 23. Februar 1988, Rs. 68/86 (Vereinigtes Königreich./.Rat), Slg. 1988, 855, 900 (Rn. 38).

[354] Vgl. etwa Urt. v. 17. Dezember 1970, Rs. 25/70 (Einfuhr- und Vorratsstelle für Getreide und Futtermittel./.Köster), Slg. 1970, 1161, 1173 (Rn. 9); Urt. v. 29. Oktober 1980, Rs. 138, 139/70 (Roquette und Maizena./.Rat), Slg. 1980, 3333, 3360 (Rn. 33); Urt. v. 22. Mai 1990, Rs. C 70/88 (Parlament./.Rat), Slg. 1990, I-2041, 2072 (Rn. 21 ff.).

[355] Vgl. dazu Grabitz/Hilf-Nettesheim, Kommentar, Art. 4, Rn. 6 sowie v.d.Groeben/Thiesing/ Ehlermann-Bieber, Kommentar, Art. 4, Rn. 66.

[356] Ebenso Rengeling, Zu den Befugnissen des Europäischen Parlaments beim Abschluß völkerrechtlicher Verträge im Rahmen der Gemeinschaftsverfassung, in: Festschrift Schlochauer, S. 877, 895; Bleckmann, Europarecht, S. 182 (Rn. 475); Rideau, Droit institutionnel de l'Union et des Communautés européennes, S. 132; Schweitzer/Hummer, Europarecht, S. 291 (Rn. 940) scheinen im Hinblick auf das Konzertierungsverfahren „die Grenzen der Selbstverpflichtung und des Verzichts der Organe auf ihnen zustehende Befugnisse erreicht".

[357] - Gemeinsame Erklärung des Europäischen Parlaments, des Rates und der Kommission über verschiedene Maßnahmen zur Gewährleistung einer besseren Abwicklung des Haushaltsverfahrens vom 30. Juni 1982, ABl. 1982 C 194, S. 1

- Interinstitutionelle Vereinbarung über die Haushaltsdisziplin und die Verbesserung des Haushaltsverfahrens vom 29. Juni 1988, ABl. 1988 L 185, S. 33

- Interinstitutionelle Vereinbarung vom 29. Oktober 1993 über die Haushaltsdisziplin und die Verbesserung des Haushaltsverfahrens, ABl. 1993 C 331, S. 1.

[358] ABl. 1993 C 329, S. 135.

Allerdings ist der Bestand solcher Kompetenzvorschriften im primären Gemeinschaftsrecht nicht umfangreich genug, um eine geschlossene und vollständige Ausgestaltung der interinstitutionellen Beziehungen zu gewährleisten[359]. Dementsprechend ist der Abschluß interinstitutioneller Vereinbarungen ein Instrument zur Füllung der hinsichtlich der interinstitutionellen Beziehungen bestehenden vertraglichen Lücken[360]. Soweit dagegen ausdrückliche vertragliche Regelungen existieren, sind die Organe an diese gebunden. Kurz und treffend charakterisieren *M.* und *D. Waelbroeck* dementsprechend interinstitutionelle Vereinbarungen folgendermaßen:

> „Elles peuvent aller au delà des traités, mais non à l'encontre de ceux-ci." [361]

3. Zusammenfassung

Das den Gemeinschaftsinstitutionen zustehende Ermessen bei der Gestaltung interinstitutioneller Vereinbarungen ist in mehrfacher Hinsicht begrenzt. Zunächst gilt für die auf die Organisationsgewalt gestützten Übereinkünfte, daß ein über den gemeinschaftsinternen Bereich hinausgehender Eingriff in die Rechte der Mitgliedstaaten oder einzelner Gemeinschaftsbürger unzulässig ist. Der zulässige Adressatenkreis vertraglich ausdrücklich vorgesehener Vereinbarungen ergibt sich dagegen aus der jeweiligen Ermächtigungsnorm und kann, wie in den Fällen der Art. 193 (ex-Art. 138 c) Abs. 3 und Art. 195 (ex-Art. 138 e) Abs. 4 EGV, auch außenstehende Dritte einschließen.

In inhaltlicher Hinsicht sind interinstitutionelle Vereinbarungen als Akte des sekundären Gemeinschaftsrechts nur soweit zulässig, als sie mit den Vorschriften der Verträge in Einklang stehen, wobei besonders auf die Vereinbarkeit mit der vertraglich angelegten Kompetenzordnung zu achten ist.

---

[359] Gerade auf diesem Faktum beruht ja die Annahme einer stillschweigenden vertraglichen Ermächtigung zum Abschluß interinstitutioneller Vereinbarungen; vgl. oben unter D.IV.2.b (S. 72 ff.).

[360] Vgl. Grabitz/Hilf-Nettesheim, Kommentar, Art. 4, Rn. 35; Thiaville, Déclarations communes du Parlement européen, du Conseil et de la Commission, in: Barav/Philip (Hrsg.), Dictionnaire juridique des Communautés européennes, S. 341, 342 f.; Rideau, Droit institutionnel de l'Union et des Communautés européennes, S. 131 spricht von einer „Präzisierung vertraglicher Grauzonen" durch interinstitutionelle Vereinbarungen; Snyder, Interinstitutional Agreements - Forms and Constitutional Limitations, S. 18 von einem „droit de complément".

[361] Les „déclarations communes" en tant qu'instruments d'un accroissement des compétences du Parlement Européen, in: Louis/Waelbroeck (Hrsg.), Le Parlement européen dans l'évolution institutionnelle, S. 79, 85.

E. Rechtswirkungen interinstitutioneller Vereinbarungen

Nach Klärung der grundsätzlichen Zulässigkeit rechtsverbindlicher interinstitutioneller Vereinbarungen stellt sich nunmehr die Frage, inwieweit den bestehenden Übereinkünften eine solche rechtliche Bindungswirkung tatsächlich zugesprochen werden kann. Dazu bedarf es der Erstellung allgemeiner Kriterien, anhand derer eine solche Bindungswirkung im Einzelfall nachgewiesen werden kann.

Dabei sei daran erinnert, daß die Bindungswirkung in Abhängigkeit von der Ermächtigung, auf die die jeweilige Vereinbarung gestützt ist, unterschiedlichen Umfangs sein kann. So können auf die Organisationsgewalt der Gemeinschaft gestützte Übereinkünfte grundsätzlich nur interinstitutionelle, d.h. auf den gemeinschaftsinternen Bereich beschränkte Bindungen hervorrufen, während im Falle einer ausdrücklichen vertraglichen Ermächtigung auch eine Bindungswirkung gegenüber Dritten nicht ausgeschlossen ist[362]. Da sich der Umfang der Bindung aus dem Inhalt der jeweiligen Vereinbarung ergibt, während die allgemeinen Kriterien zu deren Nachweis bei beiden Bindungsarten identisch sind, braucht diese Unterscheidung allerdings im folgenden nicht weiter berücksichtigt zu werden.

Es wurde bereits darauf hingewiesen, daß sich im Schrifttum einige Ansätze zur rechtlichen Bewertung interinstitutioneller Vereinbarungen finden[363]. Während die Frage nach deren prinzipieller Zulässigkeit dabei regelmäßig übergangen wird[364], finden die Rechtswirkungen der jeweils in Frage stehenden Übereinkünfte stets Behandlung. Jedoch fallen diese Wertungsversuche ähnlich vielgestaltig wie das Phänomen interinstitutioneller Vereinbarungen selbst aus und ergeben daher kein einheitliches Bild. In Anlehnung an eine von *Hilf* [365] erstellte Übersicht läßt sich das Spektrum der vertretenen Meinungen grob in drei Gruppen einteilen. Ein beachtlicher Teil der im Schrifttum geäußerten Ansichten ordnet interinstitutionelle Vereinbarungen dem außerrechtlichen Bereich zu und bezeichnet diese als „gentlemen's agreements“, die die beteiligten Institutionen allenfalls in politischer Hinsicht binden[366]. Fast alle diese Untersuchungen beziehen sich allerdings nicht auf die Handlungsform als solche, sondern jeweils

---

[362] Vgl. oben unter D.V.1 (S. 76 ff.).

[363] Siehe oben unter A (S. 5) in Anm. 20 genannten Autoren.

[364] Vgl. die oben unter A (S. 5) in Anm. 21 genannten Autoren.

[365] EuR 1984, 9, 18 ff.

[366] Läufer, EuR 1979, 261 ff.; Glaesner, EuR 1981, 9, 14 ff.; ders., Das Konzertierungsverfahren zwischen Rat und Europäischem Parlament, in: ders., Das Recht als Gestaltungsmittel der Politik der EG, S. 125, 129 f.; Dewost/Lepoivre, RMC 1982, 514, 518; Feger, JA 1985, 437 ff.; Zangl, CMLR 1989, 675, 678; Régnier-Heldmaier, RMC 1994, 94, 98.

nur auf eine einzelne Übereinkunft[367]. Andere Autoren erkennen zumindest die Möglichkeit einer unmittelbaren Rechtsgeltung an, wobei diese allerdings aus unterschiedlichen Rechtsquellen abgeleitet wird[368]. Schließlich sind die Auffassungen zu erwähnen, die die Vereinbarungen weder gänzlich dem außerrechtlichen Bereich zuordnen wollen, noch deren volle Rechtsgeltung anerkennen, sondern die Übereinkünfte zwischen diesen beiden Extrempositionen ansiedeln[369]. Zu deren terminologischen Kennzeichnung wird dabei vielfach auf Rechtsfiguren aus anderen Rechtsordnungen zurückgegriffen. Neben den aus dem britischen Verfassungsrecht bekannten „constitutional conventions“[370] findet sich hier vor allem der aus dem Völkerrecht bekannte Begriff des „soft law“[371].

Neben diesen Bewertungsversuchen des Schrifttums findet sich in der Judikatur des Europäischen Gerichtshofes eine kleine Zahl von Urteilen, in denen einzelne interinstitutionelle Vereinbarungen auch im Hinblick auf ihre Rechtswirkungen bewertet werden. In seinen Schlußanträgen zur Rs. 64/80[372] qualifizierte beispielsweise Generalanwalt *Reischl* die Übereinkunft zur Einführung des Konzertierungsverfahrens[373] unter Verweis auf die dazu ergangene Stellungnahme des Rates[374] als politische Erklärung. Der Gerichtshof selbst billigte in dem bereits zitierten Urteil vom 27. September 1988[375] die Modalitäten zur

---

367 Anders insoweit Läufer und Feger, jeweils aaO.

368 Bieber, Das Verfahrensrecht von Verfassungsorganen, S. 187 ff.; Bleckmann, Europarecht, S. 182 (Rn. 475); Jacqué, La pratique des institutions communautaires et le développement de la structure institutionnelle communautaire, in: Bieber/Ress (Hrsg.), Die Dynamik des europäischen Gemeinschaftsrechts, S. 377, 393 ff.; Schwarze, EuR 1995 - Beiheft 2, S. 49, 54 f.; Thiaville, Déclarations communes du Parlement européen, du Conseil et de la Commission, in: Barav/Philip (Hrsg.), Dictionnaire juridique des Communautés européennes, S. 341; Vergès, De quelques méthodes de développement institutionnel des Communautés européennes, in: Mélanges offerts à Paul Reuter, S. 501; v.d.Groeben/Thiesing/Ehlermann-Haag, Kommentar, Art. 138 b, Rn. 13 geht soweit, interinstitutionellen Vereinbarungen als „Regelungen des Interorganverfahrens“ grundsätzlich Bindungswirkung zuzuschreiben.

369 Hilf, EuR 1984, 9, 19 spricht diesbezüglich von einer „Grauzone rechtlicher Vorprägungen“.

370 Ehlermann, Integration 1971 (3/4), S. 162, 170 f.; vgl. auch Bleckmann, Europarecht, S. 182 (Rn. 475).

371 Monar, CMLR 1994, 693, 699; Grabitz/Läufer, Das Europäische Parlament, S. 173 (Rn. 46); Rengeling, Zu den Befugnissen des Europäischen Parlaments beim Abschluß völkerrechtlicher Verträge im Rahmen der Gemeinschaftsverfassung, in: Festschrift Schlochauer, S. 877, 897; Bothe, „Soft Law“ in den Europäischen Gemeinschaften?, in: Festschrift Schlochauer, S. 761, 769.

372 (Giuffrida und Campogrande./.Rat), EuGH Slg. 1981, 693, 714.

373 ABl. 1975 C 89, S. 1.

374 Antwort auf die schriftliche Anfrage Nr. 169/77 des EP-Abgeordneten Maigård, ABl. 1977 C 259, S. 5.

375 Rs. 204/86 (Griechenland./.Rat), EuGH Slg. 1988, 5323, 5359 (Rn. 16).

Abgrenzung der nicht obligatorischen von den obligatorischen Ausgaben, wie das Europäische Parlament, der Rat und die Kommission sie in der gemeinsamen Erklärung vom 30. Juni 1982[376] festgelegt haben und verweist auf die zwischen den Organen bestehenden Pflichten zur gegenseitigen Rücksichtnahme. Dies deutet daraufhin, daß der Gerichtshof eine Rechtswirkung dieser Vereinbarung im Zusammenhang mit dem Grundsatz der Organtreue anerkennt. Generalanwalt *Mancini* hat in seinen Schlußanträgen zu der gleichen Rechtssache ausdrücklich die allgemeine Möglichkeit einer Rechtsverbindlichkeit interinstitutioneller Übereinkünfte bestätigt[377].

In seinem Urteil vom 19. März 1996[378] hat der Gerichtshof dann erstmalig einer interinstitutionellen Vereinbarung ausdrücklich eine rechtliche Bindungswirkung zugesprochen. Es handelt sich dabei um die bereits erwähnte Übereinkunft zwischen Rat und Kommission „betreffend die Vorbereitung von FAO-Sitzungen, die Abgabe von Stellungnahmen sowie die Stimmabgabe" vom 19. Dezember 1991, die nicht veröffentlicht ist. Jüngst hat der Gerichtshof schließlich erneut eine Klausel der Gemeinsamen Erklärung vom 30. Juni 1982 als streitentscheidende Norm herangezogen und ihr damit implizit ebenfalls Rechtsverbindlichkeit bescheinigt[379]. Andererseits erging ein Urteil des Gerichtshofes, in dem die Richter dem von Rat und Kommission beschlossenen „Verhaltenskodex für den Zugang der Öffentlichkeit zu Rats- und Kommissionsdokumenten" vom 6. Dezember 1993[380] eine Rechtswirkung nach außen ausdrücklich absprechen[381].

Der Überblick über die unterschiedlichen Bewertungsansätze des Schrifttums und die Rechtsprechung des Europäischen Gerichtshofes deutet bereits darauf hin, daß die inhaltliche und formale Vielgestaltigkeit interinstitutioneller Vereinbarungen eine einheitliche Beantwortung der Frage nach deren Bindungswirkung kaum zulassen dürfte[382]. Die tatsächliche Rechtswirkung einer interinstitutionellen Vereinbarung wird vielmehr in jedem Einzelfall unter Berücksichtigung der Besonderheiten der jeweiligen Übereinkunft zu ermitteln

---

[376] ABl. 1982 C 194, S. 1; vgl. dazu oben unter C.IV (S. 20 ff.).
[377] AaO (Anm. 375), S. 5349.
[378] Rs. C-25/94 (Kommission./.Rat), EuGH Slg. 1996, I-1469, 1510 (Rn. 49).
[379] EuGH, Urt. v. 12. Mai 1998, Rs. C-106/96 (Vereinigtes Königreich./.Kommission), Slg. 1998, I-2729, 2754 (Rn. 23 ff.), 2758 (Rn. 37).
[380] ABl. 1993 L 340, S. 41.
[381] EuGH, Urt. v. 30. April 1996, Rs. C-58/94 (Niederlande./.Rat), Slg. 1996, I-2169, 2195 (Rn. 26).
[382] Ähnlich Rideau, Droit institutionnel de l'Union et des Communautés européennes, S. 131 sowie bereits die Kommission in ihrer Antwort auf die Anfrage Nr. 170/77 des EP-Abgeordneten Maigård, ABl. 1977, C 180, S. 18.

sein. Gleichwohl bedarf es der Festlegung allgemeiner Kriterien, anhand derer eine solche Einzeluntersuchung vorzunehmen ist.

Es ist daher zu überprüfen, unter welchen Voraussetzungen einer Vereinbarung Rechtsverbindlichkeit zugesprochen werden kann. Soweit eine Übereinkunft diesen Anforderungen nicht entspricht, bleibt zu untersuchen, ob und in welcher Weise sie dennoch bestimmte rechtliche Wirkungen hervorzurufen geeignet ist, oder ob sie tatsächlich dem außerrechtlichen Bereich zugeordnet werden muß.

I. Voraussetzungen rechtlicher Bindungswirkung

Auf einer Skala der zu überprüfenden möglichen Rechtswirkungen interinstitutioneller Vereinbarungen steht an oberster Stelle die direkte Rechtsverbindlichkeit in dem Sinne, daß die getroffenen Festlegungen die jeweiligen Adressaten der Übereinkünfte unmittelbar rechtlich binden. Es ist zu untersuchen, unter welchen Voraussetzungen interinstitutionellen Vereinbarungen eine solche rechtliche Bindungswirkung zuzusprechen ist.

Dazu ist der Blick zunächst auf die grundsätzliche Frage zu richten, worin überhaupt die Ursache einer solchen Bindungswirkung liegen kann. Zwei Alternativen sind hier grundsätzlich denkbar. Zunächst könnte ein objektiver, d.h. vom jeweiligen Willen der beteiligten Institutionen unabhängiger Geltungsgrund existieren. Darüberhinaus könnte die Rechtsgeltung der Vereinbarungen aber auch auf einem entsprechenden subjektiven Willen der daran beteiligten Institutionen beruhen.

1. Objektiver Geltungsgrund

Zunächst sollen die Möglichkeiten und Voraussetzungen eines etwaigen objektiven Geltungsgrundes untersucht werden. Auch hier sind wiederum zwei Alternativen denkbar. Zum einen könnte ein solcher objektiver Geltungsgrund in Gestalt einer Norm des Gemeinschaftsrechts existieren, die die Geltung einer bestimmten interinstitutionellen Vereinbarung kraft ihrer eigenen Rechtswirkung ausdrücklich anordnet. Im Anschluß daran wird ein im Schrifttum vertretener Ansatz zu diskutieren sein, nach dem sich die Rechtsgeltung der Vereinbarungen unmittelbar aus der den Gemeinschaftsorganen zustehenden Befugnis zur organübergreifenden Regelung der Zusammenarbeit ergebe.

a. Normen des Gemeinschaftsrechts als Geltungsgrund

Um einer interinstitutionellen Vereinbarung als Geltungsgrund dienen zu können, bedarf eine Norm des Gemeinschaftsrechts grundsätzlich lediglich einer eigenen Rechtswirkung, kraft derer sie die Geltung der Vereinbarung anordnen kann. Somit kommen hier sowohl Bestimmungen des primären als auch des sekundären Gemeinschaftsrechts in Betracht.

i. Primäres Gemeinschaftsrecht

Es wurde bereits dargelegt, daß der EG-Vertrag selbst die Gemeinschaftsorgane an fünf Stellen ausdrücklich zum Abschluß bestimmter interinstitutioneller Vereinbarungen ermächtigt[383]. Diese Vertragsnormen der Art. 218 (ex-Art. 162) Abs. 1, Art. 193 (ex-Art. 138 c) Abs. 3, Art. 195 (ex-Art. 138 e) Abs. 4, Art. 248 (ex-Art. 188 c) Abs. 3 UAbs. 3 sowie des Art. 272 (ex-Art. 203) Abs. 9 UAbs. 5 EGV garantieren in erster Linie die gemeinschaftsrechtliche Zulässigkeit der entsprechenden Vereinbarungen. Darüberhinaus ist jedoch denkbar, daß sie als rechtsgültige Normen des Gemeinschaftsrechts gleichzeitig die Rechtsgeltung dieser Übereinkünfte bestimmen[384]. Entscheidend ist insoweit, ob sich die jeweilige Vertragsnorm dahingehend interpretieren läßt, daß sie eine Rechtsgeltung der auf ihrer Grundlage erlassenen Vereinbarung zwingend anordnet.

Art. 248 (ex-Art. 188 c) Abs. 3 UAbs. 3 S. 1 EGV spricht ausdrücklich von „Rechten" des Rechnungshofs, die von den Institutionen einvernehmlich zu regeln sind. Darüberhinaus legt S. 2 der Vorschrift fest, daß der Rechnungshof auch dann „Recht auf Zugang zu den Informationen" hat, „wenn eine entsprechende Vereinbarung nicht besteht". Daraus ergibt sich im Umkehrschluß, daß die Vereinbarung, so sie denn geschlossen wird, dem Rechnungshof die in Frage stehenden Rechte auch garantieren soll. Art. 248 (ex-Art. 188 c) Abs. 3 UAbs. 3 EGV ist somit nicht nur vertragliche Ermächtigungsgrundlage der Übereinkunft, sondern ordnet gleichzeitig deren Rechtsgeltung an. Da die vorgesehene Vereinbarung nur die Beziehungen zwischen den genannten Gemeinschaftsinstitutionen betrifft, ist diese Geltungsanordnung allerdings auf den gemeinschaftsinternen Bereich beschränkt.

Die Bestimmungen des Art. 193 (ex-Art. 138 c) sowie des Art. 195 (ex-Art. 138 e) EGV überlassen den Gemeinschaftsorganen die genauere Ausge-

---

[383] Siehe oben unter D.III.1-5 (S. 51 ff.).

[384] Ähnlich Monar, CMLR 1994, 693, 697, der allerdings nicht zwischen Ermächtigung und Geltungsgrund differenziert.

staltung des parlamentarischen Untersuchungsrechts bzw. der Tätigkeit des Bürgerbeauftragten. Mangels entsprechender primärrechtlicher Bestimmungen gehört dazu insbesondere auch die Regelung bestimmter Aussage- und Kooperationspflichten der Gemeinschaftsinstitutionen sowie der Mitgliedstaaten und Gemeinschaftsbürger[385]. Angesichts der Tatsache, daß daraus notwendig Konsequenzen für die Rechtsbeziehungen zwischen der Gemeinschaft und diesen Dritten resultieren, lassen sich auch Art. 193 (ex-Art. 138 c) Abs. 3 sowie Art. 195 (ex-Art. 138 e) Abs. 4 EGV nur so auslegen, daß die entsprechenden interinstitutionellen Vereinbarungen rechtliche Geltung besitzen sollen. Entsprechendes gilt für Art. 272 (ex-Art. 203) Abs. 9 UAbs. 5 EGV, der einen Bestandteil des jährlichen Haushaltsplans der einvernehmlichen Festlegung durch die Gemeinschaftsorgane überläßt[386]. Alle drei Vertragsnormen stellen somit einen Geltungsgrund für die jeweils auf ihrer Grundlage verabschiedeten Vereinbarungen dar. Auf einen Rechtsbindungswillen der jeweils beteiligten Organe kommt es daher nicht an. Der Wortlaut der einzelnen Vereinbarung indessen bleibt insofern von Bedeutung, als er das jeweilige Ausmaß der vertraglich angeordneten Bindung bestimmt. Geltungsgrund aber ist, unabhängig vom subjektiven Willen der beteiligten Institutionen, allein die der jeweiligen Vereinbarung zugrundeliegende Vertragsnorm.

Etwas anderes gilt dagegen für den Fall des Art. 218 (ex-Art. 162) Abs. 1 EGV. Im Gegensatz zu den obigen Vertragsnormen, die jeweils einen speziellen Regelungsgegenstand umreißen, enthält diese Vorschrift eine umfassende Ermächtigung zur einvernehmlichen Regelung der Zusammenarbeit zwischen Rat und Kommission[387]. Dem läßt sich in dieser Allgemeinheit nicht entnehmen, daß diese Regelung notwendig rechtlicher Art sein muß. Vielmehr kann bei der Weite des betroffenen Bereichs im Einzelfall durchaus auch eine politische Gestaltung der Zusammenarbeit zweckmäßig sein. Art. 218 (ex-Art. 162) Abs. 1 EGV ist daher nicht dahingehend zu interpretieren, daß er die Rechtsgeltung der auf seiner Grundlage verabschiedeten Vereinbarungen zwingend anordnet. Vielmehr dürfte es insoweit auf einen entsprechenden Willen der beiden Organe ankommen.

---

[385] Vgl. oben unter C.XI (S. 34) und XII (S. 36).
[386] Vgl. oben unter D.III.5 (S. 56 f.).
[387] Vgl. oben unter D.III.1 (S. 51 ff.).

ii. Sekundäres Gemeinschaftsrecht

Neben den dargestellten Normen des primären Gemeinschaftsrechts existieren auch im sekundären Gemeinschaftsrecht einige Vorschriften, die für bestimmte Fälle die Geltung bestehender interinstitutioneller Vereinbarungen anordnen.

Ein erster sekundärrechtlicher Verweis findet sich im „Akt zur Einführung allgemeiner unmittelbarer Wahlen der Abgeordneten der Versammlung“ vom 20. September 1976[388]. Art. 13 dieses sog. Direktwahlaktes bestimmt, daß evtl. erforderliche Durchführungsmaßnahmen durch den Rat zu treffen sind, nachdem dieser sich in einem Konzertierungsausschuß um ein Einvernehmen mit dem Parlament bemüht hat. Hinsichtlich des in diesem Konzertierungsausschuß anzuwendenden Verfahrens verweist der Anhang III zum Direktwahlakt auf die Absätze 5, 6 und 7 der Gemeinsamen Erklärung vom 22. April 1975[389]. Entsprechend Art. 13 des Direktwahlakts i.V.m. dessen Anhang III ist dieses Verfahren also auch beim Erlaß von Vorschriften zu dessen Durchführung anzuwenden.

Ebenfalls einen Verweis auf die Gemeinsame Erklärung vom 22. April 1975 enthält die Haushaltsordnung vom 21. Dezember 1977[390]. Deren Art. 140 erklärt das durch die Vereinbarung eingeführte Konzertierungsverfahren beim Erlaß von Rechtsakten zur Änderung der Haushaltsordnung für anwendbar, soweit das Europäische Parlament dies wünscht.

Sowohl Art. 140 der Haushaltsordnung als auch Art. 13 des Direktwahlaktes ordnen somit die Rechtsgeltung der in der Gemeinsamen Erklärung getroffenen Bestimmungen zum Konzertierungsverfahren an. Dabei betreffen beide Normen Konstellationen, die nicht in den ursprünglich vorgesehenen Anwendungsbereich der Vereinbarung fallen[391].

In ähnlicher Weise legt Art. 22 Abs. 1 UAbs. 2 der zitierten Haushaltsordnung fest, daß die Verwendung von Haushaltsmitteln für bedeutende Gemeinschaftsaktionen erst nach Erlaß eines Basisrechtsaktes erfolgen kann und verweist diesbezüglich auf das in Kapitel IV Ziff. 3 c der Gemeinsamen Erklärung vom

---

[388] ABl. 1976 L 278, S. 5.

[389] ABl. 1975 C 89, S. 1; vgl. dazu oben unter C.II (S. 16 ff.).

[390] ABl. 1977 Nr. L 356, S. 1; geändert unter anderem durch die Verordnung (610/90/Euratom, EGKS, EWG), ABl. 1990 L 70, S. 1 sowie die Verordnung (2333/95/EG, Euratom, EGKS), ABl. 1995 L 240, S. 1.

[391] Nach Abs. 2 der gemeinsamen Erklärung ist das Konzertierungsverfahren beim Erlaß von Rechtsakten „von allgemeiner Tragweite“, die „ins Gewicht fallende finanzielle Auswirkungen“ haben, anzuwenden; vgl. oben unter C.II (S. 17).

30. Juni 1982[392] festgelegte Verfahren. Somit wiederholt die Haushaltsordnung die in der interinstitutionellen Vereinbarung hinsichtlich des Verhältnisses zwischen allgemeinen Rechtsetzungs- und Haushaltsbefugnissen getroffene Regelung und erklärt das dort festgelegte Verfahren zum Erlaß des notwendigen Basisrechtsaktes für anwendbar.

Die Entscheidung des Rates vom 31. Oktober 1994 betreffend die Haushaltsdisziplin[393] enthält einen weiteren Verweis auf eine bestehende interinstitutionelle Vereinbarung. In Artikel 14 und 15 der Verordnung wird hinsichtlich des Betrags der Reserve für Darlehenstransaktionen und -garantien sowie des Betrags und der Verwendungsmodalitäten der Reserve für Soforthilfen auf die in der interinstitutionellen Vereinbarung vom 29. Oktober 1993[394] enthaltene „Finanzielle Vorausschau" verwiesen[395].

All diesen Vorschriften ist gemeinsam, daß sie die Anwendbarkeit einzelner Vereinbarungen für bestimmte Fallkonstellationen festlegen. Dies geschieht entweder durch die bloße Bestätigung der Eröffnung des Anwendungsbereichs der Vereinbarung oder indem dieser Anwendungsbereich auf weitere, in der Übereinkunft selbst nicht vorgesehenene Konstellationen erweitert wird. Dadurch ergibt sich in den Fällen, in denen die jeweilige Vereinbarung im Zusammenhang mit dem auf sie verweisenden Rechtsakt angewandt wird, aus letzterem ihre Rechtsgeltung[396]. Indem die verweisende Norm die jeweilige Übereinkunft kraft ihrer eigenen Rechtswirkung für anwendbar erklärt, stellt sie - ebenso wie die dargestellten Normen des primären Gemeinschaftsrechts - einen objektiven Geltungsgrund dieser interinstitutionellen Vereinbarung dar[397].

Diese Dogmatik läßt sich nunmehr auch in der Rechtsprechung des Europäischen Gerichtshofes wiederfinden. In seinem Urteil vom 12. Mai 1998[398] hat der

[392] ABl. 1982 C 194, S. 1; vgl. dazu oben unter C.IV (S. 20 ff.).
[393] Entscheidung (94/729/EWG), ABl. 1994 L 293, S. 14.
[394] ABl. 1993 C 331, S. 1; vgl. dazu oben unter C.IX (S. 28 ff.).
[395] Bereits in der Entscheidung (88/377/EWG) des Rates vom 24. Juni 1988 betreffend die Haushaltsdisziplin (ABl. 1988 L 185, S. 29) fanden sich derartige Klauseln. Entsprechend den Vorgaben der vorausgegangenen Tagungen des Europäischen Rates unterwarf der Rat sich hier hinsichtlich der Garantieausgaben im Agrarbereich einer umfassenden Haushaltsdisziplin (vgl. oben unter C.V (S. 23)). Hinsichtlich der nicht obligatorischen Ausgaben waren dagegen keine detaillierten Bestimmungen enthalten. Vielmehr wurde insoweit in Art. 15 der Entscheidung auf die Modalitäten verwiesen, die in der Vereinbarung zur Haushaltsdisziplin vom 29. Juni 1988 (ABl. 1988 L 185, S. 33) niedergelegt waren.
[396] Ähnlich Schwarze, EuR 1995 - Beiheft 2, S. 49, 52 f.
[397] Ebenso Bieber, Das Verfahrensrecht von Verfassungsorganen, S. 189 sowie Schwarze, aaO.
[398] Rs. C-106/96 (Vereinigtes Königreich./.Kommission), Slg. 1998, I-2729.

Gerichtshof eine Entscheidung der Kommission, durch die Zuschüsse zu europäischen Vorhaben zur Bekämpfung der sozialen Ausgrenzung angekündigt worden waren, für nichtig erklärt, da eine derartige Mittelbindung erst nach Erlaß eines Basisrechtsaktes durch den Rat hätte erfolgen dürfen. Zum Nachweis letzteren Grundsatzes wird neben dem allgemeinen „System des Vertrages" zunächst Art. 22 Abs. 1 UAbs. 2 der Haushaltsordnung, sowie dann Kapitel IV Ziff. 3 c der Gemeinsamen Erklärung vom 30. Juni 1982[399] zitiert, auf den die Haushaltsordnung - wie gerade dargelegt wurde - verweist[400]. Anders als noch in seinem Urteil vom 19. März 1998[401] geht der Gerichtshof dabei gar nicht auf die Frage ein, ob die beteiligten Organe sich durch diese gemeinsame Erklärung rechtlich binden wollten. Daher muß das Urteil wohl so verstanden werden, daß die Richter die Rechtswirkung der fraglichen Klausel der Erklärung implizit aus der Verweisung des Art. 22 Abs. 1 UAbs. 2 der Haushaltsordnung herleiten. Des Nachweises eines Rechtsbindungswillens der beteiligten Organe bedarf es dann nicht, da in Gestalt des Art. 22 der Haushaltsordnung bereits ein objektivierter Geltungsgrund vorliegt. Die Urteilsbegründung des Gerichtshofes bringt so eine praktische Bestätigung der dargelegten Wirkungsweise eines objektiven Geltungsgrundes einer interinstitutionellen Vereinbarung.

b. Die Organisationsgewalt als Geltungsgrund

Ein anderer Ansatz zur Objektivierung des Geltungsgrundes interinstitutioneller Vereinbarungen wird im Schrifttum von *Bieber* vertreten[402]. Danach soll die Rechtsgeltung der Übereinkünfte unmittelbar aus der stillschweigenden vertraglichen Ermächtigung zu deren Abschluß herleitbar sein, Geltungsgrund interinstitutioneller Vereinbarungen sei somit die Organisationsgewalt[403].

Die von *Bieber* entwickelte Theorie fußt auf der Prämisse, daß zwischen den Organen der Gemeinschaft grundsätzlich kein rechtsfreier Raum bestehe. Vielmehr seien die Beziehungen zwischen den Institutionen einer Organisation notwendig durch den Charakter dieser Organisation vorgeprägt. Demnach weise die Tätigkeit der Gemeinschaftsorgane, soweit sie der Verwirklichung der Vertragsziele diene, stets eine rechtliche Qualität auf[404]. Unter Bezugnahme auf

---

[399] ABl. 1982 C 194, S. 1.
[400] EuGH, aaO (Anm. 398), S. 2753 ff. (Rn. 22-25).
[401] Rs. C-25/94 (Kommission./.Rat), Slg. 1996, I-1469.
[402] Vor allem in: Das Verfahrensrecht von Verfassungsorganen, S. 189 ff.
[403] Bieber, aaO.
[404] Bieber, Kooperation und Konflikt - Elemente einer Theorie des internen Organisationsrechts der EG, in: Gedächtnisschrift Sasse, S. 327, 340 sowie in CMLR 1984, 505, 521, wo es

die zwischen den Gemeinschaftsorganen bestehende Rechtspflicht zur Zusammenarbeit zieht *Bieber* den folgenden Schluß:

> „If the institutions are obliged by law to cooperate, then the results of such cooperation must, of necessity, also have legal force“ [405].

Wenngleich diese Formulierung zunächst darauf hindeutet, so nimmt *Bieber* jedoch nicht an, daß sich die Rechtsgeltung interinstitutioneller Vereinbarungen aus dem Rechtsgrundsatz ergebe, nach dem die Gemeinschaftsinstitutionen zur loyalen Zusammenarbeit verpflichtet sind. Vielmehr erfolgte später folgende Klarstellung:

> „Der vertragliche Geltungsgrund von Interorganvereinbarungen ist somit die jedem Organ erteilte Befugnis, seine Funktionsweise sowohl autonom als auch im Zusammenwirken mit anderen Organen zu regeln“[406].

Die Rechtsqualität einer Übereinkunft folgt dementsprechend nach der Auffassung *Biebers* allein aus der Tatsache, daß sie sich unter Berücksichtigung ihres jeweiligen Wortlauts auf die Ermächtigung zur organübergreifenden Regelung der Zusammenarbeit zurückführen lasse[407].

Die von *Bieber* vertretene Auffassung begegnet Bedenken. Zunächst bedingt allein die Tatsache, daß die Europäische Gemeinschaft ihrem Charakter nach eine „Rechtsgemeinschaft“ darstellt[408], nicht zwangsläufig, daß ausnahmslos allen Handlungen der Gemeinschaftsorgane und -institutionen Rechtswirkung zugesprochen werden muß.

Daß im Gemeinschaftsrecht ein allgemeiner Rechtsgrundsatz existiert, nach dem die Organe zu gegenseitiger Loyalität und Zusammenarbeit verpflichtet sind, ist spätestens seit dem Urteil des Europäischen Gerichtshofes vom 27. September 1988[409], in dem entsprechende Rechtspflichten für das Haushaltsverfahren aus-

---

heißt: „The dealings between the constituent bodies of a legal organisation are determined by the character of that association, and are thus inevitably expressions of the law“.

405 Bieber, CMLR 1984, S. 505, 521.

406 Das Verfahrensrecht von Verfassungsorganen, S. 192.

407 AaO (Anm. 406).

408 Vgl. EuGH, Urt. v. 23. April 1986, Rs. 294/83 (Parti écologiste „Les Verts“./.Parlament), Slg. 1986, 1357; näheres dazu oben unter D.I (S. 42).

409 Rs. 204/86 (Griechenland./.Rat), Slg. 1988, 5323, 5359 (Rn. 16); der Gerichtshof spricht hier von „gegenseitigen Pflichten zur redlichen Zusammenarbeit“.

drücklich bestätigt wurden, unbestritten[410]. Ebenso dürfte außer Frage stehen, daß interinstitutionelle Vereinbarungen diese Kooperationspflicht der Gemeinschaftsinstitutionen zum Ausdruck bringen[411]. Zweifelhaft erscheint jedoch, ob sich aus dieser Tatsache Rückschlüsse hinsichtlich einer etwaigen Rechtswirkung der Übereinkünfte ziehen lassen. Zwar legt die Existenz einer Kooperationspflicht den Schluß nahe, daß die Gemeinschaftsinstitutionen kompetent sein müssen, die geeigneten Maßnahmen zu ergreifen, um eine entsprechende Zusammenarbeit zu gewährleisten[412]. Jedoch verpflichtet dieser Rechtsgrundsatz die Institutionen keineswegs, die Art und Weise ihrer Zusammenarbeit ausschließlich durch rechtsverbindliche Maßnahmen zu bestimmen.

Die Annahme, daß die stillschweigende vertragliche Ermächtigung zum Abschluß interinstitutioneller Vereinbarungen diesen automatisch Rechtswirkung verleihe, begegnet Einwänden. *Bieber* selbst räumt ein, daß die Ermächtigung zur interinstitutionellen Zusammenarbeit und der Geltungsgrund der darauf gestützten Übereinkommen grundsätzlich voneinander zu trennen sind[413]. Warum sie aber, wie er dennoch annimmt, im Bereich der Funktionswahrnehmung zwingend zusammengehören sollen[414], erscheint nicht einsichtig. Zwar ist die Einschätzung, daß ein Zusammentreffen von Ermächtigung und Geltungsgrund - trotz der dogmatisch gebotenen Unterscheidung zwischen beiden - in ein und derselben Rechtsnorm möglich ist, grundsätzlich zutreffend. Dies haben etwa die obigen Ausführungen zu Art. 193 (ex-Art. 138 c) Abs. 3, Art. 195 (ex-Art. 138 e) Abs. 4, Art. 248 (ex-Art. 188 c) Abs. 3 UAbs. 3 sowie Art. 272 (ex-Art. 203) Abs. 9 UAbs. 5 EGV gezeigt[415]. Gleiches mag für die von *Bieber* zitierten Ermächtigungen zur Geschäftsordnungsgebung[416] gelten. Jedoch trifft dies keinesfalls auf alle derartigen Befugnisnormen zu. So wurde bereits festgestellt, daß etwa Art. 218 (ex-Art. 162) Abs. 1 EGV die Organe zum Abschluß bilateraler interinstitutioneller Vereinbarungen ermächtigt, ohne deren Rechtsgeltung zwingend anzuordnen[417].

---

[410] Vgl. etwa Grabitz/Hilf-Nettesheim, Kommentar, Art. 4, Rn. 36; Hilf, EuR 1984, 9, 24; zu den verschiedenen Möglichkeiten der Herleitung dieses Grundsatzes: Gauweiler, Die rechtliche Qualifikation interorganschaftlicher Absprachen im Europarecht, S. 107 ff.

[411] Vgl. die Schlußanträge von Generalanwalt Mancini zur Rs. 204/86 (Griechenland./.Rat), EuGH Slg. 1988, 5323, 5349.

[412] Ebenso Jacqué, La pratique des institutions communautaires et le développement de la structure institutionnelle communautaire, in: Bieber/Ress (Hrsg.), Die Dynamik des europäischen Gemeinschaftsrechts, S. 377, 399.

[413] Das Verfahrensrecht von Verfassungsorganen, S. 193, Anm. 373.

[414] AaO.

[415] Siehe oben unter E.I.1.a.i (S. 88 f.).

[416] Insbesondere Art. 199 (ex-Art. 142) Abs. 1, Art. 207 (ex-Art. 151) Abs. 3 sowie Art. 218 (ex-Art. 162) Abs. 2 EGV; vgl. im übrigen die Auflistung in Anm. 314 (S. 71).

[417] Vgl. oben unter E.I.1.a.i (S. 89).

Ob Befugniserteilung und Geltungsanordnung zusammentreffen, hängt vom Verständnis der jeweils in Frage stehenden Norm ab. Als entscheidendes Kriterium wurde insoweit bereits herausgestellt, ob sich die jeweilige vertragliche Ermächtigung dahingehend interpretieren läßt, daß sie eine Rechtsgeltung der auf ihrer Grundlage erlassenen Vereinbarung zwingend anordnet[418].

Ob eine solche Geltungsanordnung in der stillschweigenden vertraglichen Befugnis zur organübergreifenden Regelung der Zusammenarbeit enthalten ist, erscheint zweifelhaft. Die bereits im Rahmen der Untersuchung der Zulässigkeitsfrage angestellten Erwägungen tragen diese Annahme nicht. Zwar ergibt sich - wie dort festgestellt werden konnte - aus den Besonderheiten des institutionellen Systems der Gemeinschaft, daß der Abschluß interinstitutioneller Vereinbarungen im Interesse der Funktionsfähigkeit der Gemeinschaft zulässig sein muß[419]. Die dadurch angestrebte Vermeidung interinstitutioneller Konflikte erfordert jedoch nicht eine stets rechtsverbindliche Gestaltung der Beziehungen zwischen den Organen. Vielmehr gilt auch insoweit die bereits bezüglich Art. 218 (ex-Art. 162) Abs. 1 EGV gemachte Feststellung[420], daß es den Institutionen bei entsprechendem Willen möglich sein muß, die Modalitäten ihrer Kooperation gegebenenfalls auch im außerrechtlichen Bereich festzulegen[421]. Soweit eine rechtliche Bindung gewünscht ist, steht es den Organen frei, diese durch die Verwendung entsprechender Handlungsinstrumente zu schaffen. Daß der Vertrag die rechtliche Verbindlichkeit derartiger Übereinkünfte unabhängig vom Willen der beteiligten Organe anordnet, ist dagegen nicht zu erkennen. Eine rechtsverbindliche Gestaltung der Zusammenarbeit ist zwar entsprechend der obigen Untersuchung zulässig, sie ist jedoch nicht obligatorisch, sondern steht zur Disposition der jeweils beteiligten Organe.

Unter Berücksichtigung dieser Erwägungen ist der von *Bieber* vertretene Ansatz abzulehnen.

c. Zusammenfassung

Ein objektiver, d.h. vom tatsächlichen Willen der beteiligten Organe unabhängiger Geltungsgrund interinstitutioneller Vereinbarungen existiert in Gestalt einzelner Normen des primären oder sekundären Gemeinschaftsrechts. Diese

---

[418] Siehe oben unter E.I.1.a.i (S. 88 f.).
[419] Siehe oben unter D.IV.2.b (S. 72 ff.).
[420] Vgl. oben unter E.I.1.a.i (S. 89).
[421] Ähnlich bereits Jacqué, La pratique des institutions communautaires et le développement de la structure institutionnelle communautaire, in: Bieber/Ress (Hrsg.), Die Dynamik des europäischen Gemeinschaftsrechts, S. 377, 399.

ordnen die Rechtsgeltung einzelner Vereinbarungen kraft ihrer eigenen Rechtswirkung ausdrücklich an.

Ein darüberhinausgehender objektiver Geltungsgrund allgemeiner Art in Gestalt der stillschweigenden Ermächtigung zur organübergreifenden Selbstorganisation läßt sich - entgegen der von *Bieber* vertretenen Auffassung - dagegen nicht aus dem Vertrag herleiten.

2. Subjektiver Geltungsgrund

Aus den obigen Ausführungen ergibt sich, daß die Gemeinschaftsrechtsordnung nur in Einzelfällen einen objektiven Geltungsgrund interinstitutioneller Vereinbarungen aufweist. Aus diesem Grunde ist zu überprüfen, ob und inwieweit bei der Beantwortung der Frage nach deren Rechtswirkung der subjektive Wille der beteiligten Institutionen Berücksichtigung finden kann. Ähnlich einem Rechtsgeschäft des Privatrechts könnte die Rechtsverbindlichkeit interinstitutioneller Vereinbarungen auch auf dem Wunsch der daran beteiligten Institutionen beruhen, eine solche Bindung zu schaffen.

Bevor die Kriterien zur Überprüfung eines solchen Rechtsbindungswillens herausgearbeitet werden, ist der Blick zunächst auf die unterschiedlichen Arten einer Bindung zu richten, die sich bei dessen Nachweis ergeben könnten. Zum einen besteht die Möglichkeit einer Selbstbindung, bei der die jeweiligen Rechtspflichten der einzelnen Institution isoliert und unabhängig von denen der anderen beteiligten Institutionen sind. Die Alternative dazu liegt in der Annahme einer vertraglichen Bindung. Deren Wesensmerkmal besteht darin, daß die Rechtspflicht zur Beachtung der jeweiligen Übereinkunft den anderen an der Vereinbarung beteiligten Institutionen gegenüber existiert. In diesem Fall gehen die beteiligten Institutionen ihre jeweilige Verpflichtung im gegenseitigen Austausch, etwa im Sinne eines „do ut des“, ein.

Ebenso wie die Wirkungsweise der jeweiligen Verbindlichkeitsform sind auch die jeweiligen Voraussetzungen zu deren Annahme zu unterscheiden. Weitere Unterschiede zwischen beiden Formen dürften sich vor allem im Hinblick auf eine mögliche Loslösung von der eingegangenen Bindung ergeben.

a. Selbstbindung

Im Schrifttum wird bezüglich der Rechtswirkungen interinstitutioneller Vereinbarungen die Auffassung vertreten, daß diese grundsätzlich nur geeignet seien, eine „Selbstbindung der beteiligten Institutionen“ zu begründen[422]. Art und Umfang dieser Selbstbindung erfahren dabei nicht immer eine präzise Beschreibung[423]. Ob eine rechtliche Verpflichtungswirkung der Übereinkünfte tatsächlich auf die in Frage stehende Selbstbindung beschränkt ist, wird später noch zu untersuchen sein. An dieser Stelle ist zunächst zu überprüfen, unter welchen Voraussetzungen ein Gemeinschaftsorgan oder eine Institution sich durch die Beteiligung an einer interinstitutionellen Vereinbarung eine Selbstbindung im dargelegten Sinne auferlegen kann.

i. Voraussetzungen

Der Europäische Gerichtshof hat in seiner Rechtsprechung bereits früh die Möglichkeit einer Selbstbindung eines Gemeinschaftsorgans anerkannt. In der Rechtssache 81/72[424] ging es um einen Beschluß des Rates, in dem dieser bestimmte Indikatoren festgelegt hatte, an denen die Anpassung der Dienstbezüge der Kommission in Zukunft auszurichten sei. Als der Rat kurz danach eine Verordnung über die Erhöhung der Gehälter der Kommissionsbeamten beschloß, die diesen Kriterien nicht entsprach, griff die Kommission den Akt des Rates im Wege einer Nichtigkeitsklage i.S.v. Art. 230 (ex-Art. 173) EGV vor dem Europäischen Gerichtshof an und machte geltend, daß der Rat sich bei seiner Entscheidung nicht an die Vorgaben gehalten habe, die er sich selbst durch den genannten Beschluß auferlegt habe. Anders als Generalanwalt *Warner* in seinen Schlußanträgen[425] folgte der Gerichtshof der Argumentation der Kommission und begründete die Selbstbindung des Rates durch seinen zuvor gefaßten Beschluß folgendermaßen:

> „... folgt aus dem Rechtssatz, daß das berechtigte Vertrauen der Betroffenen in die Einhaltung derartiger Verpflichtungen durch den Hoheitsträger zu schützen ist, die Verbindlichkeit des Beschlusses ... für das künftige Handeln des Rates“[426].

Die bindende Wirkung wird also vom Gerichtshof auf den Grundsatz des Vertrauensschutzes zurückgeführt.

---

[422] Schwarze, EuR 1995 - Beiheft 2, S. 49, 54; Schweitzer/Hummer, Europarecht, S. 290 f. (Rn. 939).

[423] So halten Schweitzer/Hummer, aaO die Vereinbarungen für „gemeinschaftsrechtlich an sich nicht verbindlich“, bescheinigen ihnen aber gleichzeitig, eine Selbstbindung zu schaffen.

[424] (Kommission./.Rat), EuGH Slg. 1973, 575; vgl. dazu auch Schwarze, Europäisches Verwaltungsrecht, Band I, S. 299 ff.

[425] EuGH Slg. 1973, 587, 591 f.

[426] EuGH, Urt. v. 5. Juni 1973, Rs. 81/72 (Kommission./.Rat), Slg. 1973, 575, 584 (Rn. 10).

Entscheidend ist jedoch, daß diese Aussage auf der Prämisse basiert, daß der Rat die entsprechende Verpflichtung auch tatsächlich übernommen hat. Voraussetzung für die Annahme einer Selbstbindung ist damit die Abgabe einer entsprechenden Erklärung mit Rechtsbindungswillen. Letzterer wird in dem zitierten Urteil zuvor eingehend nachgewiesen[427].

Soweit ein Organ einseitig eine bestimmte Verpflichtung gegenüber anderen Organen übernimmt, gebietet also nach der Rechtsprechung des Gerichtshofes die Schutzwürdigkeit der darauf vertrauenden anderen Organe, an dieser Bindung festzuhalten. Überträgt man diesen Grundsatz auf die in Frage stehenden interinstitutionellen Vereinbarungen, so ergibt sich, daß formal einseitige Zusicherungen oder - vorbehaltlich einer etwaigen vertraglichen Bindung - auch mehrseitige Vereinbarungen eine Selbstbindung eines Organs begründen können. Voraussetzung bleibt jedoch stets der Nachweis, daß die entsprechende Gemeinschaftsinstitution zum Ausdruck gebracht hat, daß sie sich durch die Vereinbarung verpflichtet fühlt.

ii. Lösung von der Bindung

Es bleibt zu prüfen, unter welchen Voraussetzungen sich eine Institution von einer Bindung, die sie sich in der beschriebenen Weise selbst auferlegt hat, wieder lösen kann. Auch über diese Frage gibt das zitierte Urteil des Europäischen Gerichtshofes vom 3. Juni 1973 Aufschluß.

Die Richter skizzieren dort eine Einschränkung der zuvor festgestellten Selbstbindung, indem sie eingehend untersuchen, ob der Rat zu Recht von seiner früheren Zusicherung abgewichen ist. Dazu würdigt der Gerichtshof die Umstände, die diesen zu der Abweichung von seinem zuvor gefaßten Beschluß bewegt haben, und kommt zu folgendem Ergebnis:

> „Nach allem hat der Rat die angefochtene Verordnung nicht auf Gründe gestützt, die eine Abweichung von seinen früher eingegangenen Verpflichtungen rechtfertigen könnten“[428].

Auch wenn die einseitige Loslösung im konkreten Fall für nicht gerechtfertigt eingeschätzt wird, so läßt sich der Formulierung doch entnehmen, daß der Gerichtshof eine einseitige Lösung des Organs von seiner Bindung grundsätz-

[427] AaO, S. 583 (Rn. 8 f.).
[428] AaO, S. 584 f. (Rn. 11).

lich für zulässig hält. Voraussetzung ist allein, daß dafür sachgemäße Gründe bestehen[429].

Die Wirkung der Selbstbindung ist folglich erheblich dadurch eingeschränkt, daß es dem betroffenen Organ jederzeit offensteht, sich unter Angabe sachgemäßer Gründe einseitig wieder von ihr zu lösen.

b. Gegenseitige vertragliche Bindung

Neben einer Selbstbindung im gerade erörterten Sinne besteht die Möglichkeit der Annahme einer vertraglichen Bindung, bei der Rechtspflichten nicht voneinander isoliert, sondern im gegenseitigen Austausch eingegangen werden.

Eine solche Bindung setzt zunächst eine rechtsgeschäftliche Einigung unter den Institutionen voraus. Aus dieser Grundvoraussetzung ergibt sich bereits der Ausschluß einer bestimmten formalen Kategorie interinstitutioneller Vereinbarungen. Einseitige Willensäußerungen und Zugeständnisse, die entsprechend dem hier zugrundegelegten Begriffsverständnis mitunter ebenfalls dem Phänomen zugerechnet werden[430], können ein solches Konsensmerkmal in der Regel nicht aufweisen. Dementsprechend scheidet die Annahme einer vertraglichen Bindung bei diesen formal einseitigen Akten von vornherein aus.

Bei mehrseitigen interinstitutionellen Vereinbarungen dagegen lassen sich die entsprechenden übereinstimmenden Willensäußerungen der Institutionen in der Regel problemlos nachweisen, soweit diese schriftlich niedergelegt sind. Mittels der Unterzeichnung der jeweiligen Übereinkunft durch die Vertreter der beteiligten Organe oder Institutionen billigen letztere deren Inhalt und machen diesen ihrer eigenen Erklärung zu eigen. Bei den weniger formell gestalteten Übereinkünften geschieht dies durch die entsprechenden mündlichen Erklärungen, die allerdings in der Praxis schwer nachzuweisen sind[431].

Eine Rechtspflicht im obigen Sinne kann durch diese Willensäußerungen gleichwohl nur unter zwei Voraussetzungen geschaffen werden. Zum einen müssen die beteiligten Institutionen zumindest im Bereich der interinstitutionellen Beziehungen überhaupt vertragsfähig sein. Zum anderen ist wie bei der Selbst-

---

429 Ähnlich wie der EuGH befürwortet auch Schwarze, EuR 1995 - Beiheft 2, S. 49, 55 eine solche Lösungsmöglichkeit, um eine „versteinernde Wirkung" der Selbstbindung zu vermeiden.

430 Vgl. oben unter B.III (S. 10 ff.).

431 Vgl. oben unter B.IV (S. 12 f.).

bindung nachzuweisen, daß die einzelnen Willensäußerungen jeweils mit Rechtsbindungswille abgegeben wurden.

i. Vertragsfähigkeit der Institutionen

Ob die Gemeinschaftsinstitutionen die Fähigkeit besitzen, Bindungen rechtsgeschäftlicher Art einzugehen, wird im Schrifttum unterschiedlich beurteilt.

Ein Teil der Verfasser, die die Möglichkeit einer vertraglichen Bindung durch interinstitutionelle Vereinbarungen diskutieren, geht auf die Frage nicht näher ein, scheint aber stillschweigend von der Vertragsfähigkeit der Institutionen auszugehen[432]. *Bleckmann* hält den Abschluß von Verträgen „im Interesse eines ordnungsgemäßen Funktionierens der EG" für zulässig[433]. *Morand* [434] und *Beutler*[435] begründen ihre Annahme der Vertragsfähigkeit der Organe, indem sie vergleichend auf die selbständigen Befugnisse hinweisen, die diesen anerkanntermaßen im Bereich der Prozeßführung vor dem Europäischen Gerichtshof zustehen.

Ein anderer Teil des Schrifttums dagegen spricht den Gemeinschaftsinstitutionen die Fähigkeit, rechtsgeschäftliche Bindungen einzugehen, ab[436]. Begründend wird darauf hingewiesen, daß die Gemeinschaftsrechtsordnung durch Art. 281 (ex-Art. 210) EGV nur der Gemeinschaft als ganzes Rechtsfähigkeit zuweise. Als deren Vertreter seien die Organe entsprechend der vertraglichen Zuständigkeitsverteilung allenfalls zu rechtsgeschäftlichem Handeln nach außen mit Wirkung für die Gemeinschaft als Rechtssubjekt, nicht aber im interinstitutionellen Bereich befugt[437]. *Hilf* gesteht den Gemeinschaftsorganen zwar grundsätzlich Vertragsfähigkeit zu, hält jedoch das Vertragsinstrument im „Bereich der Abgrenzung von Kompetenzen" für nicht verwendbar, da die Gestaltung des

---

[432] Jacqué, La pratique des institutions communautaires et le développement de la structure institutionelle communautaire, in: Bieber/Ress (Hrsg.), Die Dynamik des europäischen Gemeinschaftsrechts, S. 377, 400; Gauweiler, Die rechtliche Qualifikation interorganschaftlicher Absprachen im Europarecht, S. 56; Bothe, „Soft Law" in den Europäischen Gemeinschaften?, in: Festschrift Schlochauer, S. 761, 767.
[433] Europarecht, S. 182 (Rn. 475).
[434] La législation dans les Communautés européennes, S. 112 ff.
[435] Rechtsfragen des Konzertierungsverfahrens, in: Gedächtnisschrift Sasse, S. 311, 324.
[436] Bieber, Das Verfahrensrecht von Verfassungsorganen, S. 189 ff.; Läufer, EuR 1979, 261, 270 f.; Grabitz/Läufer, Das Europäische Parlament, S. 170 f. (Rn. 44); auch Schwarze, EuR 1995 - Beiheft 2, S. 49, 54 erörtert ausschließlich eine Selbstbindung.
[437] Grabitz/Läufer sowie Läufer, jeweils aaO.

Entscheidungsverfahrens nicht den Gemeinschaftsorganen zur vertraglichen Abgrenzung zugewiesen sei[438].

Der Europäische Gerichtshof hat zu der Frage, ob die Gemeinschaftsinstitutionen untereinander vertragsfähig sind, bislang nicht ausdrücklich Stellung genommen. Jedoch läßt sich seiner Rechtsprechung entnehmen, daß er die Schaffung gegenseitiger Bindungen zwischen den Organen anerkennt. In der Rechtssache C-25/94[439] stritten Kommission und Rat um die Ausübung des Stimmrechts der Gemeinschaft im Rahmen der Ernährungs- und Landwirtschaftsorganisation der Vereinten Nationen (FAO). Der Gerichtshof zog in seinem Urteil[440] die Vereinbarung zwischen den beiden Organen „betreffend die Vorbereitung von FAO-Sitzungen, die Abgabe von Stellungnahmen sowie die Stimmabgabe" vom 19. Dezember 1991[441] als streitentscheidenden Rechtsakt heran und führte dazu aus:

> „Im vorliegenden Fall ist davon auszugehen, daß Nummer 2.3 der Vereinbarung zwischen dem Rat und der Kommission die Erfüllung dieser Pflicht zur Zusammenarbeit zwischen der Gemeinschaft und ihren Mitgliedstaaten im Rahmen der FAO darstellt. Aus dem Wortlaut der Vereinbarung geht im übrigen hervor, daß sich die beiden Organe gegenseitig binden wollten. (...) Unter diesen Umständen ist festzustellen, daß der Rat gegen Nummer 2.3 der Vereinbarung, zu deren Beachtung er verpflichtet war, verstoßen hat..."[442]

Der Gerichtshof spricht hier ausdrücklich von einer gegenseitigen Bindung, die er aus einem entsprechenden subjektiven Willen der beteiligten Organe ableitet. Auch wenn nicht explizit von einem Vertrag die Rede ist, so läßt sich dem doch entnehmen, daß die Richter eine gegenseitige rechtsgeschäftliche Bindung im Sinne eines Vertrages annehmen. Der Europäische Gerichtshof geht folglich stillschweigend von der Vertragsfähigkeit der Institutionen zumindest im interinstitutionellen Bereich aus.

Den Autoren des Schrifttums, die eine Vertragsfähigkeit bestreiten, ist zuzugestehen, daß die Gemeinschaftsorgane nach den ihnen durch den Vertrag ausdrücklich zugestandenen Vertragsschlußkompetenzen ausschließlich in Vertretung der Gemeinschaft als ganzes handeln. Dementsprechend erscheint es durchaus berechtigt, einen gemeinschaftsrechtlichen Grundsatz zu formulieren, nach dem „jedes Organ die Rechtspersönlichkeit des Gesamtverbandes

---

438 EuR 1984, 9, 20 f.
439 (Kommission./.Rat), EuGH Slg. 1996, I-1469.
440 EuGH, Urt. v. 19. März 1996, aaO.
441 Nicht veröffentlicht.
442 EuGH aaO (Anm. 439), S. 1510 f. (Rn. 49 f.).

repräsentiert und es im Prinzip kein autonomer Träger von Rechten und Pflichten ist“[443].

Jedoch ist auch zu beachten, daß alle diese ausdrücklichen Kompetenznormen dem Bereich der Außenbeziehungen der Gemeinschaft zuzurechnen sind[444]. Damit können sie unweigerlich auch nur auf Verträge der Gemeinschaft selbst bezogen sein. Die Tatsache, daß die Organe in diesem Rahmen nur die Gemeinschaft nach außen hin vertreten, schließt jedoch nicht aus, daß sie oder die übrigen Gemeinschaftsinstitutionen in anderen Bereichen, insbesondere im Binnenraum der Gemeinschaft, eigene Rechte wahrnehmen. So sind die Gemeinschaftsorgane etwa nach Art. 230 (ex-Art. 173) Abs. 2, 3 sowie Art. 232 (ex-Art. 175) Abs. 1 EGV vor dem Europäischen Gerichtshof zur Prozeßführung im eigenen Namen befugt. Ob sich aus dieser vertraglich zugewiesenen Prozeßführungsbefugnis im Wege eines Analogieschlusses eine allgemeine Befugnis zur Wahrnehmung eigener Rechte ableiten läßt[445], erscheint allerdings zweifelhaft. Dagegen spricht, daß Art. 230 (ex-Art. 173) Abs. 2, 3 sowie Art. 232 (ex-Art. 175) Abs. 1 EGV nur eine Ausnahme von dem allgemeinen Grundsatz darstellen, nach dem die Organe regelmäßig nicht als Träger eigener Rechte auftreten. Als solche eignen sie sich nicht zur Ableitung eines weitreichenden Analogieschlusses der beschriebenen Art.

Die dargestellte ablehnende Auffassung im Schrifttum macht geltend, daß diese den Organen zugestandene Befugnis zur Prozeßführung im eigenen Namen als einzige Ausnahme von obigem Grundsatz anzuerkennen sei, da nur diese ausdrücklich vertraglich vorgesehen sei[446]. Es erscheint jedoch nicht einsichtig, warum derartige Ausnahmen stets einer ausdrücklichen vertraglichen Zuweisung vorbehalten sein sollen. Dem Vertrag läßt sich ein solches Erfordernis nicht entnehmen. Unter Beachtung des vom Europäischen Gerichtshof in ständiger Rechtsprechung angewandten Effektivitätsprinzips („effet utile“)[447] ist vielmehr der Frage nachzugehen, ob die Anerkennung einer solchen Vertragsfähigkeit der

---

443 So Bieber, Das Verfahrensrecht von Verfassungsorganen, S. 191.

444 Ähnlich Rengeling, Zu den Befugnissen des Europäischen Parlaments beim Abschluß völkerrechtlicher Verträge im Rahmen der Gemeinschaftsverfassung, in: Festschrift Schlochauer, S. 877, 895.

445 So Morand, La législation dans les Communautés européennes, S. 113 f. und Beutler, Rechtsfragen des Konzertierungsverfahrens, in: Gedächtnisschrift Sasse, S. 311, 324.

446 Bieber, Das Verfahrensrecht von Verfassungsorganen, S. 191.

447 Vgl. etwa Urt. v. 12. Juli 1973, Rs. 70/72 (Kommission./.Deutschland), Slg. 1973, 813, 829 (Rn. 13); Urt. v. 9. März 1978, Rs. 106/77 (Staatliche Finanzverwaltung./.Simmenthal), Slg. 1978, 629, 643 (Rn. 14/16); Urt. v. 19. November 1991, verb. Rs. C-6/90 und C-9/90 (Francovich./.Italien), Slg. 1991, I-5357, 5414 (Rn. 32 ff.).

Gemeinschaftsorgane nicht „im Interesse des ordnungsgemäßen Funktionierens der EG“[448] erforderlich ist.

Bereits aus Art. 7 (ex-Art. 4) EGV ergibt sich, daß die Verwirklichung der Zielsetzungen der Gemeinschaft in unmittelbarem Zusammenhang mit den Befugnissen ihrer Organe steht. Es wurde bereits deutlich gemacht, daß die Funktionsfähigkeit der Gemeinschaft neben der Regelung organinterner Verfahrensweisen in ebenso hohem Maße von einer harmonischen Ausgestaltung der interinstitutionellen Beziehungen abhängig ist[449]. Aus dieser Erwägung wurde die Befugnis der Organe zur organübergreifenden Selbstorganisation abgeleitet. Es stellt sich die Frage, ob nicht dieses Selbstorganisationsrecht die Fähigkeit der Institutionen einschließt, untereinander vertragliche Bindungen zu schaffen.

Sinn der Befugnis zur organübergreifenden Selbstorganisation ist es, den Organen und Institutionen die eigenverantwortliche Austarierung ihres Konkurrenzverhältnisses zu ermöglichen. Die vielfältigen Überschneidungen und Verschränkungen der Befugnisse der einzelnen Organe und die Tatsache, daß die einzelnen Organe meist unterschiedliche Interessen durchzusetzen versuchen, bedingen die besondere Anfälligkeit der Gemeinschaftspraxis für institutionelle Konflikte. Der Abschluß interinstitutioneller Vereinbarungen ist ein Instrument zur Vermeidung und Entschärfung dieser für den Integrationsprozeß nachteiligen Konflikte[450]. An den sehr zähen und langwierigen Verhandlungen, die dem Abschluß der Vereinbarungen mitunter vorausgehen[451], läßt sich erkennen, daß es sich bei diesen stets um einen Kompromiß handelt, der nur durch gegenseitige Zugeständnisse erreichbar ist. Ob diesen Tatsachen durch die Annahme einer einseitigen Selbstbindung hinreichend Rechnung getragen werden kann, ist zweifelhaft. Die Bereitschaft eines Organs, im Austausch gegen Zugeständnisse anderer Organe auf die Durchsetzung eigener Interessen zu verzichten, dürfte maßgeblich davon abhängen, inwieweit die Zugeständnisse der anderen Seite verläßlich sind. Die Beschränkung auf eine Selbstbindung würde bedeuten, daß sich ein ursprünglich am Kompromiß beteiligtes Organ unter Angabe „sach-

---

[448] Bleckmann, Europarecht, S. 182 (Rn. 475); auch Bieber, aaO (Anm. 446) stellt fest, daß die den Organen zur selbständigen Wahrnehmung überlassenen Rechte stets „aus der Rechtspersönlichkeit der Gemeinschaft zum Zwecke der Zielverwirklichung der Organisation abgeleitet“ seien.

[449] Siehe oben unter D.IV.2.b (S. 72 ff.).

[450] Vgl. oben unter A (S. 2 f.).

[451] Beispielhaft sei hier auf die jeweils besonders mühseligen Verhandlungen vor Abschluß der beiden Vereinbarungen zur Haushaltsdisziplin vom 29. Juni 1988 (ABl. 1988 L 185, S. 33) sowie vom 29. Oktober 1993 (ABl. 1993 C 331, S. 1) verwiesen; näheres dazu oben unter C.V (S. 22 f.) sowie C.IX (S. 28 f.).

gemäßer Gründe" einseitig von seiner jeweiligen Verpflichtung lösen kann[452]. Eine solche einseitige Lösungsmöglichkeit entspräche jedoch nicht dem Grundgedanken der einvernehmlichen Ausgestaltung der interinstitutionellen Zusammenarbeit. Deren Sinn besteht ja gerade darin, die unvollständige Regelung der Beziehungen zwischen den Organen zu ergänzen, um so die Rechtssicherheit zu erzielen, die die vertragliche Regelung allein nicht herzustellen vermag. Dabei muß es den Organen bei entsprechendem Willen gestattet sein, dies nicht nur durch Selbstverpflichtungserklärungen, sondern auch in Form gegenseitiger, rechtlich durchsetzbarer Bindungen zu tun.

Dem Wortlaut einzelner interinstitutioneller Vereinbarungen läßt sich entnehmen, daß die Organe bisweilen die Möglichkeit einer einseitigen Loslösung von den Festlegungen einer Vereinbarung ausschließen wollten. So enthalten mehrere der veröffentlichten dreiseitigen Übereinkünfte die ausdrückliche Festlegung, daß „der Inhalt der Vereinbarung nur mit Zustimmung aller an der Vereinbarung beteiligten Organe" geändert werden darf[453].

Der Einwand von *Hilf*[454], daß die Kompetenzen der Organe denselben nicht zur Disposition gestellt seien, basiert auf der Unterstellung, daß diese Kompetenzordnung durch den Abschluß interinstitutioneller Vereinbarungen notwendig beeinträchtigt werde. Zwar bildet der EG-Vertrag, insbesondere in Gestalt der darin ausdrücklich festgelegten Kompetenzen und Befugnisse der Institutionen, eine Begrenzung der Ermächtigung zur organübergreifenden Selbstorganisation, doch ist die Schaffung entsprechender Regeln keineswegs zwingend mit einer Beeinträchtigung dieser vertraglichen Kompetenzordnung verbunden. Vielmehr weist der Vertrag gerade im Bereich der interinstitutionellen Beziehungen Lücken auf[455], die durch die Organe ausgefüllt werden können, ohne daß dadurch die primärrechtliche Kompetenzordnung verändert würde. Deren Beeinträchtigung wäre im Einzelfall nachzuweisen. Soweit sie nur potentiell existiert, rechtfertigt sie den von *Hilf* gezogenen Schluß jedoch nicht.

Somit ergibt sich, daß der Abschluß von Verträgen zwischen den Gemeinschaftsinstitutionen angesichts der Besonderheiten des institutionellen Systems der Gemeinschaft im Interesse der Funktionsfähigkeit derselben zulässig sein muß. Im Unterschied zum Bereich der Außenbeziehungen der Gemeinschaft, in dem die Organe lediglich die Gemeinschaft als ganzes vertreten, ist daher in Bezug

---

[452] Vgl. oben unter E.I.2.a.ii (S. 98 f.).

[453] Vgl. jeweils Kapitel I Ziff. 4 der Vereinbarung zur Haushaltsdisziplin vom 29. Juni 1988 (ABl. 1988 L 185, S. 33) sowie der entsprechenden Übereinkunft vom 29. Oktober 1993 (ABl. C 331, S. 1).

[454] EuR 1984, 9, 20 f.

[455] Vgl. oben unter A (S. 2 f.) sowie unter D.V.2.b (S. 83).

auf die interinstitutionellen Beziehungen von einem Vertragsschlußrecht der Organe und Institutionen im eigenen Namen auszugehen.

Allerdings steht die Annahme einer solchen Vertragsbindung stets unter dem Vorbehalt eines entsprechenden Rechtsbindungswillens. Soweit dieser bei allen Parteien einer Vereinbarung nachgewiesen werden kann, ist von einer gegenseitigen rechtsgeschäftlichen Bindung auszugehen.

ii. Lösung von der Bindung

Schließlich bleibt auch hier zu überprüfen, ob die Institutionen über eine Möglichkeit verfügen, sich von einer eingegangenen Vertragsbindung wieder zu lösen.

Wesensmerkmal einer gegenseitigen Bindung ist, daß ein einseitiges Lösen von der vertraglich begründeten Rechtspflicht grundsätzlich unzulässig ist und rechtliche Sanktionen nach sich zieht. Jedoch bleibt es den Parteien überlassen, bestimmte Möglichkeiten einer Lösung von der eingegangenen Bindung in die vertragliche Regelung miteinzubeziehen.

So besteht zunächst die Möglichkeit, die Geltung einer Vereinbarung von vornherein zeitlich zu begrenzen. Entsprechende Klauseln enthalten etwa die beiden Übereinkünfte zur Haushaltsdisziplin[456]. Eine etwaige rechtliche Bindung durch diese Vereinbarungen endet damit ohne weiteres mit Ablauf des vorgegebenen Zeitraums[457].

Die Übereinkunft vom 29. Oktober 1993 zur Haushaltsdisziplin sieht eine weitere Möglichkeit der Lösung von der Bindung ausdrücklich vor. In deren Kapitel IV Ziff. 24 kommen die beteiligten Organe überein, die durch die Vereinbarung festgelegte „Finanzielle Vorausschau“ zu ändern, falls die Gemeinschaft während ihres Geltungszeitraums um neue Mitgliedstaaten erweitert wird. Daran anschließend wird ausdrücklich festgelegt, daß das Europäische Parlament nicht mehr an die Vereinbarung gebunden sei, falls die zu dieser Änderung erforderliche Einigung nicht zustandekommt. Die Übereinkunft sieht hier also ausdrücklich eine Fallkonstellation vor, in der ein einseitiges Loslösen von der eingegangenen Bindungswirkung ohne Sanktionen zulässig ist. Die interinstitutionelle Vereinbarung vom 13. Oktober 1998 zu den Rechtsgrund-

---

[456] Kapitel VI Ziff. 19 der Vereinbarung vom 29. Juni 1988 (ABl. 1988 L 185, S. 33) sowie Kapitel IV Ziff. 24 der Übereinkunft vom 29. Oktober 1993 (ABl. 1993 C 331, S. 1).
[457] Dementsprechend trat die Vereinbarung vom 29. Juni 1988 am 31.12.1992 außer Kraft.

lagen[458] geht noch darüberhinaus, indem sie den beteiligten Organen in Ziff. 3 ein bedingungsloses einseitiges Kündigungsrecht einräumt.

Soweit derartige Ausnahmebestimmungen nicht existieren, bleibt es hingegen dabei, daß die Änderung oder Aufhebung vertraglich festgelegter Rechtspflichten auf die gleiche Weise erfolgen muß, wie diese auch geschaffen wurden. Folglich kann der jeweilige Inhalt - so wie es ja in einigen Vereinbarungen ausdrücklich festgelegt ist[459] - „nur mit Zustimmung aller an der Vereinbarung beteiligten Organe" geändert werden.

c. Kriterien zum Nachweis eines Rechtsbindungswillens

Nachdem sowohl die Möglichkeit einer Selbstbindung als auch die grundsätzliche Fähigkeit zum Eingehen rechtsgeschäftlicher Bindungen im interinstitutionellen Bereich nachgewiesen ist, ist der Blick nunmehr auf den jeweils dazugehörigen Rechtsbindungswillen zu richten. Der subjektive Wille, durch eine Erklärung eine rechtliche Verbindlichkeit eingehen zu wollen, ist ebenso unabdingbare Voraussetzung eines jeden gültigen Vertrages wie auch einer Selbstbindung im oben beschriebenen Sinne.

Der Nachweis dieses Rechtsbindungswillens erfolgt im Falle der Selbstbindung durch Auslegung der fraglichen Selbstverpflichtungserklärung, bei einer gegenseitigen Bindung durch Auslegung der jeweiligen auf den Vertragsabschluß gerichteten Erklärungen. Entsprechend der formalen Vielfältigkeit interinstitutioneller Vereinbarungen können letztere Erklärungen in unterschiedlichen Formen auftreten. So sind bei mündlichen Absprachen die jeweiligen Äußerungen der einzelnen Vertreter der Organe, bei Briefwechseln dagegen die meist formlosen Schriftstücke zu analysieren. Bei den im Amtsblatt veröffentlichten förmlichen Vereinbarungen machen die beteiligten Organe sich den ausgehandelten Wortlaut der Vereinbarung zu eigen, indem die Präsidenten der Organe diese unterzeichnen[460]. Maßgeblich ist damit der Wortlaut der unterzeichneten und gegebenenfalls veröffentlichten Vereinbarung.

Es stellt sich die Frage, welche Kriterien zum Nachweis des in Frage stehenden Rechtsbindungswillens herangezogen werden können. Der Judikatur des Europäischen Gerichtshofes läßt sich bezüglich der Abgrenzung verbindlicher Rechtshandlungen von unverbindlichen Äußerungen nur entnehmen, daß

---

[458] ABl. 1998 C 344, S. 1.
[459] Vgl. die Nachweise in Anm. 453.
[460] Vgl. oben unter E.I.2.b (S. 99 f.).

grundsätzlich ein objektiver Maßstab anzulegen ist. In seinem Urteil vom 11. November 1981 hat der Gerichtshof dargelegt, daß auf das Wesen der Handlung, und nicht allein auf die Form, in der diese ergangen ist, abzustellen ist[461].

Entsprechend der allgemeinen Auslegungslehre sind im Europäischen Gemeinschaftsrecht grundsätzlich Wortlaut, Systematik, Entstehungsgeschichte sowie Sinn und Zweck des in Frage stehenden Aktes zu berücksichtigen[462]. Auch bestimmte formale Aspekte sollten - mit der vom Europäischen Gerichtshof vorgegebenen Zurückhaltung - eine gewisse Beachtung finden. Im folgenden soll überprüft werden, welche Rolle den einzelnen Kriterien bei der Abgrenzung rechtsverbindlicher interinstitutioneller Vereinbarungen von rein politischen Übereinkünften zukommt.

i. Formale Aspekte

Wie bereits dargelegt wurde, bestehen interinstitutionelle Vereinbarungen in vielfältigen Formen[463]. Insoweit unterscheiden sie sich von den Normen des Vertrages und den meisten Akten des sekundären Gemeinschaftsrechts, die üblicherweise Gegenstand der Auslegung durch den Europäischen Gerichtshof sind. Diese Besonderheit rechtfertigt es, trotz der erwähnten Vorgabe durch den Europäischen Gerichtshof zunächst zu prüfen, inwieweit sich aus der äußeren Form, in die die jeweilige Vereinbarung gekleidet ist, Schlüsse hinsichtlich einer eventuell angestrebten Rechtswirkung ableiten lassen.

Schwarze[464] nimmt für alle interinstitutionellen Vereinbarungen generell eine widerlegbare Vermutung der rechtlichen Unverbindlichkeit an, die darauf beruhe, daß es sich um „atypische Willensakte" außerhalb der Nomenklatur des Art. 249 (ex-Art. 189) EGV handele. Diese Auffassung erscheint jedoch zu weitgehend. Bereits die Tatsache, daß eine Vielzahl sog. atypischer Akte als Kategorie der „sonstigen Rechtshandlungen" gemeinschaftsrechtlich anerkannt ist[465], belegt, daß auch außerhalb der Nomenklatur des Art. 249 (ex-Art. 189) EGV rechtsgültige Organhandlungen existieren. Wesensmerkmal des in dieser Vorschrift normierten Handlungsinstrumentariums ist, daß es vor allem der

---

461 EuGH, Rs. 60/81 (IBM./.Kommission), Slg. 1981, 2639, 2651 (Rn. 9).

462 Vgl. Bernhardt, Zur Auslegung des Europäischen Gemeinschaftsrechts, in: Festschrift Kutscher, S. 17.

463 Vgl. oben unter B.III (S. 10 ff.).

464 EuR 1995 - Beiheft 2, S. 49, 56.

465 Vgl. H.P. Ipsen, Europäisches Gemeinschaftsrecht, S. 467 ff.; siehe auch oben unter D.V.2.a (S. 79 f.).

Ausgestaltung der Rechtsverhältnisse zwischen der Gemeinschaft selbst und ihren Mitgliedstaaten sowie den diesen angehörenden natürlichen und juristischen Personen dient[466]. Daß interinstitutionelle Vereinbarungen nicht unter Verwendung dieser Rechtsformen ergehen, dürfte dementsprechend seine Ursache eher darin haben, daß diese inhaltlich ganz überwiegend gerade nicht an Mitgliedstaaten und Gemeinschaftsbürger, sondern an die Organe und Institutionen selbst gerichtet sind[467]. Darüberhinaus ist die von *Schwarze* geäußerte Auffassung schwer mit der Rechtsprechung des Europäischen Gerichtshofes zu vereinbaren, nach der es gerade nicht entscheidend auf die verwandte Form, sondern auf das „Wesen" der fraglichen Handlung ankomme[468]. Die dargestellte Vermutung ist demnach abzulehnen.

Ein Kriterium für die Auslegung der Vereinbarungen könnte sich jedoch aus einem anderen Merkmal ergeben, das letztere von den vertraglich vorgesehenen Rechtsakten unterscheidet. Die in Art. 249 (ex-Art. 189) EGV bezeichneten Akte des sekundären Gemeinschaftsrechts werden, zumindest soweit sie Rechtsverbindlichkeit beanspruchen, nach Art. 254 (ex-Art. 191) EGV entweder im Amtsblatt der Gemeinschaft veröffentlicht oder denjenigen, für die sie bestimmt sind, bekanntgegeben. Sie ergehen somit alle in schriftlicher Form. Dies trifft, wie oben festgestellt wurde[469], auf interinstitutionelle Vereinbarungen nur zum Teil zu. Es ist daher zu erwägen, ob sich für deren Auslegung ein formales Kriterium aus einem etwaigen Verzicht auf die Schriftform ergibt.

Die Verwendung der Schriftform erfüllt unter anderem eine Beweis- und Kontrollfunktion[470]. Soweit ein Akt im Rechtsverkehr erheblich ist, erfordert der Grundsatz der Rechtssicherheit, daß der Inhalt dieses Aktes nachweisbar ist, um dann mit diesem Inhalt gegebenenfalls auch rechtlich durchgesetzt werden zu können. Der bewußte Verzicht auf eine schriftliche Fixierung und Publikation erlaubt daher die Annahme, daß die entsprechende Handlung gar keine Auswirkungen für den Rechtsverkehr haben soll. Es würde wenig Sinn ergeben, wenn die Institutionen eine Übereinkunft, die sie als rechtlich verbindlich

---

[466] Vgl. v.d.Groeben/Thiesing/Ehlermann-Schmidt, Kommentar, Art. 189, Rn. 16.

[467] Ausnahmen sind der Beschluß des Europäischen Parlaments vom 9. März 1994 betreffend die Ausübung der Aufgaben des Bürgerbeauftragten (ABl. 1994 L 113, S. 15) sowie der Beschluß vom 19. April 1995 betreffend das Untersuchungsrecht des Europäischen Parlaments (ABl. 1995 L 113, S. 2); näheres dazu oben unter D.II.2.a (S. 46 f.).

[468] EuGH, Urt. v. 11. November 1981, Rs. 60/81 (IBM./.Kommission), Slg. 1981, 2639, 2651 (Rn. 9); vgl. oben.

[469] Unter B.III (S. 10 ff.).

[470] Dies ist in Deutschland etwa aus dem Zivilrecht bekannt; vgl. Larenz/Wolf, Allgemeiner Teil des Bürgerlichen Rechts, S. 517 (Rn. 5) sowie Palandt-Heinrichs, Bürgerliches Gesetzbuch, § 125, Rn. 1.

ansehen, nicht in Schriftform abfaßten. Die jeweiligen angestrebten Rechtswirkungen ließen sich auf diese Weise kaum nachweisen, die Vereinbarung wäre entgegen dem eigentlichen Willen damit schwer durchsetzbar. Aus diesem Grunde besteht bei einem Verzicht auf schriftliche Fixierung und Veröffentlichung die Vermutung, daß der entsprechenden interinstitutionellen Vereinbarung kein Rechtsbindungswille der beteiligten Institutionen zugrundeliegt. Da jedoch entsprechend der Vorgabe durch den Europäischen Gerichtshof nicht allein auf die äußere Form der Vereinbarung abzustellen ist, bleibt diese Vermutung durch andere Auslegungskriterien widerlegbar. Soweit etwa eine mündlich getroffene Absprache ausdrücklich mit Rechtsbindungswille getroffen würde, ließe sich letzterer nicht unter Hinweis auf die fehlende Schriftform verneinen. Ob der entsprechende Bindungswille im Streitfall nachgewiesen werden kann, erscheint bei solchen mündlichen Absprachen allerdings zweifelhaft.

Im Schrifttum wird vereinzelt auch der jeweiligen Veröffentlichung einer Vereinbarung im Amtsblatt der Gemeinschaft Bedeutung für deren Auslegung zugesprochen. So wird etwa die Auffassung vertreten, eine Veröffentlichung in der lediglich zur Information bestimmten C-Serie des Amtsblattes spreche für die Annahme, daß ein Wille, durch die Übereinkunft rechtliche Bindungen zu schaffen, nicht existiere[471]. Einem derartigen Schluß ist jedoch mit Zurückhaltung zu begegnen. Da interinstitutionelle Vereinbarungen vor allem die Beziehungen zwischen den Gemeinschaftsorganen und -institutionen betreffen, liegt ihre Bedeutung in erster Linie im gemeinschaftsinternen Bereich[472]. Dementsprechend kann die Nichtveröffentlichung einer Vereinbarung bzw. die Wahl der C-Serie des Amtsblattes auch darauf beruhen, daß Mitgliedstaaten und Gemeinschaftsbürger nicht unmittelbar rechtlich betroffen sind, und die Institutionen deswegen eine Veröffentlichung in der L-Serie nicht für erforderlich halten. Eine Bindungswirkung im interinstitutionellen Bereich kann gleichwohl erwünscht sein. Aus diesem Grunde ist die Art der amtlichen Veröffentlichung als Kriterium zum Nachweis eines Rechtsbindungswillens eher ungeeignet.

ii. Der Wortlaut

Besondere Bedeutung kommt wie bei jedem Auslegungsprozeß auch bei der Auslegung des Gemeinschaftsrechts dem Wortlaut der in Frage stehenden Norm

---

[471] So bezüglich der Gemeinsamen Erklärung zum Konzertierungsverfahren vom 4. März 1975 (ABl. 1975 C 89, S. 1): Glaesner, EuR 1981, 9, 19.
[472] Vgl. oben unter D.II.2.b (S. 47 ff.).

zu[473]. Dabei ist der jeweilige Regelungsinhalt ausschließlich aus der Norm selbst heraus zu entwickeln, indem der objektive Wortsinn der verwandten Formulierungen ermittelt wird[474].

Auch bei der Interpretation interinstitutioneller Vereinbarungen dürfte dem jeweils gewählten Wortlaut eine überragende Bedeutung zukommen, da die von den Institutionen verwandten Formulierungen häufig bereits einen Rückschluß auf einen dahinterstehenden Rechtsbindungswillen zulassen. So hat der Europäische Gerichtshof in dem bereits zitierten Urteil vom 19. März 1996[475] die Bindungswirkung der Übereinkunft betreffend die Mitarbeit in der FAO ausdrücklich aus deren Wortlaut abgeleitet[476]. An welchen Formulierungen er dies konkret festmacht, geht allerdings aus dem Urteil nicht hervor.

Bei einigen Vereinbarungen wird der Rechtsbindungswille unmißverständlich kundgetan. So findet sich etwa sowohl in der Vereinbarung zur Haushaltsdisziplin vom 29. Juni 1988[477] als auch in der entsprechenden Übereinkunft vom 29. Oktober 1993[478] die Formulierung, daß die vereinbarte Haushaltsdisziplin für alle beteiligten Organe während der gesamten Laufzeit der Vereinbarung „verbindlich" sei[479]. Auch die jeweilige Klausel, daß der Inhalt „nur mit Zustimmung aller an der Vereinbarung beteiligten Organe geändert werden" kann[480], spricht für die Annahme eines Bindungswillens. Derart eindeutige Formulierungen lassen den Rechtsbindungswillen der beteiligten Institutionen bereits deutlich erkennen. Der Europäische Gerichtshof greift in solchen Fällen, in denen der Wortlaut eines Rechtsaktes derart eindeutig ist, vielfach gar nicht mehr auf andere Auslegungskriterien zurück[481].

Solch klare Formulierungen sind jedoch nicht der Regelfall. Vielmehr weist der größte Teil der interinstitutionellen Vereinbarungen einen in diesem Maße eindeutigen Hinweis auf einen rechtlichen Verpflichtungswillen gerade nicht auf. In diesem Fall bedarf es einer Analyse der jeweils getroffenen materiellen Festlegungen. Ein wichtiges Beurteilungskriterium ist insoweit die Bestimmtheit

---

[473] Vgl. Beutler/Bieber/Pipkorn/Streil, Die Europäische Union - Rechtsordnung und Politik, S. 245; Constantinesco, Das Recht der Europäischen Gemeinschaften, Band I, S. 820.
[474] Oppermann, Europarecht, S. 254 (Rn. 682); Bleckmann, Europarecht, S. 202 (Rn. 539).
[475] Rs. C-25/94 (Kommission./.Rat), Slg. 1996, I-1469.
[476] EuGH, aaO, S. 1510 (Rn. 49).
[477] ABl. 1988 L 185, S. 33; vgl. dazu oben unter C.V (S. 22 ff.).
[478] ABl. 1993 C 331, S. 1; vgl. dazu oben unter C.IX (S. 28 ff.).
[479] Kapitel I, Ziff. 2 der jeweiligen Vereinbarung.
[480] Kapitel I, Ziff. 4 der jeweiligen Vereinbarung.
[481] Vgl. Degan, RTDE 1966, 189, 198 ff. mit Nachweisen aus der Rechtsprechung des Gerichtshofes.

der getroffenen Regelungen[482]. In seinen Schlußanträgen zur Rechtssache 204/86 plädiert auch Generalanwalt *Mancini* dafür, interinstitutionellen Vereinbarungen Rechtswirkung unter anderem dann zu attestieren, wenn „die ihnen zu entnehmenden Verpflichtungen hinreichend genau und bedingungsfrei sind“[483]. So enthalten etwa einige Vereinbarungen lediglich allgemein gefaßte Bekenntnisse der Organe zu bestimmten Grundsätzen, ohne dazu konkrete, rechtlich greifbare Regeln aufzustellen. Solch vage Formulierungen sprechen gegen die Annahme eines rechtlichen Verpflichtungswillens der beteiligten Institutionen. Andere Vereinbarungen weisen demgegenüber für bestimmte Bereiche der interinstitutionellen Zusammenarbeit detaillierte Verfahrensregeln auf[484]. Derartige Übereinkünfte sind zumindest präzis genug, um rechtliche Bindungen hervorzurufen.

Da auch die Vereinbarung betreffend die Mitarbeit in der FAO ausdrückliche Hinweise auf einen Verpflichtungswillen nicht aufweist, dürfte auch der Europäische Gerichtshof im zitierten Urteil vom 19. März 1996[485] die Rechtsverbindlichkeit dieser Übereinkunft vor allem aus der Bestimmtheit der darin getroffenen Regelungen gefolgert haben.

iii. Die Systematik

Unter Anwendung der systematischen Auslegungsmethode sind interinstitutionelle Vereinbarungen im Hinblick auf ihre Stellung im System der Normen des Gemeinschaftsrechts zu betrachten. Dabei kann sowohl ein Blick auf das primäre Gemeinschaftsrecht als auch die Betrachtung sekundärrechtlicher Normen, die in inhaltlichem Zusammenhang mit einzelnen Vereinbarungen stehen, Rückschlüsse im Hinblick auf deren etwaige Rechtsverbindlichkeit ermöglichen.

Ein Anwendungsfall dieser systematischen Auslegungsmethode läßt sich der Judikatur des Europäischen Gerichtshofes entnehmen, der in der Rechtssache C-58/94[486] mit dem Verhaltenskodex für den Zugang der Öffentlichkeit zu Rats- und Kommissionsdokumenten vom 6. Dezember 1993[487] befaßt war. Im

---

482 Ähnlich Snyder, Interinstitutional Agreements: Forms and Constitutional Limitations, S. 19, der dafür plädiert, unklar formulierten Vereinbarungen im Interesse der Rechtssicherheit eine rechtliche Bindungswirkung abzusprechen.
483 EuGH Slg. 1988, 5323, 5349.
484 Vgl. oben unter B.II (S. 8 ff.).
485 Rs. C-25/94 (Kommission./.Rat), Slg. 1996, I-1469, 1510 (Rn. 49).
486 (Niederlande./.Rat), EuGH Slg. 1996, I-2169.
487 ABl. 1993 L 340, S. 41; vgl. dazu oben unter C.X (S. 31 f.).

Anschluß an dessen Unterzeichnung und Veröffentlichung erließ der Rat am 20. Dezember 1993 einen Beschluß zur Durchführung der im Verhaltenskodex aufgeführten Grundsätze[488]. Ein entsprechender Akt der Kommission erging am 8. Februar 1994[489]. Aus der Tatsache, daß diese einseitigen Umsetzungsbeschlüsse ergingen, schloß der Gerichtshof, daß der dahinterstehende Verhaltenskodex noch nicht dazu bestimmt gewesen sei, der Öffentlichkeit ein verbindliches Zugangsrecht einzuräumen[490]. Dies sollte vielmehr erst durch die beiden Organe jeweils in Ausübung ihres Geschäftsordnungsrechts geschehen[491]. Sinn der interinstitutionellen Vereinbarung sei nur gewesen, einer Auseinanderentwicklung der jeweiligen von den Organen angewandten Praxis entgegenzuwirken[492]. Auch wenn der Gerichtshof dies aus dem Wortlaut des Verhaltenskodex herleitet[493], so handelt es sich doch in der Sache um ein systematisches Argument.

Einen Ausfluß der systematischen Methode stellt auch die sog. primärrechtskonforme Auslegung dar[494]. Danach sind die Normen des sekundären Gemeinschaftsrechts im Zweifel vertragskonform und im Sinne der allgemeinen Rechtsgrundsätze auszulegen, um ein ansonsten drohendes Nichtigkeitsurteil nach Art. 230 (ex-Art. 173) EGV zu vermeiden[495]. Wie oben dargelegt wurde, besteht auch die den Gemeinschaftsinstitutionen zustehende Befugnis zur Selbstorganisation nur in den durch die Gründungsverträge gezogenen Grenzen[496]. Diese existieren insbesondere in Form der vertraglich festgelegten und vom Europäischen Gerichtshof als „institutionelles Gleichgewicht“ bezeichneten Kompetenzordnung. Soweit eine interinstitutionelle Vereinbarung diese Beschränkung zu überschreiten droht, muß überlegt werden, ob nicht um der

---

[488] Beschluß (93/731/EG) über den Zugang der Öffentlichkeit zu Ratsdokumenten, ABl. 1993 L 340, S. 43.

[489] Beschluß (94/90/EGKS, EG, Euratom) über den Zugang der Öffentlichkeit zu den der Kommission vorliegenden Dokumenten, ABl. 1994 L 46, S. 58.

[490] EuGH, Urt. v. 30. April 1996, aaO (Anm. 486), S. 2195 (Rn. 25 f.); unklar bleibt, ob diese Interpretation auch eine interinstitutionelle Bindung ohne direkte Außenwirkung einschließt.

[491] Rechtsgrundlage des zitierten Ratsbeschlusses ist Art. 207 (ex-Art. 151) Abs. 3 EGV, der Kommissionsbeschluß stützt sich auf Art. 218 (ex-Art. 162) Abs. 2 EGV.

[492] EuGH, aaO (Anm. 490).

[493] In dessen fünftem Abschnitt ist ausdrücklich von „erforderlichen Maßnahmen zur Durchführung dieser Grundsätze“ die Rede. Eine ähnliche Formulierung findet sich auch in den Erwägungsgründen.

[494] Vgl. Beutler/Bieber/Pipkorn/Streil, Die Europäische Union - Rechtsordnung und Politik, S. 246 f.

[495] Vgl. Bleckmann, NJW 1982, 1177, 1179; ders., Europarecht, S. 207 (Rn. 554) sowie Beutler/Bieber/Pipkorn/Streil, Die Europäische Union - Rechtsordnung und Politik, S. 247, Anm. 63 mit Nachweisen aus der Rechtsprechung des Europäischen Gerichtshofes.

[496] Siehe unter D.V.2.b (S. 81 ff.).

Vermeidung der Nichtigkeitsfolge willen nach dem Grundsatz der primärrechtskonformen Auslegung ein Rechtsbindungswille abzulehnen ist. Auf diese Weise kann die systematische Auslegung unter Umständen zu einem entscheidenden Kriterium bei der Ermittlung eines etwaigen Rechtsbindungswillens werden.

iv. Subjektive und entstehungsgeschichtliche Aspekte

Anders als im Falle des Vertragsrechts, bei dessen Auslegung sich der Europäische Gerichtshof vor allem am objektiven Normzweck orientiert[497], wird bei der Interpretation des sekundären Gemeinschaftsrechts in gewissem Umfang auch auf subjektive Kriterien zurückgegriffen[498]. Dies geschieht zum einen durch eine stärkere Subjektivierung der teleologischen Auslegung sowie zum anderen durch eine Betrachtung der Entstehungsgeschichte der Norm[499].

Dabei kann auf die folgenden Materialien zurückgegriffen werden. Zunächst finden die jeweiligen Absichten der rechtsetzenden Gemeinschaftsorgane in den Erwägungsgründen Ausdruck, die den einzelnen Rechtsakten in der Regel vorangestellt sind. Auch die meisten der im Amtsblatt veröffentlichten interinstitutionellen Vereinbarungen enthalten derartige Erwägungsgründe[500]. Diese können durchaus auch Hinweise auf einen etwaigen Rechtsbindungswillen der beteiligten Institutionen enthalten[501].

Darüberhinaus haben die Gemeinschaftsorgane andere Gelegenheiten wahrgenommen, um ihre subjektive Auffassung hinsichtlich der Rechtswirkung bereits verabschiedeter interinstitutioneller Vereinbarungen ex post zum Ausdruck zu bringen. Auf eine schriftliche Anfrage eines Abgeordneten des Euro-

---

[497] Herdegen, ZHR 1991, 52, 61 f. m.w.N.

[498] Vgl. Bleckmann, NJW 1982, 1177, 1178.

[499] Bleckmann, Europarecht, S. 207 (Rn. 554) sowie aaO (Anm. 498).

[500] Beispiele: - Gemeinsame Grundrechtserklärung vom 5. April 1977, ABl. 1977 C 103, S. 1
- Gemeinsame Erklärung über verschiedene Maßnahmen zur Gewährleistung einer besseren Abwicklung des Haushaltsverfahrens vom 30. Juni 1982, ABl. 1982 C 194, S. 1
- Beschluß des Europäischen Parlaments vom 9. März 1994 betreffend die Ausübung der Aufgaben des Bürgerbeauftragten, ABl. 1994 L 113, S. 15.

[501] So heißt es etwa in den Erwägungsgründen der gemeinsamen Erklärung zum Konzertierungsverfahren vom 22. April 1975 (ABl. 1975 C 89, S. 1), daß die Erweiterung der Haushaltsbefugnisse des Europäischen Parlaments mit einer „wirksamen Beteiligung“ desselben am allgemeinen Rechtsetzungsverfahren verbunden sein müsse.

päischen Parlaments[502] bezüglich der juristischen Tragweite der Erklärung über die Einführung eines Konzertierungsverfahrens vom 4. März 1975 veröffentlichte der Rat beispielsweise die folgende Antwort:

> „Die ... erwähnten gemeinsamen Erklärungen stellen politische Verpflichtungen dar. Für die Beurteilung ihrer rechtlichen Tragweite ist letztlich der Gerichtshof zuständig.
>
> Was speziell die gemeinsame Erklärung zur Einführung des Konzertierungsverfahrens betrifft, so ist der Rat der Auffassung, daß sich die drei Unterzeichner-Organe mit dieser Erklärung dazu verpflichtet haben, dieses Verfahren bei Erfüllung aller Anwendungsvoraussetzungen nach den in der Erklärung angegebenen Modalitäten anzuwenden.“[503]

Auf eine entsprechende, von demselben Abgeordneten an die Kommission gerichtete Anfrage[504] antwortete diese:

> „Eine für alle gemeinsamen Erklärungen gültige einheitliche Antwort läßt sich nicht geben. Die ... als Beispiel genannte Erklärung stellt eine politische Absichtserklärung dar, die die drei unterzeichneten Organe untereinander und gegenüber der Öffentlichkeit politisch und moralisch bindet, jedoch nicht als Rechtsverpflichtung im eigentlichen Sinne anzusehen ist.“[505]

Es stellt sich die Frage, welcher Stellenwert diesen zur Frage der rechtlichen Bindungswirkung abgegebenen Einschätzungen bei der Auslegung der entsprechenden Vereinbarungen einzuräumen ist. Die denkbar größte Wirkung käme diesen Äußerungen der Organe dann zu, wenn man sie als „authentische Norminterpretation“ qualifizieren könnte. Die Theorie der authentischen Norminterpretation besagt, daß der Urheber eines Rechtsaktes nach dessen Erlaß zur Disposition über seinen Akt befugt bleibt, und es ihm daher zusteht, diesen gegenüber anderen Rechtsträgern verbindlich zu interpretieren[506]. In diesem Fall beansprucht die Auslegung durch den jeweiligen Urheber den gleichen Geltungsrang wie der interpretierte Rechtsakt selbst[507], mit der Folge, daß andere Auslegungskriterien insoweit keinerlei Bedeutung mehr haben.

---

502 Schriftliche Anfrage Nr. 169/77 von Herrn Maigård, ABl. 1977 C 259, S. 4; vgl. auch die schriftliche Anfrage Nr. 128/77 des EP-Abgeordneten Dondelinger betreffend die gemeinsame Grundrechtserklärung vom 5. April 1977, ABl. 1977 C 259, S. 4.

503 AaO.

504 Schriftliche Anfrage Nr. 170/77 von Herrn Maigård, ABl. 1977 C 180, S. 18.

505 AaO.

506 Vgl. Mosler, ZaöRV 1966, 1, 10 f.

507 Vgl. Herdegen, ZHR 1991, 52, 56.

Folgende Erwägungen sprechen jedoch gegen eine solche Bewertung der zitierten Äußerungen der Organe. Zum einen würde eine authentische Interpretation voraussetzen, daß alle an der jeweiligen Vereinbarung beteiligten Institutionen übereinstimmend ihre Rechtsauffassung kundtun, da sie auch gemeinsam Urheber der Vereinbarung sind. Die dargestellten Äußerungen der Organe sind jedoch alle einseitiger Art. Darüberhinaus ist die Kompetenz zur letztverbindlichen Interpretation des Gemeinschaftsrechts, zu dem auch interinstitutionelle Vereinbarungen gehören, nicht den Gemeinschaftsorganen, sondern nach Art. 220 (ex-Art. 164) EGV dem Europäischen Gerichtshof übertragen[508]. Aus diesem Grunde sollten diese Äußerungen der Organe nicht im dargelegten Sinne als „authentische Interpretation" der jeweiligen interinstitutionellen Vereinbarungen gewertet werden.

Gleichwohl bleibt zu berücksichtigen, daß derartige Erklärungen den Willen einzelner an der jeweils in Frage stehenden Vereinbarung beteiligter Organe oder Institutionen zum Ausdruck bringen. Auf diese Weise stellen sie jedoch lediglich einen Auslegungsfaktor unter anderen dar. Angesichts der bereits angesprochenen, durch den Europäischen Gerichtshof vorgegebenen Objektivierung der Auslegung[509] dürften die Erklärungen der Organe darüberhinaus gegenüber dem Kriterium des Wortlauts der Vereinbarung im Zweifelsfall zurücktreten. Soweit letzterer jedoch Zweifel offenläßt, kann auf subjektive Einschätzungen der Organe zurückgegriffen werden.

v. Sinn und Zweck

Schließlich ist noch auf die Bedeutung der teleologischen Auslegungsmethode einzugehen. Grundsätzlich dient dem Europäischen Gerichtshof gerade im Bereich des Sekundärrechts die Untersuchung des jeweiligen Normziels als beherrschendes Auslegungsmittel[510]. Dabei ist allerdings zu berücksichtigen, daß der Gerichtshof regelmäßig mit Fragen der Anwendbarkeit oder des jeweiligen sachlichen Regelungsgehalts einzelner Klauseln befaßt ist. Demgegenüber steht hier allein ein etwaiger Rechtsbindungswille der beteiligten Organe in Frage. Zu dessen Nachweis ist eine Analyse des jeweiligen objektiven Sinns und Zwecks einer Vereinbarung wenig geeignet. Aus diesem Grunde ist der teleologischen Auslegungsmethode für die Ermittlung eines etwaigen Rechtsbindungswillens nur geringe Bedeutung zuzumessen.

---

[508] Ebenso Herdegen, aaO; Hilf, EuR 1984, 9, 24 schreibt hinsichtlich der Verträge dagegen die Befugnis zur verbindlichen Interpretation den Mitgliedstaaten zu .

[509] EuGH, Urt. v. 11. November 1981, Rs. 60/81 (IBM./.Kommission), Slg. 1981, 2639, 2651 (Rn. 9); vgl. oben unter E.I.2.c (S. 106 f.).

[510] Vgl. Bleckmann, NJW 1982, 1177, 1178 m.w.N.

d. Zusammenfassung

In Ermangelung eines objektiven Geltungsgrundes der dargestellten Art[511] kann die Rechtsverbindlichkeit interinstitutioneller Vereinbarungen auch auf dem Rechtsbindungswillen der daran beteiligten Institutionen beruhen.

In Ausnahme von dem allgemeinen Grundsatz, daß die Organe nur die Rechtspersönlichkeit des Gesamtverbands repräsentieren, ist im Interesse der Funktionsfähigkeit der Gemeinschaft von der Vertragsfähigkeit der Institutionen im interinstitutionellen Bereich auszugehen. Bei Vorliegen eines übereinstimmenden Rechtsbindungswillens aller beteiligten Institutionen kann daher eine vertragliche Einigung angenommen werden, die eine gegenseitige Bindung begründet. Eine Loslösung von dieser Bindung kann, vorbehaltlich anderslautender vertraglicher Festlegungen, ebenfalls nur im gegenseitigen Einvernehmen erfolgen.

Soweit eine Institution - etwa bei Fehlen eines übereinstimmenden Bindungswillens - einseitig eine bestimmte Verpflichtung gegenüber anderen Institutionen übernimmt, gebietet der Schutz des berechtigten Vertrauens dieser anderen Institutionen nach der Rechtsprechung des Europäischen Gerichtshofes ein Festhalten an dieser Bindung. Bei Vorliegen sachgemäßer Gründe ist jedoch eine einseitige Lösung von einer solchen Selbstbindung stets möglich.

Bei dem Nachweis des für beide Bindungsformen erforderlichen Rechtsbindungswillens sind neben formalen Aspekten vor allem der Wortlaut der Vereinbarung und der systematische Zusammenhang mit anderen Rechtsnormen, aber auch die subjektive Einschätzung der beteiligten Organe zu berücksichtigen.

II. Sonstige mögliche Rechtswirkungen

Aus den Untersuchungen des vorhergehenden Abschnitts ergibt sich, daß interinstitutionellen Vereinbarungen in den Grenzen der Zulässigkeit[512] rechtliche Bindungswirkung zugesprochen werden kann, wenn entweder eine objektive gemeinschaftsrechtliche Geltungsanordnung existiert oder ein entsprechender Rechtsbindungswille der beteiligten Institutionen nachgewiesen werden kann. Falls keine dieser beiden Voraussetzungen erfüllt ist, scheidet folglich die Annahme einer direkten Rechtsverbindlichkeit aus. In diesem Fall sind die Wirkungen einer interinstitutionellen Vereinbarung grundsätzlich politischer Natur, d.h. eine Bindung an die getroffenen Festlegungen kann durchaus

---

[511] Vgl. oben unter E.I.1 (S. 87 ff.).
[512] Dazu oben unter D.V (S. 76 ff.).

bestehen, sie ist aber nicht mit den Mitteln des Rechts, sondern allenfalls mit politischen Mitteln durchsetzbar.

Auch solche politischen Übereinkünfte müssen jedoch nicht gänzlich ohne rechtlich relevante Wirkungen bleiben. Im Schrifttum werden sie vielfach einer sog. Zone „rechtlicher Vorprägung"[513] zugeordnet. Die entsprechenden „Rechtswirkungen" werden durch unterschiedliche Ansätze hergeleitet und sind dementsprechend vielfältig. In Anlehnung an diese Einordnungsansätze soll untersucht werden, unter welchen Voraussetzungen interinstitutionellen Vereinbarungen derartige „indirekte" Rechtswirkungen zugeschrieben werden können und welcher Art diese sind.

1. Das „soft law"-Konzept

Ein Teil des Schrifttums spricht interinstitutionellen Vereinbarungen zwar eine rechtliche Bindungswirkung ab, betont aber andererseits, daß diesen trotzdem eine „gewisse Rechtswirkung" zukomme. Dementsprechend ordnen diese Autoren das Phänomen der sogenannten Kategorie des „soft law" zu[514].

Der Begriff „soft law" wurde im Völkerrecht entwickelt und bezeichnet dort Akte, die sich nicht in das geltende System der Völkerrechtsquellen einordnen lassen. „Soft law" entfaltet folglich keine unmittelbare rechtliche Bindungswirkung, begründet aber bestimmte außerrechtliche Verhaltenserwartungen. Dementsprechend wird es vielfach als eine Zwischenstufe auf dem Weg der Entstehung rechtlicher Normen angesehen[515]. Dies belegt auch die zuweilen alternativ verwandte Bezeichnung „law in the making"[516]. Eine Definition des völkerrechtlichen „soft law"-Begriffs geben *Wellens* und *Borchardt*[517]. Danach handelt es sich um

---

[513] Hilf, EuR 1984, 9, 19.

[514] Monar, CMLR 1994, 693, 699; Bothe, „Soft Law" in den Europäischen Gemeinschaften?, in: Festschrift Schlochauer, S. 761, 769; Wellens/Borchardt, ELR 1989, 266, 300; Grabitz/Läufer, Das Europäische Parlament, S. 173; vgl. auch Rengeling, Zu den Befugnissen des Europäischen Parlaments beim Abschluß völkerrechtlicher Verträge im Rahmen der Gemeinschaftsverfassung, in: Festschrift Schlochauer, S. 877, 897; gegen eine Übertragung des „soft law"-Konzepts in das Gemeinschaftsrecht spricht sich Everling, Zur rechtlichen Wirkung von Beschlüssen, Entschließungen, Erklärungen und Vereinbarungen des Rates oder der Mitgliedstaaten der Europäischen Gemeinschaft, in: Gedächtnisschrift Constantinesco, S. 133, 150 aus.

[515] K. Ipsen, Völkerrecht, S. 221 f. (Rn. 13 ff.).

[516] Vgl. Grabitz/Läufer, aaO (Anm. 514).

[517] ELR 1989, 266, 274.

„... rules of conduct that find themselves on the legally non-binding level (in the sense of enforceable and sanctionable through international responsibility) but which in accordance with the intention of its authors indeed do possess a legal scope, which has to be defined further in each case".

Auffallend an dieser Definition ist ihre Weite und Unbestimmtheit. Sie bringt einerseits eine besondere Flexibilität mit sich, die es ermöglicht, dem Begriff eine Vielzahl von verschiedenen Akten zuzuordnen. Andererseits ergibt sich aus dieser Unbestimmtheit der entscheidende Nachteil des Konzepts. Die Zuordnung eines Aktes zum Begriff „soft law" beruht nach der zitierten Formulierung lediglich auf der Feststellung, daß der fragliche Akt einen „legal scope", also eine Rechtswirkung, besitzt. Über die eigentlich interessierende Frage, welcher Art diese Rechtswirkung ist, sagt der Begriff dagegen nichts aus. Vielmehr bleibt die tatsächliche Wirkungsweise einer als „soft law" bezeichneten Norm letztlich für jeden Einzelfall individuell festzulegen.

Eine Zuordnung nicht unmittelbar rechtsverbindlicher interinstitutioneller Vereinbarungen zu diesem Begriff besäße somit keinen eigenen Erkenntniswert. Der Terminus bezeichnet lediglich eine Vielzahl von hinsichtlich Urheber, Form und Inhalt völlig verschiedenartigen Akten[518], denen lediglich gemeinsam ist, daß über ihre Rechtswirkung Unklarheit herrscht. Gerade diese Unklarheit soll jedoch bezüglich der interinstitutionellen Vereinbarungen hier aufgelöst und nicht nur mit einem Begriff versehen werden[519].

Zur Charakterisierung möglicher rechtlich relevanter Wirkungen unverbindlicher interinstitutioneller Vereinbarungen ist eine Übertragung des „soft law"-Begriffs in die Gemeinschaftsrechtsordnung aus diesem Grunde nicht geeignet.

2. Bindungswirkung über den Hebel des Organtreuegrundsatzes

Ein weiterer im Schrifttum vertretener Ansatz zur rechtlichen Bewertung interinstitutioneller Vereinbarungen beruht auf der Idee, daß sich deren Rechtsqualität mittelbar aus der Zusammenarbeitspflicht der Organe ableiten lasse[520].

---

[518] Vgl. die Übersicht bei Wellens/Borchardt, aaO, S. 300 f.

[519] Ähnlich bereits Läufer, EuR 1979, 261, 272.

[520] Hilf, EuR 1984, 9, 24 f.; Gauweiler, Die rechtliche Qualifikation interorganschaftlicher Absprachen im Europarecht, S. 104 ff.; vgl. auch Thiaville, Déclarations communes du Parlement européen, du Conseil et de la Commission, in: Barav/Philip (Hrsg.), Dictionnaire juridique des Communautés européennes, S. 341, 343, der aus dem Organtreuegrundsatz die Zulässigkeit interinstitutioneller Vereinbarungen ableitet.

Der Grundsatz der Organtreue hat seinen Ursprung in der Erkenntnis, daß ein mit mehreren Organen ausgestattetes Verfassungssystem nur dann funktionieren kann, wenn diese verschiedenen Organe bei der Ausführung ihrer jeweiligen Aufgaben miteinander kooperieren[521]. Daraus leitet sich deren Verpflichtung ab, bei der Erfüllung ihrer Aufgaben aufeinander Rücksicht zu nehmen und sich gegenseitig abzustimmen[522]. Dieser sog. Organtreuegrundsatz findet auch in der Rechtsprechung des Europäischen Gerichtshofes ausdrückliche Anerkennung[523]. Als gemeinschaftsrechtliche Parallele dazu werden die zwischen den Mitgliedstaaten und den Gemeinschaftsorganen geltenden Pflichten zu redlicher Zusammenarbeit angesehen, wie sie sich aus Art. 10 (ex-Art. 5) EGV ergeben (sog. Grundsatz der Gemeinschaftstreue)[524]. Anders als über den materiellen Gehalt des Organtreuegrundsatzes besteht über dessen vertragliche Grundlage im Schrifttum keine Einigkeit. Zum Teil geht man von einem „allgemeinen ungeschriebenen Rechtsprinzip" aus, das explizit in Art. 218 (ex-Art. 162) Abs. 1 EGV zum Audruck komme[525], andernorts wird der Grundsatz aus Art. 7 (ex-Art. 4) EGV abgeleitet[526]. Der Europäische Gerichtshof hat zu der Frage der Rechtsgrundlage bislang nicht Stellung genommen.

Basierend auf der Feststellung, daß die in interinstitutionellen Vereinbarungen getroffenen Regelungen vielfach diesen Kooperationsgrundsatz zum Ausdruck bringen[527], wird dieser im Schrifttum als eine Art Hebel angesehen, mittels dessen einzelne Bestimmungen derselben gerichtlich durchgesetzt werden können. Anders als den Vereinbarungen selbst sprechen die Vertreter dieser Auffassung dem Organtreuegrundsatz Rechtsnormcharakter zu[528]. Den Übereinkünften, die grundsätzlich als politische Erklärungen eingestuft werden, könne

---

521 Vgl. v.d.Groeben/Thiesing/Ehlermann-Bieber, Kommentar, Art. 4, Rn. 63.

522 Eine vergleichbare Kooperationspflicht der Verfassungsorgane kennt auch das deutsche Verfassungsrecht; vgl. dazu Schenke, Die Verfassungsorgantreue, Berlin 1977.

523 Der Gerichtshof spricht insoweit von „gegenseitigen Pflichten redlicher Zusammenarbeit"; vgl. das Urt. v. 27. September 1988, Rs. 204/86 (Griechenland./.Rat), Slg. 1988, 5323, 5359 (Rn. 16) sowie das Urt. v. 30. März 1995, Rs. C-65/93 (Parlament./.Rat), Slg. 1995, 643, 668 (Rn. 23).

524 Darauf verweist insbesondere auch der Europäische Gerichtshof in seinem Urt. v. 27. September 1988, aaO; vgl. auch das Urt. v. 10. Februar 1983, Rs. 230/81 (Luxemburg./.Parlament), Slg. 1988, 255, 287 (Rn. 37).

525 Hilf, EuR 1984, 9, 24; Gauweiler, aaO (Anm. 520), S. 115.

526 Bieber, CMLR 1984, 505, 509; v.d.Groeben/Thiesing/Ehlermann-Bieber, Kommentar, Art. 4, Rn. 57, 63.

527 Diese Einschätzung teilt auch Generalanwalt Mancini in seinen Schlußanträgen zur Rs. 204/86 (Griechenland./.Rat), EuGH Slg. 1988, 5323, 5349; ebenso Monar, CMLR 1994, 693, 700; vgl. auch Wyatt/Dashwood, European Community Law, S. 35.

528 Vgl. Gauweiler, aaO (Anm. 520), S. 115 f.

im Einzelfall insoweit rechtliche Bedeutung zukommen, als deren Mißachtung gleichzeitig einen Verstoß gegen die Rechtspflicht der Organtreue darstelle[529].

Darüberhinaus ist auch denkbar, daß ein Organ, das sich über eine rechtlich unverbindliche Absprache hinwegsetzen will, aufgrund der Pflicht zu redlicher Zusammenarbeit die anderen beteiligten Organe zumindest vorher konsultieren muß[530].

Beide Ansätze begegnen jedoch Bedenken. Zunächst erscheint fraglich, ob die Mißachtung einer Klausel einer interinstitutionellen Vereinbarung tatsächlich mit einem Verstoß gegen das Prinzip der Organtreue gleichbedeutend sein kann. Das Schrifttum bescheinigt dem Organtreueprinzip einerseits Rechtsnormqualität, andererseits wird aber eingeräumt, daß sich daraus allein keine konkreten Verhaltenspflichten ableiten lassen. Diese seien vielmehr im Einzelfall unter Berücksichtigung „der verfassungsrechtlichen Ausgestaltung der jeweiligen Kompetenzen" zu ermitteln[531]. Maßstab für die Konkretisierung des Organtreuegrundsatzes ist damit letztlich die vertragliche Kompetenzordnung. Diese ist jedoch nicht Gegenstand, sondern im Gegenteil materielle Grenze interinstitutioneller Vereinbarungen. Nur soweit die vertragliche Regelung der organschaftlichen Kompetenzen Lücken aufweist, kommt ja das Instrument der interinstitutionellen Vereinbarungen überhaupt zur Anwendung[532]. Die Konstellation, in der die Mißachtung einer solchen Vereinbarung gleichzeitig einen Verstoß gegen den Organtreuegrundsatz darstellt, dürfte daher kaum vorkommen. Aus diesen Gründen ist der dargestellte Ansatz, den Übereinkünften über den Hebel des Organtreueprinzips Rechtswirkung zukommen zu lassen, abzulehnen.

Hinsichtlich etwaiger Nebenpflichten ist zu beachten, daß eine Konsultationspflicht der dargestellten Art - ebenso wie eine Pflicht zur Beachtung einer Vereinbarung im obigen Sinne - letztlich allein auf der Rechtspflicht der Organe zur gegenseitigen Rücksichtnahme beruhen würde. Sämtliche Rechtsfolgen eines Verstoßes ergäben sich somit allein aus der Verletzung des Organtreuegrundsatzes. Demnach würde es sich hier nicht um eine Rechtswirkung der entsprechenden interinstitutionellen Vereinbarung handeln.

---

[529] So Hilf und Gauweiler, jeweils aaO (Anm. 525).

[530] Everling, Zur rechtlichen Wirkung von Beschlüssen, Entschließungen, Erklärungen und Vereinbarungen des Rates oder der Mitgliedstaaten der Europäischen Gemeinschaft, in: Gedächtnisschrift Constantinesco, S. 133, 151 leitet aus dem Grundsatz der Gemeinschaftstreue entsprechende Rücksichtnahmepflichten der Mitgliedstaaten ab.

[531] Hilf, aaO (Anm. 525), S. 25.

[532] Vgl. oben unter D.V.2.b (S. 83).

3. Gewohnheitsrechtliche Verfestigung einer institutionellen Praxis

Soweit interinstitutionellen Vereinbarungen mangels Bindungswillens der beteiligten Institutionen eine direkte Rechtsverbindlichkeit abgesprochen werden muß, bleibt eine Verrechtlichung über die Rechtsfigur des Gewohnheitsrechts denkbar. Im Schrifttum wird eine Zuordnung der Übereinkünfte zu dieser Rechtsquelle in der Form für möglich gehalten, daß eine dauerhafte institutionelle Praxis letztlich zu einer gewohnheitsrechtlichen Verfestigung der interinstitutionellen Vereinbarung führen könne, in der diese Praxis - ursprünglich nur politisch bindend - festgelegt ist[533].

Während Gewohnheitsrecht als Rechtsquelle des Völkerrechts durch Art. 38 Abs. 1 lit. b) des Statuts des Internationalen Gerichtshofes ausdrücklich anerkannt ist, wird die Möglichkeit der Bildung von Gewohnheitsrecht im Binnenraum der Europäischen Gemeinschaft in der Literatur seit langem kontrovers diskutiert. Der Europäische Gerichtshof hat die Existenz von Gewohnheitsrecht auf Gemeinschaftsebene bislang nicht ausdrücklich anerkannt. Der wohl überwiegende Teil des Schrifttums geht gleichwohl heute davon aus, daß aus rechtsstaatlichen Erwägungen, insbesondere den Grundsätzen der Rechtssicherheit sowie des Vertrauensschutzes, die Möglichkeit der Bildung von Gewohnheitsrecht auch auf Gemeinschaftsebene grundsätzlich anzuerkennen sei[534]. In Anlehnung an die im Völkerrecht geltenden Grundsätze ist dazu eine gleichförmige, von einer Rechtsüberzeugung getragene Übung der Gemeinschaftsorgane zu fordern[535].

Die dauerhafte praktische Anwendung der Bestimmungen einer interinstitutionellen Vereinbarung kann folglich zu einer gewohnheitsrechtlichen Ver-

---

[533] Grabitz/Läufer, Das Europäische Parlament, S. 171 ff. (Rn. 45 ff.); Läufer, EuR 1979, 261, 271 ff.; Feger, JA 1985, 437, 439; vgl. auch Bleckmann, Europarecht, S. 182 (Rn. 475) sowie Rengeling, Zu den Befugnissen des Europäischen Parlaments beim Abschluß völkerrechtlicher Verträge im Rahmen der Gemeinschaftsverfassung, in: Festschrift Schlochauer, S. 877, 896 f.; Rideau, Droit institutionnel de l'Union et des Communautés européennes, S. 134.

[534] Bleckmann, EuR 1981, 101 ff.; ders., Europarecht, S. 209 ff.; H.P. Ipsen, Europäisches Gemeinschaftsrecht, S. 115 f.; Grabitz/Läufer, aaO (Anm. 533); Läufer, EuR 1979, 261, 271; Schweitzer/Hummer, Europarecht, S. 5 (Rn. 17); Streinz, Europarecht, S. 2 (Rn. 5); aA: Hilf, EuR 1984, 9, 22 f. sowie Rengeling, aaO (Anm. 533); Beutler/Bieber/Pipkorn/Streil, Die Europäische Union - Rechtsordnung und Politik, S. 190 weisen zu Recht darauf hin, daß von den Organen der EG ausgehendes Gewohnheitsrecht niemals im Rang des Vertragsrechts stehen kann.

[535] Vgl. Bleckmann, EuR 1981, 101, 115; Schweitzer/Hummer, Europarecht, S. 5 (Rn. 17).

festigung dieser Praxis führen. Allerdings ist zu beachten, daß die Kategorie des Gewohnheitsrechts neben einer gleichförmigen Übung auf subjektiver Seite eine entsprechende Rechtsüberzeugung (opinio iuris) voraussetzt. Anlaß zur Überprüfung einer etwaigen gewohnheitsrechtlichen Verfestigung einer Vereinbarung besteht ja nur insoweit, als deren Rechtsverbindlichkeit gerade in Ermangelung eines Rechtsbindungswillens der beteiligten Institutionen abgelehnt werden muß. Um eine Verrechtlichung politischer Vereinbarungen über die Rechtsfigur des Gewohnheitsrechts feststellen zu können, ist daher neben einer entsprechenden gleichförmigen institutionellen Praxis insbesondere nachzuweisen, daß sich das Bewußtsein der politischen Bindung im Laufe der Zeit, in der die entsprechende Praxis geübt wird, in ein Bewußtsein rechtlicher Bindung umgewandelt hat.

4. Interpretationshilfe bei der Anwendung des Gemeinschaftsrechts

Soweit eine gewohnheitsrechtliche Verfestigung der in einer interinstitutionellen Vereinbarung getroffenen Festlegungen nicht nachweisbar ist, kann dieser grundsätzlich nur die oben beschriebene politische Wirkung zugesprochen werden[536]. Als politische Erklärung gibt eine solche Übereinkunft die gemeinsame Einstellung der beteiligten Institutionen zu bestimmten Fragen der Gemeinschaftstätigkeit wieder. In dieser Eigenschaft kann sie im Rahmen der subjektiv-historischen Auslegung neben anderen Auslegungsmitteln als Hilfe bei der Interpretation verbindlicher Rechtsakte der Gemeinschaftsorgane dienen[537]. Dies gilt nicht nur für den Europäischen Gerichtshof[538], sondern auch für alle anderen mit der Anwendung des Gemeinschaftsrechts befaßten Stellen.

Insbesondere besteht auch die Möglichkeit, bei der Auslegung von Rechtsakten, die zur Umsetzung der in einer interinstitutionellen Vereinbarung festgelegten Vorsätze dienen, auf die zugrundeliegende Vereinbarung zurückzugreifen. Genau dies hat etwa das Europäische Gericht erster Instanz in seinem Urteil vom 19. Oktober 1995[539] getan. Bei seiner Auslegung des Ratsbeschlusses vom 20. Dezember 1993 über den Zugang der Öffentlichkeit zu Ratsdokumenten[540]

---

[536] Vgl. unter E.II (S. 116 f.).
[537] So auch Monar, CMLR 1994, 693, 703.
[538] In seinem Urteil vom 13. Dezember 1979, Rs. 44/79 (Hauer./.Rheinland Pfalz), Slg. 1979, 3727, 3745 (Rn. 15) hat der Gerichtshof ausdrücklich auf die gemeinsame Grundrechtserklärung vom 5. April 1977 (ABl. C 103, S. 1) Bezug genommen und damit angedeutet, diese gegebenenfalls als Hilfsmittel bei der Definition des im Gemeinschaftsrecht geltenden Grundrechtsstandards heranziehen zu können.
[539] Rs. T-194/94 (Carvel und Guardian Newspapers./.Rat), EuGH Slg. 1995, II-2765.
[540] Beschluß (93/731/EG), ABl. 1993 L 340, S. 43.

stellt das Gericht dort ausdrücklich fest, daß diese „in Einklang" mit dem dem Beschluß zugrundeliegenden Verhaltenskodex für den Zugang der Öffentlichkeit zu Rats- und Kommissionsdokumenten vom 6. Dezember 1993[541] stehe[542].

Zur Charakterisierung dieser Wirkungsweise wurde im Schrifttum mehrfach auf die aus dem britischen Verfassungsrecht bekannte Rechtsfigur der „conventions of the constitution" Bezug genommen. So sieht insbesondere *Ehlermann*[543] in „constitutional conventions" ein im Vergleich zur förmlichen Vertragsänderung „geschmeidigeres Mittel" zur besseren Austarierung des Interorgan-Verhältnisses zugunsten des Europäischen Parlaments. Er befürwortet daher den Abschluß „formloser Vereinbarungen" zwischen den Gemeinschaftsorganen, „um dem Parlament de facto Rechte zu geben, die man ihm de iure nicht geben zu können glaubt", und bezeichnet dies als „Praxis der constitutional conventions" [544]. Auch *Bleckmann*[545] hält es für denkbar, Vereinbarungen zwischen Gemeinschaftsorganen als „konstitutionelle Abmachungen im Sinne des britischen Rechts" anzusehen, macht jedoch dazu keine näheren Ausführungen.

Beutler[546] sieht die Möglichkeit der Einordnung als „constitutional conventions" insoweit, als der Begriff trotz Fehlens einer unmittelbaren Bindungswirkung gewisse rechtliche Wirkungen interinstitutioneller Vereinbarungen nicht ausschließe.

Die besondere Eigentümlichkeit der britischen Verfassung besteht darin, daß sie, anders als die meisten der kontinentaleuropäischen Verfassungen, nicht in Gestalt einer einzigen geschriebenen Urkunde existiert[547]. Die einzelnen geschriebenen Gesetze mit Verfassungsrang werden durch ungeschriebene Rechtsquellen ergänzt. Eine solche Quelle ungeschriebenen Verfassungsrechts stellen auch die „conventions of the constitution" dar. Sie enthalten Regeln für politische Verhaltensweisen einzelner Verfassungsorgane, deren Besonderheit darin liegt, daß sie nicht gerichtlich durchsetzbar sind, sondern in ihrer Geltung allein auf politischen Zweckmäßigkeitserwägungen sowie Loyalität und Respekt gegenüber der Verfassungstradition beruhen[548]. Verfassungskonventionalregeln sind demnach nicht Grundlage gerichtlicher Entscheidungen, sondern dienen den

---

[541] ABl. 1993 L 340, S. 41.
[542] EuG, Urt. v. 19. Oktober 1995, aaO (Anm. 539), S. 2789 (Rn. 66).
[543] Ehlermann, Integration 1971, 162, 170 f.
[544] Ehlermann, aaO.
[545] Europarecht, S. 182 (Rn. 475).
[546] Rechtsfragen des Konzertierungsverfahrens, in: Gedächtnisschrift Sasse, S. 311, 325 f.
[547] Vgl. James, Introduction to English Law, S. 118.
[548] Vgl. Loewenstein, Staatsrecht und Staatspraxis von Großbritannien, Band I, S. 52 ff.

Gerichten als Interpretationshilfe bei der Anwendung verbindlicher Rechtsregeln[549].

Den Befürwortern einer Übertragung dieser Rechtsfigur in das Gemeinschaftsrecht ist zuzugestehen, daß „constitutional conventions“ eine mögliche Wirkungsweise verfassungspolitischer Verhaltensregeln veranschaulichen, die - wie dargelegt wurde - auch nicht rechtsverbindlichen interinstitutionellen Vereinbarungen zugeschrieben werden kann. Im Hinblick auf die angedeuteten Besonderheiten des britischen Verfassungssystems und die Tatsache, daß sich die entsprechenden Wirkungen interinstitutioneller Vereinbarungen auch mit Begriffen des Gemeinschaftsrechts erfassen lassen, sollte jedoch auf eine Übertragung der Rechtsfigur der „constitutional conventions“ in das Europäische Gemeinschaftsrecht verzichtet werden[550].

5. Zusammenfassung

Soweit interinstitutionellen Vereinbarungen unter Berücksichtigung der erarbeiteten Kriterien eine Rechtsverbindlichkeit nicht zugestanden werden kann, bleiben deren Wirkungen grundsätzlich politischer Art. Das bedeutet vor allem, daß die jeweils festgelegten Regeln nicht mit den Mitteln des Rechts durchsetzbar sind.

Auch als politische Erklärungen geben interinstitutionelle Vereinbarungen gleichwohl die subjektive Auffassung der beteiligten Gemeinschaftsinstitutionen zu bestimmten Fragen der Gemeinschaftstätigkeit wieder. In dieser Eigenschaft eignen sie sich als Hilfsmittel bei der Interpretation verbindlicher Rechtsakte der Institutionen. Zwar sind die Absprachen hinsichtlich dieser Wirkungsweise mit den aus dem britischen Verfassungsrecht bekannten „constitutional conventions“ vergleichbar, eine Übertragung dieser Rechtsfigur in das Europäische Gemeinschaftsrecht ist jedoch aufgrund der spezifischen Besonderheiten der britischen Verfassung abzulehnen.

Falls sich aus der Beachtung der in einer unverbindlichen Vereinbarung festgelegten Regeln eine gleichförmige institutionelle Praxis von gewisser Dauer

---

549 Meyn, Die Verfassungs-Konventionalregeln im Verfassungssystem Großbritanniens, S. 107 - 111, 224.

550 Aufgrund ähnlicher Erwägungen lehnt auch ein großer Teil des Schrifttums die Qualifizierung als „constitutional conventions“ als „systemfremde Anleihe“ ab: Hilf, EuR 1984, 9, 19 f; Gauweiler, Die rechtliche Qualifikation interorganschaftlicher Absprachen im Europarecht, S. 72; vgl. auch Läufer, EuR 1979, 261, 273 ff. sowie Grabitz/Läufer, Das Europäische Parlament, S. 174.

ergibt, kann es zu einer gewohnheitsrechtlichen Verfestigung dieser Regeln kommen, falls in subjektiver Hinsicht bei den Institutionen ein Bewußtseinsübergang von der politischen zu einer rechtlichen Verpflichtung nachweisbar ist.

Der sog. Rechtsgrundsatz der Organtreue läßt sich nur anhand der vertraglichen Kompetenzordnung konkretisieren. Da diese Grenze und nicht Gegenstand interinstitutioneller Vereinbarungen ist, dürften letztere, soweit sie nicht selbst rechtsverbindlich sind, auch kaum über den Hebel des Organtreuegrundsatzes Rechtswirkung erlangen. Soweit die Mißachtung einer politischen Vereinbarung dennoch gleichzeitig einen Verstoß gegen den Organtreuegrundsatz bedeuten sollte, ergäben sich die entsprechenden Rechtsfolgen letztlich nicht aus der interinstitutionellen Vereinbarung, sondern ausschließlich aus der Verletzung der vertraglichen Kompetenzordnung.

Eine Zuordnung der nicht rechtsverbindlichen Vereinbarungen zur Kategorie des „soft law" besäße aufgrund der Unschärfe des Begriffs keinen eigenständigen Erkenntniswert und ist daher abzulehnen.

F. Justitiabilität interinstitutioneller Vereinbarungen

Nachdem die möglichen Rechtswirkungen interinstitutioneller Vereinbarungen untersucht wurden, stellt sich die damit zusammenhängende Frage, in welchem Umfang die Übereinkünfte durch den Europäischen Gerichtshof justitiabel sind.

Grundsätzlich sind zwei Konstellationen denkbar, in denen interinstitutionelle Vereinbarungen bei einem Rechtsschutzverfahren vor dem Gerichtshof eine Rolle spielen können. Zum einen könnte eine Vereinbarung selbst angefochten und dadurch zum Gegenstand einer Nichtigkeitsklage i.S.v. Art. 230 (ex-Art. 173) EGV werden[551]. Zum anderen ist es denkbar, daß eine Übereinkunft dem Europäischen Gerichtshof bei der Überprüfung von Akten des abgeleiteten Gemeinschaftsrechts als Maßstab dient[552]. Diese Konstellation erscheint neben der Nichtigkeitsklage nach Art. 230 (ex-Art. 173) EGV auch bei einer Untätig-

---

[551] Ebenso Waelbroeck, Les „déclarations communes" en tant qu'instruments d'un accroissement des compétences du Parlement européen, in: Louis/Waelbroeck (Hrsg.), Le Parlement européen dans l'évolution institutionnelle, S. 79, 84, die darüberhinaus in interinstitutionellen Vereinbarungen einen möglichen Gegenstand eines Vorabentscheidungsverfahrens nach Art. 234 (ex-Art. 177) Abs. 1 lit. b EGV sehen.

[552] Thiaville, Déclarations communes du Parlement européen, du Conseil et de la Commission, in: Barav/Philip (Hrsg.), Dictionnaire juridique des Communautés européennes, S. 341, 345 sieht ebenfalls diese beiden Möglichkeiten.

keitsklage nach Art. 232 (ex-Art. 175) EGV sowie im Vorabentscheidungsverfahren nach Art. 234 (ex-Art. 177) EGV möglich.

Während eine interinstitutionelle Vereinbarung selbst bislang noch nicht vor dem Europäischen Gerichtshof angefochten wurde[553], so sind in jüngerer Zeit zwei Urteile ergangen, in denen der Gerichtshof zur Beurteilung anderer Gemeinschaftsrechtsakte in der beschriebenen Weise auf einzelne Übereinkünfte zurückgegriffen hat[554]. Unter Berücksichtigung dieser Rechtsprechung ist zu untersuchen, auf welche Weise interinstitutionelle Vereinbarungen sich im Rahmen der genannten Klagearten in das Rechtsschutzsystem der Gemeinschaft einfügen lassen.

I. Interinstitutionelle Vereinbarungen als Gegenstand einer Nichtigkeitsklage nach Art. 230 (ex-Art. 173) EGV

Die Nichtigkeitsklage nach Art. 230 (ex-Art. 173) EGV eröffnet den Mitgliedstaaten, den einzelnen Gemeinschaftsbürgern und Unternehmen sowie den Organen der Gemeinschaft selbst die Möglichkeit, die Akte des abgeleiteten Gemeinschaftsrechts einer gerichtlichen Überprüfung zu unterziehen. Zur Gesamtheit dieser Organakte zählen auch interinstitutionelle Vereinbarungen[555], so daß auch diese grundsätzlich geeignet sind, Gegenstand einer Klage gemäß Art. 230 (ex-Art. 173) EGV zu sein[556].

1. Zulässigkeitsfragen

Als mit der Nichtigkeitsklage angreifbare Akte bezeichnet der Vertrag in Art. 230 (ex-Art. 173) Abs. 1 EGV die gemeinsamen Handlungen des Europäischen Parlaments und des Rates, die Handlungen des Rates, der Kommission und der Europäischen Zentralbank sowie Handlungen des Europäischen Parlaments mit Rechtswirkungen gegenüber Dritten. Der Begriff

---

[553] In der Rechtssache 204/86 (Griechenland./.Rat) richtete Griechenland seinen Klageantrag mittelbar auch gegen die Gemeinsame Erklärung vom 30. Juni 1982 zum Haushaltsverfahren, indem es die dort vorgenommene Klassifizierung der Haushaltsmittel als rechtswidrig rügte; vgl. die Darstellung im Sitzungsbericht, EuGH Slg. 1988, 5325, 5328.

[554] EuGH, Urt. v. 19. März 1996, Rs. C-25/94 (Kommission./.Rat), Slg. 1996, I-1469; Urt. v. 12. Mai 1998, Rs. C-106/96 (Vereinigtes Königreich./.Kommission), Slg. 1998, I-2729.

[555] Vgl. oben unter D.V.2.a (S. 79).

[556] Ebenso Waelbroeck, Les „déclarations communes“ en tant qu'instruments d'un accroissement des compétences du Parlement européen, in: Louis/Waelbroeck (Hrsg.), Le Parlement européen dans l'évolution institutionnelle, S. 79, 84.

der „Handlung" ist jedoch nach der ständigen Rechtsprechung des Europäischen Gerichtshofes so weit auszulegen, daß er über die ausdrücklich genannten Typen hinaus alle Maßnahmen der Organe erfaßt, die dazu bestimmt sind, Rechtswirkungen zu erzeugen[557]. Dabei hat der Gerichtshof deutlich gemacht, daß er neben Rechtswirkungen im Verhältnis zwischen der Gemeinschaft und Dritten auch interne Rechtswirkungen zwischen den Gemeinschaftsorganen als ausreichend anerkennt[558].

Eine interinstitutionelle Vereinbarung ist folglich im Wege einer Nichtigkeitsklage anfechtbar, soweit sie ihre Adressaten, d.h. regelmäßig die beteiligten Institutionen, in Ausnahmefällen auch außenstehende Dritte, rechtlich bindet[559]. Ob diese Voraussetzung erfüllt ist, ist von Fall zu Fall anhand der oben erarbeiteten Kriterien zu beurteilen.

Ohne besonderes Rechtsschutzinteresse aktivlegitimiert sind bei der Nichtigkeitsklage nach Art. 230 (ex-Art. 173) Abs. 2, 3 EGV neben den Mitgliedstaaten der Gemeinschaft der Rat und die Kommission. Für das Europäische Parlament, den Rechnungshof und die Europäische Zentralbank gilt die Einschränkung, daß diese nur zur Wahrung ihrer eigenen Rechte klagen können. Für die Anfechtung interinstitutioneller Vereinbarungen kommen somit die Mitgliedstaaten sowie die Organe und Institutionen der Gemeinschaft als Kläger in Betracht. Allerdings ist zu berücksichtigen, daß das Europäische Parlament, die Kommission und der Rat regelmäßig selbst an Ausarbeitung und Abschluß der Vereinbarungen beteiligt sind. Sie dürften dementsprechend in der Regel keinen Anlaß zu deren Anfechtung haben. Gleichwohl bleibt beispielsweise denkbar, daß ein Organ nachträglich erkennt, daß es eine vertragswidrige Vereinbarung unterzeichnet hat, und diese daraufhin vor dem Europäischen Gerichtshof angreift.

Fraglich ist, ob auch der einzelne Gemeinschaftsbürger berechtigt ist, eine interinstitutionelle Vereinbarung vor dem Europäischen Gerichtshof anzufechten. Art. 230 (ex-Art. 173) Abs. 4 EGV gesteht natürlichen und juristischen Personen das Klagerecht nur unter der Voraussetzung zu, daß sie durch die anzufechtende

---

[557] Vgl. EuGH, Urt. v. 31. März 1971, Rs. 22/70 (Kommission./.Rat), Slg. 1971, S. 263, 277 (Rn. 38/42); Urt. v. 25. Juni 1995, Rs. C-135/93 (Spanien./.Kommission), Slg. 1995, I-1651, 1679 f. (Rn. 20); Urt. v. 19. März 1996, Rs. C-25/94 (Kommission./.Rat), Slg. 1996, I-1469, 1505 (Rn. 29); Urt. v. 30. April 1996, Rs. C-58/94 (Niederlande./.Rat), Slg. 1996, I-2169, 2195 (Rn. 24).

[558] EuGH, Urt. v. 19. März 1996, aaO (Anm. 557), S. 1507 f. (Rn. 37).

[559] Ebenso Monar, CMLR 1994, 693, 701; Morand, La législation dans les Communautés européennes, S. 114; Waelbroeck, aaO (Anm. 556), S. 84.

Maßnahme „unmittelbar und individuell“ betroffen werden[560]. Angesichts der Tatsache, daß interinstitutionelle Vereinbarungen sich ganz überwiegend auf die interne Organisation der Gemeinschaft und die Zusammenarbeit ihrer Organe und Institutionen beziehen[561], erscheint eine solche unmittelbare und individuelle Betroffenheit des einzelnen Gemeinschaftsbürgers durch eine Vereinbarung weitgehend ausgeschlossen. Lediglich die Vereinbarung betreffend das Untersuchungsrecht des Europäischen Parlaments sowie die Übereinkunft zum Bürgerbeauftragten berühren auch unmittelbar die Rechtsstellung des einzelnen Gemeinschaftsbürgers[562]. Auch hier erscheint jedoch zweifelhaft, ob eine unmittelbare und individuelle Betroffenheit des einzelnen durch die Vereinbarung selbst möglich ist. Hinsichtlich des Beschlusses zum Untersuchungsrecht dürfte eine unmittelbare Rechtsbetroffenheit i.S.v. Art. 230 (ex-Art. 173) Abs. 4 EGV erst nach Erlaß der erforderlichen Durchführungsmaßnahmen, beispielsweise der Ladung als Zeuge, annehmbar sein, mit der Folge, daß dann letztere, nicht aber die zugrundeliegende interinstitutionelle Vereinbarung anzufechten wäre. Ebenso wäre etwa bei der Ablehnung einer Beschwerde durch den Bürgerbeauftragten - beispielsweise wegen Fristablauf - der ablehnende Bescheid und nicht die zugrundeliegende interinstitutionelle Vereinbarung anzufechten. Folglich dürfte der Kreis der potentiellen Kläger gegen interinstitutionelle Vereinbarungen sich in der Praxis auf die in Art. 230 (ex-Art. 173) Abs. 2, 3 EGV genannten Institutionen und Mitgliedstaaten der Gemeinschaft beschränken.

Die Klage nach Art. 230 (ex-Art. 173) EGV ist gegen die Organe zu richten, die die in Frage stehende Handlung erlassen haben[563]. Für den Fall der Anfechtung einer interinstitutionellen Vereinbarung sind folglich alle daran beteiligten Gemeinschaftsorgane passivlegitimiert.

2. Voraussetzungen der Begründetheit

Die Nichtigkeitsklage ist begründet, soweit der angegriffene Rechtsakt mit einem der in Art. 230 (ex-Art. 173) Abs. 2 EGV genannten Mängel behaftet ist. Als solche werden vom Vertrag „Unzuständigkeit“, die „Verletzung einer wesentlichen Formvorschrift“ sowie die „Verletzung des Vertrags oder einer bei seiner Durchführung anzuwendenden Rechtsnorm“ genannt.

---

[560] Zur Art des Betroffenseins vgl. v.d.Groeben/Thiesing/Ehlermann-Krück, Kommentar, Art. 173, Rn. 43-59.

[561] Vgl. oben unter B.II (S. 8 ff.) sowie unter D.II.2.b (S. 49).

[562] Siehe oben unter D.II.2.a (S. 46 f.).

[563] Vgl. v.d.Groeben/Thiesing/Ehlermann-Krück, Kommentar, Art. 173, Rn. 26.

a. Unzuständigkeit

Der Tatbestand der Unzuständigkeit dient der Wahrung des Prinzips der begrenzten Ermächtigung[564]. Er ist gundsätzlich dann verwirklicht, wenn die Gemeinschaftsorgane einen Rechtsakt erlassen, ohne nach dem Gemeinschaftsrecht dazu befugt zu sein[565]. Dabei ist zu unterscheiden zwischen der sog. absoluten Unzuständigkeit, bei der der Regelungsgegenstand des fraglichen Aktes nicht in den Zuständigkeitsbereich der Gemeinschaft an sich fällt, und der sog. relativen Unzuständigkeit, bei der ein Gemeinschaftsorgan im Zuständigkeitsbereich eines anderen Organs handelt[566].

Bezüglich der gegebenen Fragestellung ist dementsprechend einerseits denkbar, daß die Gemeinschaftsorgane durch eine interinstitutionelle Vereinbarung Festlegungen auf einem Gebiet treffen, das nicht in den Zuständigkeitsbereich der Europäischen Gemeinschaft fällt. Zum anderen ist unter dem Gesichtspunkt der relativen Unzuständigkeit vor allem die Beachtung der vertraglichen Kompetenzordnung, so wie sie oben als materielle Grenze interinstitutioneller Vereinbarungen dargestellt wurde[567], zu überprüfen. In diesem Zusammenhang könnte etwa darüber zu befinden sein, ob die dem Europäischen Parlament durch interinstitutionelle Vereinbarungen zugestandenen Beteiligungsrechte bei bestimmten Organverfahren noch mit der ursprünglichen vertraglichen Kompetenzverteilung vereinbar sind[568]. Darüberhinaus ist hier die Beachtung der hinsichtlich des zulässigen Adressatenkreises bestehenden Grenzen der jeweiligen Ermächtigung zum Abschluß interinstitutioneller Vereinbarungen zu überprüfen[569]. So wäre beispielsweise der Tatbestand der Unzuständigkeit verwirklicht, wenn die Gemeinschaftsinstitutionen ohne ausdrückliche vertragliche Ermächtigung auf der Grundlage ihres Selbstorganisationsrecht eine Vereinbarung träfen, die unmittelbar in die Rechte außenstehender Dritter eingreift. Auch die Überschreitung einer ausdrücklich vertraglich zugewiesenen Kompetenz zum Erlaß einer Übereinkunft ist als Fall der Unzuständigkeit i.S.v. Art. 230 (ex-Art. 173) Abs. 2 EGV theoretisch denkbar.

---

564 Geiger, EG-Vertrag, Art. 173, Rn. 30.

565 Vgl. Wohlfarth/Everling/Glaesner/Sprung, Kommentar, Art. 173, Anm. 6; v.d.Groeben/Thiesing/Ehlermann-Krück, Kommentar, Art. 173, Rn. 71.

566 Vgl. Louis/Vandersanden/Waelbroeck/Waelbroeck, Commentaire Mégret, Art. 173, Anm. 37; Grabitz/Hilf-Wenig, Kommentar, Art. 173, Rn. 21.

567 Siehe unter D.V.2.b (S. 81 ff.).

568 Vgl. Schweitzer/Hummer, Europarecht, S. 291 (Rn. 940), denen im Hinblick auf das Konzertierungsverfahren „die Grenzen der Selbstverpflichtung und des Verzichts der Organe auf ihnen zustehende Befugnisse erreicht" scheinen.

569 Siehe oben unter D.V.1 (S. 76 ff.).

b. Verletzung einer wesentlichen Formvorschrift

Bei der Verabschiedung interinstitutioneller Vereinbarungen zu beachtende Formvorschriften können zunächst in Gestalt der wenigen Vertragsnormen existieren, die deren Abschluß ausdrücklich vorsehen[570]. So schreibt Art. 195 (ex-Art. 138 e) Abs. 4 EGV beispielsweise vor, daß der Beschluß über die Regelungen und allgemeinen Bedingungen für die Ausübung der Aufgaben des Bürgerbeauftragten „nach Stellungnahme der Kommission und nach mit qualifizierter Mehrheit erteilter Zustimmung des Rates“ zu fassen ist.

Fraglich ist dagegen, ob die in Art. 253 (ex-Art. 190) EGV statuierte allgemeine Begründungspflicht auch für interinstitutionelle Vereinbarungen gilt. Nach dem Wortlaut der Vorschrift sind lediglich Verordnungen, Richtlinien und Entscheidungen, also die in Art. 249 (ex-Art. 189) EGV vorgesehenen verbindlichen Rechtshandlungen, mit Gründen zu versehen. Im Schrifttum wird gleichwohl die Einbeziehung der Kategorie der sogenannten Rechtsakte „sui generis“, der auch die interinstitutionellen Vereinbarungen zuzuordnen sind[571], in die Begründungspflicht befürwortet[572]. Auch die Rechtsprechung des Europäischen Gerichtshofes läßt erkennen, daß die Aufzählung des Art. 253 (ex-Art. 190) EGV nicht abschließend ist, sondern gegebenenfalls erweitert werden kann[573].

Zweck der Begründungspflicht ist neben der Effektivierung des Rechtsschutzes und der Vereinfachung der Kontrolle der Rechtsetzung durch den Europäischen Gerichtshof auch eine Selbstkontrolle der rechtsetzenden Gemeinschaftsorgane[574]. Alle diese Zielvorgaben erscheinen auch dann sinnvoll, wenn die Gemeinschaftsinstitutionen durch den Abschluß verbindlicher interinstitutioneller Vereinbarungen rechtsetzend tätig werden. Insbesondere eine Selbstkontrolle der Gemeinschaftsinstitutionen erscheint im Hinblick auf die dargestellten Grenzen der Ermächtigung zum Abschluß der Übereinkünfte[575] vernünftig. Folglich sind rechtsverbindliche interinstitutionelle Vereinbarungen in den Anwendungs-

---

570 Zu diesen Vorschriften vgl. unter D.III.1-5 (S. 51 ff.).

571 Vgl. oben unter D.V.2.a (S. 79 ff.); anstelle der Bezeichnung „sui generis“ wird dort der Terminus „sonstige Rechtshandlungen“ verwandt.

572 Scheffler, Die Pflicht zur Begründung von Maßnahmen nach den europäischen Gemeinschaftsverträgen, S. 167 ff.; aA: le Tallec/Ehlermann, AWD 1966, 149, 154.

573 EuGH, Urt. v. 31. März 1971, Rs. 22/70 (Kommission./.Rat), Slg. 1971, 263, 282 f. (Rn. 98 f.); eine gegenteilige Deutung dieses Urteils findet sich bei Louis/Vandersanden/ Waelbroeck/Waelbroeck, Commentaire Mégret, Art. 173, Anm. 39 a.E.; wie hier Scheffler, aaO (Anm. 572), S. 168 f.

574 Vgl. Constantinesco, Das Recht der Europäischen Gemeinschaften, Band I, S. 589 f.; Beutler/ Bieber/Pipkorn/Streil, Die Europäische Union - Rechtsordnung und Politik, S. 221.

575 Siehe oben unter D.V (S. 76 ff.).

bereich des Art. 253 (ex-Art. 190) EGV einzubeziehen, der damit als Formvorschrift im Sinne von Art. 230 (ex-Art. 173) Abs 2 EGV bei deren Erlaß zu beachten ist.

Soweit ein Verstoß gegen eine der genannten Formvorschriften als „wesentlich" im Sinne des Art. 230 (ex-Art. 173) Abs. 2 EGV anzusehen ist[576], kann dieser zur Aufhebung der jeweiligen Vereinbarung führen.

c. Verletzung des Vertrages oder einer bei seiner Durchführung anzuwendenden Rechtsnorm

Schließlich ist eine Klage nach Art. 230 (ex-Art. 173) EGV begründet, wenn der angefochtene Rechtsakt den Tatbestand der „Verletzung dieses Vertrages oder einer bei seiner Durchführung anzuwendenden Rechtsnorm" verwirklicht. Eine gegen eine interinstitutionelle Vereinbarung gerichtete Nichtigkeitsklage könnte folglich auf die Behauptung gestützt werden, daß diese die ihr durch den Vertrag gesetzten materiellen Grenzen überschreitet. Wie bereits dargelegt wurde, bestehen diese Grenzen insbesondere in Gestalt der Normen des primären Gemeinschaftsrechts, darunter insbesondere der vertraglichen Kompetenzordnung[577].

Soweit man die „Verletzung des Vertrages" als einen im Verhältnis zu den anderen Alternativen des Art. 230 (ex-Art. 173) Abs. 2 EGV subsidiären Auffangtatbestand ansieht[578], kommt dieser allerdings nur zur Anwendung, wenn es sich bei der mißachteten Norm nicht um eine Zuständigkeits- oder Formvorschrift handelt. Der Europäische Gerichtshof geht demgegenüber in seinen Urteilsbegründungen regelmäßig vom Oberbegriff der Rechtswidrigkeit der angefochtenen Maßnahme aus. Demnach führt die Unvereinbarkeit einer in einer interinstitutionellen Vereinbarung getroffenen Regelung mit einer Vertragsnorm jedenfalls zu deren Aufhebung durch den Gerichtshof.

---

[576] Zum Wesentlichkeits-Kriterium vgl. Grabitz/Hilf-Wenig, Kommentar, Art. 173 Rn. 27 ff.; Louis/Vandersanden/Waelbroeck/Waelbroeck, Commentaire Mégret, Art. 173, Anm. 39 ff.

[577] Siehe oben unter D.V.2.b (S. 81 ff.).

[578] So das Schrifttum; vgl. v.d.Groeben/Thiesing/Ehlermann-Krück, Kommentar, Art. 173, Rn. 87 f.; Lenz-Borchardt, EG-Vertrag, Art. 173, Rn. 74.

3. Urteilsinhalt

Soweit die Klage nach Maßgabe obiger Erörterungen zulässig und begründet ist, hat der Gerichtshof die angefochtene interinstitutionelle Vereinbarung nach Art. 231 (ex-Art. 174) Abs. 1 EGV für nichtig zu erklären. Das Urteil hat Gestaltungswirkung und wirkt erga omnes[579]. Falls die angefochtene Vereinbarung aus mehreren, sinnvoll voneinander abtrennbaren Teilen besteht, und nur einer dieser Teile nichtig ist, kann der Gerichtshof auch die Teilnichtigkeit der Vereinbarung erklären[580].

II. Interinstitutionelle Vereinbarungen als Prüfungsmaßstab bei der Nichtigkeitsklage, der Untätigkeitsklage sowie im Vorabentscheidungsverfahren

Neben der Möglichkeit der Anfechtung einer interinstitutionellen Vereinbarung selbst stellt sich die Frage nach der Justitiabilität auch unter dem Aspekt, inwieweit eine Übereinkunft bei der Rechtmäßigkeitskontrolle oder der Auslegung abgeleiteter Gemeinschaftsrechtsakte durch den Europäischen Gerichtshof als Prüfungsmaßstab dienen kann. Hier ist vor allem an den Fall zu denken, daß ein Organ die in einer Vereinbarung eingegangene Verpflichtung nicht erfüllt und ein anderes Organ dagegen klagt. Da der EG-Vertrag ein eigenständiges Organstreitverfahren nicht vorsieht, werden derartige Streitigkeiten im Wege der Nichtigkeits- bzw. Untätigkeitsklage ausgetragen.

Der Europäische Gerichtshof überprüft bei der Nichtigkeitsklage grundsätzlich jede Verletzung einer höherrangigen Rechtsnorm durch den angegriffenen Rechtsakt. Zwar sind interinstitutionelle Vereinbarungen als gemeinsame Akte der Gemeinschaftsinstitutionen selbst der Kategorie des abgeleiteten Gemeinschaftsrechts zuzurechnen[581]. Jedoch kann auch zwischen einzelnen Quellen des sekundären Gemeinschaftsrechts ein Rangverhältnis bestehen. So existieren beispielsweise vielfältige Normen, die Modalitäten der Rechtsetzung festlegen, die beim Erlaß anderer abgeleiteter Rechtsakte von den Organen zu beachten sind. Als Beispiel lassen sich etwa die Geschäftsordnungen der einzelnen Organe anführen. Wie sich bereits aus dem Wortlaut des Art. 173 Abs. 2 EGV ergibt[582],

---

[579] v.d.Groeben/Thiesing/Ehlermann-Krück, Kommentar, Art. 174, Rn. 2 f.; Geiger, EG-Vertrag, Art. 174, Rn. 1 f.

[580] Vgl. v.d.Groeben/Thiesing/Ehlermann-Krück, Kommentar, Art. 174, Rn. 4.

[581] Vgl. oben unter D.V.2.a (S. 79).

[582] Dort ist als Klagegrund insbesondere die Verletzung einer bei der Durchführung des Vertrages anzuwendenden Rechtsnorm genannt.

können derartige Verfahrens- und Formvorgaben des abgeleiteten Gemeinschaftsrechts trotz ihrer formal gleichen Rangstellung anerkanntermaßen als Maßstab bei der Rechtmäßigkeitsprüfung von anderen sekundären Gemeinschaftsrechtsakten dienen[583].

Auch interinstitutionelle Vereinbarungen enthalten vielfach derartige Verfahrensregeln, die bei dem Erlaß bestimmter Akte des sekundären Gemeinschaftsrechts zu beachten sind. Beispielhaft sei insoweit auf die Gemeinsame Erklärung zum Konzertierungsverfahren vom 22. April 1975[584] oder die Vereinbarung über die Verfahren zur Anwendung des Subsidiaritätsprinzips vom 25. Oktober 1993[585] verwiesen. Ob man interinstitutionellen Vereinbarungen angesichts dessen generell eine Rangstellung zwischen Primär- und Sekundärrecht attestieren will, wie *Bleckmann*[586] dies tut, kann hier dahinstehen. Für die gegebene Fragestellung entscheidend ist, daß die Vereinbarungen Vorschriften enthalten, die bei dem Erlaß abgeleiteter Gemeinschaftsrechtsakte zu beachten sind. Dementsprechend ist auch denkbar, daß sie diese Akte der Gemeinschaftsorgane, soweit sie ihnen widersprechen, nach Art. 230 (ex-Art. 173) EGV anfechtbar machen können[587]. Ebenso besteht die Möglichkeit, daß eine interinstitutionelle Vereinbarung ein Gemeinschaftsorgan zum Erlaß eines bestimmten Rechtsaktes verpflichtet und so zur Grundlage einer Untätigkeitsklage nach Art. 232 (ex-Art. 175) EGV werden kann[588].

Bei all diesen Konstellationen ist allerdings zu beachten, daß eine interinstitutionelle Vereinbarung nur dann für die Beurteilung der Rechtmäßigkeit anderer abgeleiteter Rechtsakte maßgeblich sein kann, wenn sie selbst rechtlich verbindlich ist. Ob diese Grundvoraussetzung erfüllt ist, ist daher in jedem Einzelfall anhand der erarbeiteten Kriterien zu überprüfen[589]. Soweit einer Vereinbarung jegliche rechtliche Bindungswirkung abzusprechen ist, scheidet auch eine Berücksichtigung der beschriebenen Art durch den Europäischen Gerichtshof aus.

---

583 Vgl. etwa für die Geschäftsordnungsvorschriften: v.d.Groeben/Thiesing/Ehlermann-Krück, Kommentar, Art. 173, Rn. 82 mit Nachweisen aus der Rechtsprechung des Europäischen Gerichtshofes.

584 ABl. 1975 C 89, S. 1; näheres oben unter C.II (S. 16 ff.).

585 ABl. 1993 C 329, S. 135; näheres dazu oben unter C.VII (S. 26 f.).

586 Europarecht, S. 182 (Rn. 475).

587 Ebenso Generalanwalt Mancini in seinen Schlußanträgen zur Rs. 204/86 (Griechenland./.Rat), EuGH Slg. 1988, 5323, 5349.

588 Diese Möglichkeit erörtert auch Gauweiler, Die rechtliche Qualifikation interorganschaftlicher Absprachen im Europarecht, S. 137 ff.

589 Siehe oben unter E.I.2.c (S. 106 ff.).

Hinsichtlich der Zulässigkeit der einzelnen Klagearten ergeben sich keine Besonderheiten. Es gilt die vertragliche Regelung, ergänzend ist auf die vom Europäischen Gerichtshof in seiner Rechtsprechung erarbeiteten Grundsätze zurückzugreifen[590]. Die Tatsache, daß einige interinstitutionelle Vereinbarungen auf eine Stärkung der Befugnisse des Europäischen Parlaments abzielen[591], läßt darauf schließen, daß letzterem unter den möglichen Klägern eine besondere Rolle zukommen könnte[592].

Im Rahmen der Begründetheitsprüfung ist eine Berücksichtigung interinstitutioneller Vereinbarungen in vielfältiger Weise denkbar. Angesichts der Tatsache, daß die Übereinkünfte vielfach der gegenseitigen Kompetenzabgrenzung zwischen den Organen dienen, könnte die Mißachtung einer Vereinbarung zunächst den Tatbestand der „Unzuständigkeit" verwirklichen. Eine „Verletzung einer wesentlichen Formvorschrift" i.S.v. Art. 230 (ex-Art. 173) Abs. 2 EGV erscheint ebenso möglich wie eine „Verletzung einer bei der Durchführung des Vertrages anzuwendenden Rechtsnorm" im Sinne der gleichen Vorschrift. Darüberhinaus wird auch die Subsumtion unter den formal einzigen Klagegrund der Untätigkeitsklage, die „Verletzung des Vertrages", zu überprüfen sein. Schließlich ist fraglich, welche Rolle interinstitutionelle Vereinbarungen bei der Auslegung bzw. der Gültigkeitskontrolle abgeleiteter Gemeinschaftsrechtsakte im Vorabentscheidungsverfahren nach Art. 234 (ex-Art. 177) Abs. 1 lit. b EGV spielen können.

Im Schrifttum wird die Zuordnung der Übereinkünfte zu den verschiedenen Klagegründen der Art. 230 (ex-Art. 173) und Art. 232 (ex-Art. 175) EGV ebenso kontrovers beurteilt wie die rechtliche Einordnung der Übereinkünfte überhaupt. Soweit bereits eine Rechtswirkung der Vereinbarungen verneint wird[593], folgt mitunter konsequenterweise auch eine Ablehnung ihrer Justitiabilität[594]. Unter

---

[590] Eine umfassende Darstellung dieser Grundsätze findet sich bei v.d.Groeben/Thiesing/Ehlermann-Krück, Kommentar, Art. 173, Rn. 1-69, Art. 175, Rn. 1-30, Art. 177, Rn. 52-79.

[591] Beispiele: Die „Luns/Westerterp"-Erklärungen (nicht amtlich veröffentlicht) oder die Gemeinsame Erklärung zum Konzertierungsverfahren vom 15. März 1975 (ABl. 1975 C 89, S. 1); dazu oben unter C.I/II (S. 13 ff.).

[592] Ebenso Monar, CMLR 1994, 693, 702.

[593] Läufer, EuR 1979, 261 ff.; Glaesner, EuR 1981, 9, 14 ff.; ders., Das Konzertierungsverfahren zwischen Rat und Europäischem Parlament, in: ders., Das Recht als Gestaltungsmittel der Politik der EG, S. 125, 129 f.; Dewost/Lepoivre, RMC 1982, 514, 518; Feger, JA 1985, 437 ff.; Zangl, CMLR 1989, 675, 678; Régnier-Heldmaier, RMC 1994, 94, 98; ebenso letztlich auch Hilf, EuR 1984, 9 ff. und Gauweiler, Die rechtliche Qualifikation interorganschaftlicher Absprachen im Europarecht, S. 134 ff.

[594] So etwa Hilf, aaO (Anm. 593) im Hinblick auf die Gemeinsame Erklärung zum Konzertierungsverfahren vom 15. März 1975 (ABl. 1975 C 89, S. 1); auch Gauweiler, aaO (Anm. 593) sieht in Analogie zu ihrer hinsichtlich der Bindungswirkung vertretenen Auf-

den Befürwortern einer Justitiabilität wiederum besteht keine Einigkeit hinsichtlich der Subsumtion unter einen der möglichen Klagegründe. Während *Bieber*[595] eine Einordnung als „wesentliche Formvorschrift" i.S.v. Art. 230 (ex-Art. 173) EGV für möglich hält, werten *Waelbroeck*[596] und *Joliet*[597] die Mißachtung einer Vereinbarung als „Verletzung dieses Vertrages oder einer bei seiner Durchführung anzuwendenden Rechtsnorm". *Monar*[598] hält bei nachgewiesener Rechtsverbindlichkeit der in Frage stehenden Vereinbarung beide Alternativen für möglich.

1. Unzuständigkeit i.S.v. Art. 230 (ex-Art. 173) Abs. 2 EGV

Der Nichtigkeitsgrund der Unzuständigkeit ist grundsätzlich verwirklicht, wenn die Gemeinschaftsorgane eine Befugnis ausüben, die ihnen durch das Gemeinschaftsrecht nicht verliehen wurde[599]. Dies ist insbesondere dann der Fall, wenn ein Organ im Zuständigkeitsbereich eines anderen Organs tätig wird. Besondere Bedeutung kommt dieser Fallgruppe der sog. relativen Unzuständigkeit bei der Abgrenzung der Rechtsetzungsbefugnisse zwischen Rat und Kommission zu, so zum Beispiel, wenn die Kommission eine Verordnung erläßt, obwohl eigentlich der Rat zuständig ist[600]. In diesem Zusammenhang können auch rechtsverbindliche interinstitutionelle Vereinbarungen als Maßstab der Rechtmäßigkeitsprüfung dienen, da sie ja vielfach Regelungen über die gegenseitige Abgrenzung der Organkompetenzen enthalten.

Eine solche Konstellation liegt auch dem Urteil des Europäischen Gerichtshofes vom 12. Mai 1998[601] zugrunde, in dem erstmals die Unzuständigkeit eines Organs unter anderem aus Bestimmungen einer interinstitutionellen Vereinbarung abgeleitet wurde. Das Vereinigte Königreich hatte hier eine Entscheidung der Kommission angefochten und seine Klage auf Unzuständigkeit und Ver-

---

fassung nicht die Vereinbarungen selbst, sondern lediglich den dahinterstehenden Rechtsgrundsatz der Organtreue als justitiabel an.

595 Das Verfahrensrecht von Verfassungsorganen, S. 345 ff.

596 Les „déclarations communes" en tant qu'instruments d'un accroissement des compétences du Parlement européen, in: Louis/Waelbroeck (Hrsg.), Le Parlement européen dans l'évolution institutionnelle, S. 79, 84.

597 Le droit institutionnel des Communautés européennes, S. 191; offen insoweit Bleckmann, Europarecht, S. 182 (Rn. 475).

598 CMLR 1994, 693, 701 f.

599 v.d.Groeben/Thiesing/Ehlermann-Krück, Kommentar, Art. 173, Rn. 71.

600 Vgl. Lenz-Borchardt, EG-Vertrag, Art. 173, Rn. 63 mit entsprechenden Nachweisen aus der Rechtsprechung des Europäischen Gerichtshofes.

601 Rs. C-106/96 (Vereinigtes Königreich./.Kommission), EuGH Slg. 1998, I-2729.

letzung des Art. 7 (ex-Art. 4) EGV sowie eine Verletzung wesentlicher Formvorschriften gestützt[602]. Der Gerichtshof schloß sich der Argumentation des Klägers hinsichtlich des ersten Klagegrunds an, ging allerdings auf die Frage der Verletzung einer Formvorschrift gar nicht mehr ein. Wie bereits erwähnt[603], wurde die Entscheidung der Kommission aufgehoben, da sie gemäß Art. 22 Abs. 1 UAbs. 2 der Haushaltsordnung[604] sowie nach Kapitel IV Ziff. 3 c der Gemeinsamen Erklärung vom 30. Juni 1982[605] erst nach Erlaß eines Basisrechtsaktes durch den Rat hätte ergehen dürfen. Zwar wird ausdrücklich nur eine Verletzung des Art. 7 (ex-Art. 4) EGV festgestellt[606], doch ergibt sich bereits aus der Klagebegründung des Vereinigten Königreichs, daß die Verwirklichung des Klagegrundes der Unzuständigkeit damit zwingend einhergeht.

Das Urteil des Europäischen Gerichtshofes belegt, daß die Nichtbeachtung einer interinstitutionellen Vereinbarung dazu führen kann, daß der so zustandegekommene Rechtsakt wegen Unzuständigkeit für nichtig erklärt wird.

2. Verletzung wesentlicher Formvorschriften i.S.v. Art. 230 (ex-Art. 173) Abs. 2 EGV

Der Begriff der wesentlichen Formvorschrift i.S.v. Art. 230 (ex-Art. 173) Abs. 2 EGV umfaßt grundsätzlich alle Verfahrensregeln, die bei dem Zustandekommen des angefochtenen Rechtsaktes zu beachten sind[607]. Dazu zählen nach der Rechtsprechung des Europäischen Gerichtshofes insbesondere Bestimmungen über die Beteiligung anderer Gemeinschaftsorgane oder sonstiger Stellen sowie Vorschriften über das eigentliche Beschlußverfahren und die äußere Form des angenommenen Rechtsaktes[608].

---

[602] EuGH, aaO, S. 2752 (Rn. 17).

[603] Vgl. oben unter E.I.1.a.ii (S. 91 f.).

[604] ABl. 1977 L 356, S. 1; geändert unter anderem durch die Verordnung (610/90/Euratom, EGKS, EWG), ABl. 1990 L 70, S. 1 sowie die Verordnung (2333/95/EG, Euratom, EGKS), ABl. 1995 L 240, S. 12.

[605] ABl. 1982 C 194, S. 1 ff.; näheres dazu oben unter C.IV (S. 20 ff.).

[606] EuGH, aaO (Anm. 601), S. 2758 (Rn. 37); anders insoweit das Schrifttum, das die „Verletzung des Vertrages oder einer bei seiner Durchführung anzuwendenden Rechtsnorm“ gegenüber den anderen Nichtigkeitsgründen als subsidiär ansieht, vgl. etwa v.d.Groeben/Thiesing/Ehlermann-Krück, Kommentar, Art. 173 Rn. 87 f., Lenz-Borchardt, EG-Vertrag, Art. 173, Rn. 74.

[607] Vgl. Geiger, EG-Vertrag, Art. 173, Rn. 31.

[608] Vgl. v.d.Groeben/Thiesing/Ehlermann-Krück, Kommentar, Art. 173, Rn. 77-86 mit zahlreichen Nachweisen aus der Rechtsprechung des Europäischen Gerichtshofes.

Der Gerichtshof hat wiederholt anerkannt, daß solche wesentlichen Formvorschriften insbesondere auch in Gestalt von Bestimmungen der Geschäftsordnung eines Gemeinschaftsorgans existieren können[609]. Allerdings hat er diesbezüglich eine weitere Voraussetzung für den Fall geschaffen, daß die Klage von einer natürlichen oder juristischen Person i.S.v. Art. 230 (ex-Art. 173) Abs. 3 EGV angestrengt wird. Soweit ein solcher „teilprivilegierter" Kläger einen Verstoß gegen die Geschäftsordnung eines Gemeinschaftsorgans geltend macht, wird der entsprechenden Klage auch bei Feststellung dieses Verstoßes nur dann stattgegeben, wenn diese Klausel der Geschäftsordnung auch dem Schutze des einzelnen zu dienen bestimmt ist. Beschränkt sie sich dagegen auf die Regelung des organinternen Verwaltungsablaufs, so kann sich der einzelne nicht auf ihre Mißachtung berufen[610].

Das Kriterium der Wesentlichkeit verlangt, daß der angefochtene Rechtsakt ohne den festgestellten Verstoß gegen die Formvorschrift einen anderen Inhalt hätte haben können[611].

Um als „wesentliche Formvorschrift" i.S.v. Art. 230 (ex-Art. 173) Abs. 2 EGV Prüfungsmaßstab einer Nichtigkeitsklage sein zu können, muß eine interinstitutionelle Vereinbarung demnach folgende Voraussetzungen erfüllen. Über die bereits dargelegte Notwendigkeit ihrer Rechtsverbindlichkeit hinaus muß sie zunächst begriffsnotwendigerweise Verfahrensvorschriften enthalten. Dies trifft jedenfalls auf die Übereinkünfte zu, die ausdrücklich der Ausgestaltung bestimmter Organverfahren gewidmet sind[612]. Im übrigen ist zur Begründung der Wesentlichkeit des festgestellten Formverstoßes die Möglichkeit nachzuweisen, daß der angefochtene Rechtsakt bei Beachtung der interinstitutionellen Vereinbarung mit anderem Inhalt zustandegekommen wäre.

---

609 EuGH, Urt. v. 23. Februar 1988, Rs. 68/86 (Vereinigtes Königreich./.Rat), Slg. 1988, 855, 902 (Rn. 49); EuG, Urt. v. 27. Februar 1992, verb. Rs. T-79/89 u.a. (BASF u.a./.Kommission), Slg. 1992, II-315, 356 (Rn. 77); Urt. v. 15. Juni 1994, Rs. C-137/92 P (Kommission./.BASF u.a.), Slg. 1994, I-2555, 2653 (Rn. 76).

610 EuGH, Urt. v. 7. Mai 1991, Rs. C-69/89 (Nakajima./.Rat), Slg. 1991, I-2069, 2183 (Rn. 50); vgl. auch EuG, aaO (Anm. 609), S. 356 (Rn. 78).

611 EuGH, Urt. v. 23. April 1986, Rs. 150/84 (Bernardi./.Europäisches Parlament), Slg. 1986, 1375, 1394 (Rn. 28); Urt. v. 10. Juli 1980, Rs. 30/78 (Distillers Company./.Kommission), Slg. 1980, 2229, 2264 f. (Rn. 26).

612 Beispiele: - Gemeinsame Erklärung zum Konzertierungsverfahren vom 4. März 1975, ABl. 1975 C 89, S. 1

- Interinstitutionelle Vereinbarung vom 25. Oktober 1993 betreffend die Arbeiten des in Art. 189 b EGV vorgesehenen Vermittlungsausschusses, ABl. 1993 C 329, S. 141.

Die dargestellte Rechtsprechung des Europäischen Gerichtshofes betreffend den Schutzzweck der verletzten Formvorschrift bezieht sich zwar ausdrücklich nur auf Geschäftsordnungsbestimmungen, doch dürften die ihr zugrundeliegenden Erwägungen auch auf den größten Teil der interinstitutionellen Vereinbarungen zutreffen, da auch diese überwiegend der Ausgestaltung gemeinschaftsinterner Verfahrensabläufe dienen[613]. Die vom Gerichtshof entwickelte zusätzliche Voraussetzung ist daher auf die in interinstitutionellen Vereinbarungen enthaltenen Formvorschriften zu übertragen. Natürliche oder juristische Personen können sich folglich vor dem Gerichtshof nur dann auf die Verletzung einer solchen Vereinbarung berufen, wenn die jeweilige Klausel auch den Schutz des einzelnen bezweckt.

Soweit diese Voraussetzungen erfüllt sind, kann eine interinstitutionelle Vereinbarung als „wesentliche Formvorschrift" anerkannt werden, deren Mißachtung den entsprechenden Akt des abgeleiteten Gemeinschaftsrechts nach Art. 230 (ex-Art. 173) EGV anfechtbar macht.

3. Verletzung einer bei der Durchführung des Vertrages anzuwendenden Rechtsnorm i.S.v. Art. 230 (ex-Art. 173) Abs. 2 EGV

Im Vergleich zu den übrigen Klagegründen des Art. 230 (ex-Art. 173) Abs. 2 EGV zeichnet der Tatbestand der „Verletzung dieses Vertrages oder einer bei seiner Durchführung anzuwendenden Rechtsnorm" sich durch seine besondere Weite aus. Ihm läßt sich letztlich jeder Verstoß gegen eine Norm des Gemeinschaftsrechts zuordnen, gleich ob es sich dabei um geschriebenes oder ungeschriebenes, primäres oder sekundäres Recht handelt[614]. Bezüglich des Verhältnisses zu den anderen Klagegründen des Art. 230 (ex-Art. 173) EGV ergibt sich daraus, daß jedes Handeln ohne Zuständigkeit, jeder Ermessensmißbrauch sowie insbesondere auch jeder Formverstoß gleichzeitig die Verletzung des Vertrages oder einer sonstigen Norm des Gemeinschaftsrechts im Sinne dieses Tatbestandes bedeutet.

Im Schrifttum wird dieses Konkurrenzverhältnis aufgelöst, indem der Begriff der „Verletzung dieses Vertrages oder einer bei seiner Durchführung anzuwendenden Rechtsnorm" als Auffangtatbestand angesehen wird, dem nur diejenigen Ver-

---

[613] Vgl. oben unter D.II.2.b (S. 49).

[614] v.d.Groeben/Thiesing/Ehlermann-Krück, Kommentar, Art. 173, Rn. 87 ff.

stöße gegen das Gemeinschaftsrecht zugeordnet werden, die sich nicht unter einen der anderen Tatbestände subsumieren lassen[615].

Der Europäische Gerichtshof folgt dem allerdings nicht, sondern prüft bisweilen - wie etwa im zitierten Urteil vom 12. Mai 1998[616] - die Verletzung einer Vertragsvorschrift vor anderen Nichtigkeitsgründen. Für den Ansatz des Schrifttums spricht, daß das Merkmal der „Wesentlichkeit" einer Formvorschrift leerzulaufen droht, wenn die Mißachtung einer solchen als Verstoß gegen den Vertrag oder eine bei seiner Durchführung anzuwendende Rechtsnorm qualifiziert wird. Soweit es sich also bei der mißachteten interinstitutionellen Vereinbarung um eine Formvorschrift im oben beschriebenen Sinne[617] handelt, sollte damit ein Rückgriff auf den Tatbestand der „Verletzung einer bei der Durchführung des Vertrages anzuwendenden Rechtsnorm" ausgeschlossen sein.

Interinstitutionelle Vereinbarungen enthalten jedoch keineswegs ausschließlich Form- und Verfahrensvorschriften. Die in den Übereinkünften zur Haushaltsdisziplin vom 29. Juni 1988[618] sowie vom 29. Oktober 1993[619] jeweils enthaltene „Finanzielle Vorausschau" beispielsweise beinhaltet weder Form- noch Verfahrensregeln, sondern begrenzt das den Gemeinschaftsorganen bei der jährlichen Erstellung des Haushaltsplans zustehende Gestaltungsermessen in materieller Hinsicht. Derartige Bestimmungen können, soweit sie rechtsverbindlich sind, dem Tatbestand der Verletzung einer bei der Durchführung des Vertrages anzuwendenden Rechtsnorm zugeordnet werden.

Auch in dem bereits erwähnten Urteil des Europäischen Gerichtshofes vom 19. März 1996[620] wurde ein Beschluß des Rates für nichtig erklärt, weil er in Widerspruch zu einer zwischen Rat und Kommission geschlossenen Vereinbarung stand, deren Rechtsverbindlichkeit die Richter zuvor nachgewiesen hatten[621]. Wenn auch abermals keine ausdrückliche Subsumtion unter einen bestimmten Nichtigkeitsgrund vorgenommen wurde, so läßt sich das Urteil gleichwohl nur so verstehen, daß der Gerichtshof die relevante Klausel der

---

615 v.d.Groeben/Thiesing/Ehlermann-Krück, Kommentar, Art. 173, Rn. 87 f.; Lenz-Borchardt, EG-Vertrag, Art. 173, Rn. 74.
616 Rs. C-106/96 (Vereinigtes Königreich./.Kommission), EuGH Slg. 1998, I-2729, 2758 f. (Rn. 37 f.); vgl. auch das Urt. v. 3. Juli 1986, Rs. 34/86 (Rat./.Parlament), Slg. 1988, 2155, 2210 f. (Rn. 39, 43).
617 Siehe unter F.II.2 (S. 136 ff.).
618 ABl. 1988 L 185, S. 33; dazu oben unter B.V (S. 22 ff.).
619 ABl. 1993 C 331, S. 1; dazu oben unter B.IX (S. 28 ff.).
620 Rs. C-25/94 (Kommission./.Rat), EuGH Slg. 1996, I-1469.
621 Näheres dazu oben unter E.I.2.b.i (S. 101).

Vereinbarung als eine „bei der Durchführung des Vertrages anzuwendende Rechtsnorm“ einordnet.

Folglich bleibt festzuhalten, daß rechtsverbindliche interinstitutionelle Vereinbarungen auch als bei der Durchführung des Vertrages anzuwendende Rechtsnorm i.S.v. Art. 230 (ex-Art. 173) Abs. 2 EGV justitiabel sind. Handelt es sich allerdings bei der fraglichen Bestimmung um eine Form- oder Verfahrensregel, so ist insoweit der Tatbestand der Verletzung einer wesentlichen Formvorschrift als lex specialis vorrangig.

4. Verletzung des Vertrages i.S.v. Art. 232 (ex-Art. 175) Abs. 2 EGV

Ebenso wie die Konstellation, daß ein Akt eines Gemeinschaftsorgans mit einer interinstitutionellen Vereinbarung in Widerspruch steht, ist denkbar, daß ein Organ sich durch eine solche zum Erlaß eines bestimmten Aktes verpflichtet, dieser Pflicht aber dann nicht nachkommt. Eine solche Mißachtung einer interinstitutionellen Vereinbarung durch Unterlassen wäre im Wege einer Untätigkeitsklage nach Art. 232 (ex-Art. 175) EGV angreifbar, wenn die entsprechende Übereinkunft in diesem Rahmen justitiabel ist.

Als einzigen ausdrücklichen Klagegrund nennt Art. 232 (ex-Art. 175) EGV die „Verletzung dieses Vertrages“. Obwohl nach dem Wortlaut der Norm also ausschließlich das geschriebene Primärrecht erfaßt ist, wird der Schutzbereich hier in der Praxis ebenso weit gezogen wie bei der Nichtigkeitsklage nach Art. 230 (ex-Art. 173) EGV. Art. 232 (ex-Art. 175) EGV umfaßt folglich ebenfalls die Gesamtheit der rechtlichen Regeln, an die die Gemeinschaftsorgane bei der Ausübung ihrer Tätigkeit gebunden sind[622]. Auch eine interinstitutionelle Vereinbarung kann dementsprechend bei der Untätigkeitsklage als Prüfungsmaßstab dienen, soweit sie eine daran beteiligte Institution zum Erlaß eines bestimmten Aktes verpflichtet.

5. Vorabentscheidungsverfahren nach Art. 234 (ex-Art. 177) Abs. 1 lit. b EGV

Schließlich können interinstitutionelle Vereinbarungen dem Europäischen Gerichtshof auch als Prüfungsmaßstab dienen, wenn dieser nach Art. 234 (ex-

---

[622] Louis/Vandersanden/Waelbroeck/Waelbroeck, Commentaire Mégret, Art. 175, Anm. 12; vgl. auch Grabitz/Hilf-Wohlfarth, Kommentar, Art. 175, Rn. 45.

Art. 177) Abs. 1 lit. b EGV „über die Gültigkeit und die Auslegung der Handlungen der Organe der Gemeinschaft und der EZB“ zu entscheiden hat. Der Begriff der Organhandlung im Sinne dieser Vorschrift umfaßt das gesamte sekundäre Gemeinschaftsrecht einschließlich der unverbindlichen Akte[623].

Nach seinem Wortlaut unterscheidet Art. 234 (ex-Art. 177) EGV zwischen einer Gültigkeitsprüfung und der Auslegung des Gemeinschaftsrechts. Aus der Rechtsprechung des Europäischen Gerichtshofes ergibt sich, daß der Begriff der Gültigkeit inhaltlich mit dem der Rechtmäßigkeit identisch ist[624]. Maßstab der Überprüfung ist demnach wie bei Art. 230 (ex-Art. 173) EGV auch hier das gesamte gegenüber der vorgelegten Handlung höherrangige Gemeinschaftsrecht[625]. Hinsichtlich der Rolle, die interinstitutionelle Vereinbarungen in diesem Rahmen spielen können, kann daher auf die bereits gemachten Ausführungen verwiesen werden[626].

III. Zusammenfassung

Interinstitutionelle Vereinbarungen sind - soweit sie Rechtsverbindlichkeit beanspruchen - grundsätzlich auf zweifache Weise justitiabel. Zum einen können sie selbst Gegenstand einer Nichtigkeitsklage nach Art. 230 (ex-Art. 173) EGV sein. Die Begründetheit eines solchen Antrags kann grundsätzlich auf jedem der in Art. 230 (ex-Art. 173) Abs. 2 EGV genannten Klagegründe beruhen.

Darüberhinaus sind rechtsverbindliche interinstitutionelle Vereinbarungen auch geeignet, bei der Rechtmäßigkeitskontrolle abgeleiteter Gemeinschaftsrechtsakte durch den Europäischen Gerichtshof als Prüfungsmaßstab zu dienen. Dies gilt neben dem Vorabentscheidungsverfahren nach Art. 234 (ex-Art. 177) Abs. 1 lit. b EGV insbesondere für die Klagen nach Art. 230 (ex-Art. 173) und Art. 232 (ex-Art. 175) EGV. Die Mißachtung einer Vereinbarung kann hier sowohl den Tatbestand der Unzuständigkeit verwirklichen, als auch eine Verletzung einer wesentlichen Formvorschrift oder einer bei der Durchführung des Vertrags anzuwendenden Rechtsnorm i.S.v. Art. 230 (ex-Art. 173) EGV. Eine Verletzung des Vertrages i.S.v. Art. 232 (ex-Art. 175) EGV ist ebenfalls denkbar.

---

623 Vgl. Geiger, EG-Vertrag, Art. 177, Rn. 6; v.d.Groeben/Thiesing/Ehlermann-Krück, Kommentar, Art. 177, Rn. 21 ff.

624 Vgl. EuGH, Urt. v. 17. Dezember 1970, Rs. 25/70 (Einfuhr- und Vorratsstelle für Getreide./.Köster), Slg. 1970, 1161, 1171 (Rn. 4); Urt. v. 12. Dezember 1972, verb. Rs. 21-24/72 (International Fruit Company./.Produktschap voor groenten en fruit), Slg. 1972, 1219, 1227 (Rn. 5/6).

625 Geiger, EG-Vertrag, Art. 177, Rn. 8.

626 Siehe unter F.II.1-3 (S. 135 ff.).

G. Rechtliche Bewertung der wichtigsten Vereinbarungen unter Berücksichtigung der erarbeiteten Ergebnisse

Nachdem die durch interinstitutionelle Vereinbarungen hervorgerufenenen Rechtsfragen erörtert wurden, sind die bestehenden Übereinkünfte abschließend anhand der erarbeiteten Ergebnisse rechtlich zu beurteilen. Im Einklang mit der bisherigen Handhabung soll das Betrachtungsbild dabei auch hier auf die für Wissenschaft und Praxis besonders bedeutsamen Vereinbarungen beschränkt werden. Die Gliederung orientiert sich an einer Abstufung der verschiedenen möglichen Rechtswirkungen, wie sie oben dargestellt wurden.

I. Rechtsverbindlichkeit kraft objektiven Geltungsgrundes

Zunächst bestehen die bekannten Vereinbarungen, die ihre Rechtswirkung, unabhängig von einem etwaigen subjektiven Rechtsbindungswillen der Institutionen, aus einer Norm des Gemeinschaftsrechts ableiten[627]. Dies gilt zunächst für den in Art. 193 (ex-Art. 138 c) Abs. 3 EGV vorgesehenen „Beschluß des Europäischen Parlaments, des Rates und der Kommission vom 19. April 1995 über Einzelheiten der Ausübung des Untersuchungsrechts des Europäischen Parlaments“[628], den gemäß Art. 195 (ex-Art. 138 e) Abs. 4 EGV erlassenen „Beschluß des Europäischen Parlaments vom 9. März 1994 über die Regelung und allgemeinen Bedingungen für die Ausübung der Aufgaben des Bürgerbeauftragten“[629] sowie die in Art. 248 (ex-Art. 188 c) Abs. 3 UAbs. 3 EGV erwähnte Vereinbarung über die Methoden der Zusammenarbeit zwischen Kommission, Europäischer Investitionsbank und Rechnungshof vom 23. November 1992[630]. Die jeweiligen Vertragsklauseln stellen den rechtlichen Geltungsgrund für die Vereinbarungen dar, d.h. deren Rechtswirkung ergibt sich unmittelbar aus dem Vertrag. Während die auf Art. 248 (ex-Art. 188 c) Abs. 3 UAbs. 3 EGV beruhende Vereinbarung in ihrer Rechtsgeltung auf den interinstitutionellen Bereich beschränkt ist, schaffen die beiden anderen Übereinkünfte auch Rechte und Pflichten gegenüber den Mitgliedstaaten sowie den einzelnen Gemeinschaftsbürgern, wofür die notwendige Ermächtigungsgrundlage wiederum in der jeweiligen Vertragsnorm zu sehen ist.

Darüberhinaus existieren im abgeleiteten Gemeinschaftsrecht Normen, die die Rechtsgeltung einzelner Klauseln interinstitutioneller Vereinbarungen ausdrück-

---

[627] Vgl. oben unter E.I.1.a (S. 88 ff.).

[628] ABl. 1995 L 113, S. 2.

[629] ABl. 1994 L 113, S. 15.

[630] Nicht veröffentlicht.

lich anordnen. Die betroffenen Einzelbestimmungen der Übereinkünfte sind ebenfalls kraft der auf sie verweisenden Normen unter den dort beschriebenen Voraussetzungen verbindlich, ohne daß es dazu des Nachweises eines Rechtsbindungswillens bedürfte. Aufgrund ihrer sekundärrechtlichen Stellung stellen diese Normen allerdings keine Ermächtigungsgrundlage für den Abschluß der betreffenden Vereinbarungen dar. Da letztere alle auf den gemeinschaftsinternen Bereich beschränkt sind, lassen sie sich jedoch auf die den Gemeinschaftsorganen zustehende Organisationsgewalt stützen.

In diesem Sinne bestimmen etwa Art. 14 und 15 der Entscheidung des Rates vom 31. Oktober 1994 betreffend die Haushaltsdisziplin[631] die Verbindlichkeit der in der Vereinbarung vom 29. Oktober 1993[632] für bestimmte Reserven im Haushaltsplan festgelegten Beträge[633]. Art. 22 Abs. 1 UAbs. 2 der Haushaltsordnung[634] erklärt das in Kapitel IV Ziff. 3 c der Gemeinsamen Erklärung zum Haushaltsverfahren vom 30. Juni 1982[635] festgelegte Verfahren für anwendbar, wenn zur Ausführung einer bedeutenden Gemeinschaftsaktion ein Basisrechtsakt zu erlassen ist. Schließlich wird das in den Absätzen 5, 6 und 7 der Gemeinsamen Erklärung vom 22. April 1975[636] beschriebene Konzertierungsverfahren einerseits durch Art. 13 des Direktwahlaktes vom 20. September 1976[637] i.V.m. dessen Anhang III, zum anderen durch Art. 140 der Haushaltsordnung[638] jeweils zum Erlaß bestimmter Rechtsakte für anwendbar erklärt. Letzterem entsprechend erfolgte beispielsweise die Änderung der Haushaltsordnung durch eine Verordnung des Rates[639] im Jahre 1995 nach Durchführung eines Konzertierungsverfahrens[640].

---

631 Entscheidung (94/729/EWG), ABl. 1994 L 293, S. 14.

632 ABl. 1993 C 331, S. 1; vgl. dazu oben unter C.IX (S. 28 ff.).

633 Bereits Art. 15 der Entscheidung (88/377/EWG) des Rates vom 24. Juni 1988 betreffend die Haushaltsdisziplin (ABl. 1988 L 185, S. 29) ordnete bezüglich der nicht obligatorischen Gemeinschaftsausgaben die Geltung der Modalitäten an, die in der Vereinbarung vom 29. Juni 1988 (ABl. 1988 L 185, S. 33) in Kapitel IV festgelegt sind. Die Entscheidung ist jedoch inzwischen außer Kraft getreten.

634 ABl. 1977 L 356, S. 1; geändert unter anderem durch die Verordnung (610/90/Euratom, EGKS, EWG), ABl. 1990 L 70, S. 1 sowie die Verordnung (2333/95/EG, Euratom, EGKS), ABl. 1995 L 240, S. 1.

635 ABl. 1982 C 194, S. 1.

636 ABl. 1975 C 89, S. 1.

637 ABl. 1976 L 278, S. 5.

638 Vgl. den Nachweis in Anm. 634.

639 Verordnung (2333/95/EG, Euratom, EGKS) vom 18. September 1995, ABl. 1995 L 240, S. 1.

640 Vgl. den letzten Erwägungsgrund der Verordnung, wo es heißt: „Die in ... Art. 127 der Haushaltsordnung (aF, Anm. des Verfassers) vorgesehene Konzertierung hat stattgefunden."

II. Verbindlichkeit kraft Rechtsbindungswillens

Falls die Rechtsverbindlichkeit einer interinstitutionellen Vereinbarung nicht durch eine Norm des Gemeinschaftsrechts angeordnet wird, kann eine entsprechende Rechtswirkung auch auf einem subjektiven Rechtsbindungswillen der beteiligten Institutionen beruhen[641]. Mangels vertraglicher Erwähnung dieser Vereinbarungen kann deren Zulässigkeit in der Regel nur aus der den Organen zustehenden Organisationsgewalt abgeleitet werden, womit die Schaffung rechtlicher Bindungen auf den gemeinschaftsinternen Bereich begrenzt ist. Ein entsprechender Rechtsbindungswille läßt sich bei folgenden Übereinkünften nachweisen.

Besonders deutlich sind die beiden Vereinbarungen zur Haushaltsdisziplin formuliert. Sowohl die Übereinkunft vom 29. Juni 1988[642] als auch die vom 29. Oktober 1993[643] enthalten ein „Grundprinzip", nach dem die vereinbarte Haushaltsdisziplin für alle an der Vereinbarung beteiligten Organe „verbindlich" ist[644]. Darüberhinaus ist jeweils festgelegt, daß der Inhalt der Vereinbarung „nur mit Zustimmung aller beteiligten Organe" geändert werden kann[645]. Diese Formulierungen lassen keinen Zweifel daran, daß die Organe sich durch beide Übereinkünfte jeweils gegenseitig rechtlich binden wollten. Soweit die Rechtsgeltung dieser Vereinbarungen nicht bereits in den dargestellten Einzelfällen durch Normen des sekundären Gemeinschaftsrechts objektiv angeordnet wird, beruht sie folglich auf dem subjektiven Willen der unterzeichneten Gemeinschaftsorgane[646].

Fraglich ist, ob die verbindliche Festlegung von Ausgaben-Höchstbeträgen mit den vertraglichen Grundsätzen des gemeinschaftlichen Haushaltsrechts vereinbar ist. Nach einer im Schrifttum vertretenen Auffassung impliziert die Begrenzung der Erhöhung der nicht obligatorischen Ausgaben einen Verzicht der Organe auf jährlich im Haushaltsverfahren auszuübende Befugnisse[647]. Da dies die Grenzen einer zulässigen Bindung überschreite, sei den entsprechenden Vereinbarungen

---

641 Vgl. oben unter E.I.2 (S. 96 ff.).
642 ABl. 1988 L 185, S. 33.
643 ABl. 1993 C 331, S. 1.
644 Kapitel I, Ziff. 2 der jeweiligen Vereinbarung.
645 Kapitel I, Ziff. 4 der jeweiligen Vereinbarung; vgl. auch Kapitel IV Ziff. 24 der Übereinkunft vom 29. Oktober 1993, wonach das Parlament ausdrücklich nicht mehr an die Vereinbarung „gebunden" ist, wenn im Falle der Erweiterung der Gemeinschaft eine Einigung über eine entsprechende Anpassung der finanziellen Vorausschau nicht gelingt.
646 Die Vereinbarung vom 29. Juni 1988 ist allerdings bereits Ende 1992 außer Kraft getreten.
647 Bieber, Das Verfahrensrecht von Verfassungsorganen, S. 194 f.

insoweit eine Rechtswirkung abzusprechen[648]. Dieser Auffassung ist entgegenzuhalten, daß die Finanzielle Vorausschau nicht die tatsächlich in den Haushaltsplan einzusetzenden Beträge, sondern nur Obergrenzen für diese Beträge vorgibt. Wenn auch nicht zu bestreiten ist, daß das der Haushaltsbehörde durch den Vertrag eingeräumte Ermessen dadurch beschränkt wird, so erfolgt gleichwohl eine jährliche, in formaler wie auch in materieller Hinsicht eigenständige Festlegung der tatsächlichen Ausgaben. Dementsprechend liegt weder ein Befugnisverzicht noch ein Verstoß gegen das in Art. 268 (ex-Art. 199) und Art. 272 (ex-Art. 203) EGV festgelegte Jährlichkeitsprinzip vor. Daß es den Organen verwehrt sein soll, ihr Ermessen bei der jährlichen Festsetzung des Haushaltsplans über einen mittelfristigen Zeitraum nach oben hin zu begrenzen, läßt sich dem Vertrag nicht entnehmen. Eine Überschreitung der materiellen Grenzen interinstitutioneller Vereinbarungen ist folglich - entgegen der dargestellten Auffassung im Schrifttum - insoweit nicht feststellbar.

Andere Vereinbarungen sind hinsichtlich eines etwaigen Rechtsbindungswillens weniger klar formuliert, lassen aber dennoch aufgrund ihrer Detailliertheit den Schluß zu, daß eine rechtliche Verpflichtung gewünscht ist. Dies trifft beispielsweise zu auf die Vereinbarung vom 25. Oktober 1993 über „Modalitäten für die Abwicklung der Arbeiten des in Art. 189 b vorgesehenen Vermittlungsausschusses“[649] sowie die „Interinstitutionelle Vereinbarung über die Finanzierung der Gemeinsamen Außen- und Sicherheitspolitik“ vom 16. Juli 1997[650]. Im Falle der Übereinkunft zwischen Rat und Kommission „betreffend die Vorbereitung von FAO-Sitzungen, die Abgabe von Stellungnahmen sowie die Stimmabgabe“ vom 19. Dezember 1991[651] hat der Europäische Gerichtshof die Rechtsverbindlichkeit bekanntermaßen ausdrücklich festgestellt[652]. Auch die jüngst verabschiedete „Interinstitutionelle Vereinbarung vom 13. Oktober 1998 zwischen dem Europäischen Parlament, dem Rat und der Kommission zu den Rechtsgrundlagen und der Ausführung des Haushaltsplans“[653] weist eine derartige Bestimmtheit auf. Darüberhinaus enthält sie eine Klausel, nach der den beteiligten Organen ein einseitiges Kündigungsrecht zusteht[654]. Ein derartiges Kündigungsrecht ist nur dann sinnvoll, wenn grundsätzlich eine rechtliche Bindung vorgesehen ist.

---

648 Bieber, aaO, S. 195.
649 ABl. 1993 C 329, S. 141.
650 Bulletin EU 7/8 – 1997, Kap. 2.3.1.
651 Nicht veröffentlicht.
652 EuGH, Urt. v. 19. März 1996, Rs. C-25/94 (Kommission./.Rat), Slg. 1996, I-1469, 1510 f. (Rn. 49 f.); vgl. dazu oben unter E.I.2.b.i (S. 101) sowie unter E.I.2.c.ii (S. 110).
653 ABl. 1998 C 344, S. 1.
654 Ziff. 3 der Vereinbarung.

Die Gemeinsame Erklärung zum Haushaltsverfahren vom 30. Juni 1982[655] enthält ebenfalls einige sehr präzise Absprachen betreffend die Durchführung des jährlichen Haushaltsverfahrens. Insbesondere bezüglich der Abgrenzung der obligatorischen von den nicht obligatorischen Ausgaben hat auch der Europäische Gerichtshof in Haushaltsstreitigkeiten mehrfach auf diese Vereinbarung verwiesen[656]. Da gegenteilige Anhaltspunkte nicht ersichtlich sind, ist somit auch hier davon auszugehen, daß die Organe eine rechtliche Bindung schaffen wollten. Soweit eine Bindungswirkung nicht bereits kraft der dargestellten Anordnung durch Art. 22 der Haushaltsordnung besteht, läßt sie sich demnach auf den übereinstimmenden Rechtsbindungswillen der beteiligten Organe stützen.

Auch die Vereinbarung über die Verfahren zur Anwendung des Subsidiaritätsprinzips vom 25. Oktober 1993[657] beinhaltet recht detaillierte Verfahrensregeln. Andererseits enthält sie jedoch eine Klausel, nach der die Überwachung des Prinzips „im Rahmen des normalen Gemeinschaftsprozesses gemäß den Bestimmungen der Verträge" erfolge[658]. Dem läßt sich entnehmen, daß den Gemeinschaftsorganen durch die Vereinbarung letztlich keine neuen Rechtspflichten betreffend das Subsidiaritätsprinzip auferlegt werden sollten[659]. Daher ist in diesem Fall ein Rechtsbindungswille zu verneinen.

Schwieriger ist der Fall des „Verhaltenskodex über den Zugang der Öffentlichkeit zu Rats- und Kommissionsdokumenten" vom 6. Dezember 1993[660] zu bewerten. Da diese zweiseitige Übereinkunft nicht nur auf die Organisationsgewalt, sondern auch auf die ausdrückliche Ermächtigung des Art. 218 (ex-Art. 162) Abs. 1 EGV gestützt werden kann, ist angesichts des Regelungsgegenstands hier auch eine über den gemeinschaftsinternen Bereich hinausgehende Wirkung zu erwägen. In Übereinstimmung mit der Einschätzung des Europäischen Gerichtshofes[661] ist jedoch die ausdrückliche Erwähnung erforderlicher Durchführungsmaßnahmen dahingehend zu deuten, daß die Schaffung einer rechtlichen Bindung gegenüber dem Gemeinschaftsbürger durch den

[655] ABl. 1982 C 194, S. 1.

[656] EuGH, Urt. v. 3. Juli 1986, Rs. 34/86 (Rat./.Europäisches Parlament), Slg. 1986, 2155, 2212 (Rn. 50); Urt. v. 27. September 1988, Rs. 204/86 (Griechenland./.Rat), Slg. 1988, 5323, 5359 (Rn. 16).

[657] ABl. 1993 C 329, S. 135.

[658] Kapitel III Ziff. 1 der Vereinbarung.

[659] Ebenso Schwarze, EuR 1995 – Beiheft 2, S. 49, 60 f.

[660] ABl. 1993 L 340, S. 41.

[661] EuGH, Urt. v. 30. April 1996, Rs. C-58/94 (Niederlande./.Rat), Slg. 1996, I-2169, 2195 (Rn. 25).

Verhaltenskodex selbst nicht beabsichtigt war[662]. Die Tatsache, daß es sich um eine freiwillige interne Koordinierung handelt, schließt jedoch nicht aus, daß die beiden Organe sich untereinander rechtlich binden wollten, um zu verhindern, daß sich ihre Praxis auf diesem Gebiet auseinanderentwickelt. Die Formulierung des Gerichtshofes, nach der der Verhaltenskodex „keine Rechtswirkungen erzeugen" solle[663], ist insoweit mißverständlich[664]. Vielmehr deutet auch hier die Detailliertheit der einzelnen Bestimmungen auf eine solche interinstitutionelle Bindung hin. In der Praxis dürfte die Frage sich jedoch bereits erledigt haben, da beide Organe die entsprechenden Durchführungsakte erlassen und dadurch zweifelsfrei eine entsprechende Selbstbindung gegenüber dem einzelnen Gemeinschaftsbürger geschaffen haben.

III. Politische Vereinbarungen

Schließlich sind diejenigen Vereinbarungen zu erwähnen, denen weder kraft objektiver Anordnung durch das Gemeinschaftsrecht noch kraft eines entsprechenden Willens der beteiligten Institutionen eine rechtliche Bindungswirkung zuerkannt werden kann. Diese Vereinbarungen stellen politische Erklärungen dar, die grundsätzlich keine rechtlich relevanten Wirkungen zeitigen und daher ohne besondere Ermächtigung durch das Gemeinschaftsrecht zulässig sind.

Einem Teil dieser Vereinbarungen ist gemeinsam, daß sie allgemeine Bekenntnisse zu bestimmten Werten oder Prinzipien enthalten, die zu vage formuliert sind, als daß sie geeignet wären, rechtliche Bindungen zu begründen. Zu dieser Kategorie zählen die Gemeinsame Erklärung vom 11. Juni 1986 gegen Rassismus und Fremdenfeindlichkeit[665] sowie die Gemeinsame Grundrechtserklärung vom 5. April 1977[666]. Bei letzterer ergibt sich dies auch daraus, daß die Grundrechte zum Zeitpunkt der Verabschiedung der Erklärung bereits nach der Judikatur des Europäischen Gerichtshofes zu den allgemeinen Rechtsgrundsätzen des Gemeinschaftsrechts gehörten, so daß es einer zusätzlichen rechtlichen Verpflichtung ohnehin nicht bedurfte[667]. Auch die „Interinstitutionelle Erklärung

---

662 Anders v.d.Groeben/Thiesing/Ehlermann-von Sydow, Kommentar, Art. 156, Rn. 17, der aus dem Verhaltenskodex ein einklagbares subjektives Zugangsrecht des Bürgers ableitet.
663 EuGH, aaO (Anm. 661), S. 2196 (Rn. 27).
664 Lafay, RTDE 1997, 37, 62 etwa versteht das Urteil dahingehend, daß der Gerichtshof eine Rechtswirkung generell verneint habe.
665 ABl. 1988 C 158, S. 1.
666 ABl. 1977 C 103, S. 1.
667 Vgl. oben unter C.III (S. 19).

über Demokratie, Transparenz und Subsidiarität" vom 25. Oktober 1993[668] ist als politische Vereinbarung zu qualifizieren. Daß der Rat sich in offensichtlichen Widerspruch zu dieser Erklärung setzte[669], indem er in seinem Beschluß vom 6. Dezember 1993 zur Festlegung seiner Geschäftsordnung[670] die Veröffentlichung der Abstimmungsergebnisse unter den Vorbehalt einer anderslautenden Entscheidung stellte[671], ist dementsprechend nicht mit rechtlichen Mitteln sanktionierbar.

Daneben existieren Vereinbarungen, bei denen unter Berücksichtigung des Grundsatzes der primärrechtskonformen Auslegung die Annahme eines Rechtsbindungswillens abgelehnt werden muß. Sowohl die „Luns/Westerterp"-Erklärungen[672] wie auch die Gemeinsame Erklärung vom 22. April 1975 über die Einführung eines Konzertierungsverfahrens[673] räumen dem Europäischen Parlament Mitwirkungsbefugnisse ein, die klar über dessen vertraglich vorgesehene Beteiligungsrechte hinausgehen. Da die vertragliche Kompetenzordnung nicht zur Disposition der Gemeinschaftsorgane steht, muß angenommen werden, daß die beteiligten Organe hier lediglich politisch zweckmäßige, nicht aber rechtlich bindende Verfahrensregeln schaffen wollten[674]. Andernfalls hätten sie die Grenzen des ihnen zustehenden Rechts zur Selbstorganisation überschritten, mit der Folge, daß die entsprechenden Vereinbarungen vom Europäischen Gerichtshof gemäß Art. 230 (ex-Art. 173) EGV für nichtig zu erklären wären. Im Falle der Vereinbarung zum Konzertierungsverfahren entspricht diese Bewertung auch den später von Rat und Kommission abgegebenen Erklärungen[675]. Indessen bleibt das Konzertierungsverfahren eine verbindliche Verfahrensvorgabe, soweit dessen Anwendbarkeit durch eine der dargestellten Normen des sekundären Gemeinschaftsrechts angeordnet wird.

---

668 ABl. 1993 C 329, S. 133.

669 Ebenso Reich, RMC 1994, 81, 84.

670 Beschluß (93/662/EG), ABl. 1993 L 304, S. 1.

671 Abs. 7 S. 5 des Beschlusses.

672 Nicht amtlich veröffentlicht, abgedruckt bei Rengeling, Zu den Befugnissen des Europäischen Parlaments beim Abschluß völkerrechtlicher Verträge im Rahmen der Gemeinschaftsverfassung, in: Festschrift Schlochauer, S. 877, 879 ff.

673 ABl. 1975 C 89, S. 1.

674 Anders bezüglich des Konzertierungsverfahrens: v.d.Groeben/Thiesing/Ehlermann-Haag, Kommentar, Art. 138 b, Rn. 13.

675 ABl. 1977 C 180, S. 18 und C 259, S. 4 f.; vgl. dazu oben unter E.I.2.c.iv (S. 113 ff.). Der Erklärung des Rates hat sich auch Generalanwalt Reischl in seinen Schlußanträgen zur Rechtssache 64/80 (Giuffrida und Campogrande./.Rat), EuGH Slg. 1981, 693, 714 angeschlossen. Der Gerichtshof selbst dagegen beschränkte sich auf die Feststellung, daß die Anwendungsvoraussetzungen der Gemeinsamen Erklärung nicht erfüllt seien; Urt. v. 19. Januar 1984, Rs. 211/80 (Advernier./.Kommission), Slg. 1984, 131, 146 (Rn. 23).

Aus den oben dargelegten Gründen[676] ist schließlich auch die Vereinbarung über die Verfahren zur Anwendung des Subsidiaritätsprinzips vom 25. Oktober 1993[677] der Kategorie der politischen Übereinkünfte zuzuordnen.

H. Schlußbemerkung

Interinstitutionelle Vereinbarungen existieren als Teil der institutionellen Praxis der Europäischen Gemeinschaft beinahe seit deren Gründung. Ein Überblick über die vielfältigen Übereinkünfte, die in den 90er Jahren geschlossen wurden, verdeutlicht den bemerkenswerten Bedeutungszuwachs, den diese gerade in jüngerer Zeit erfahren haben.

Dabei entspringt die Existenz interinstitutioneller Vereinbarungen praktisch-politischer Notwendigkeit. Das mit unterschiedlichen konkurrierenden Organen ausgestattete Verfassungssystem der Gemeinschaft kann nur funktionieren, wenn die Organe bei ihrer Tätigkeit aufeinander Rücksicht nehmen und sich untereinander abstimmen. Dies gilt umsomehr, als der EG-Vertrag die vielfältigen Beziehungen zwischen den Gemeinschaftsorganen nur lückenhaft verbindlich regelt. Der Europäische Gerichtshof hat dementsprechend ausdrücklich eine gegenseitige Verpflichtung der Organe zu redlicher Zusammenarbeit anerkannt. Der verstärkte Rückgriff auf interinstitutionelle Vereinbarungen zeugt von dem Bemühen der Gemeinschaftsinstitutionen, dieser Verpflichtung gerecht zu werden. Die Übereinkünfte dienen der Intensivierung der Zusammenarbeit und damit der Vermeidung interinstitutioneller Konflikte, die immer wieder einem reibungslosen Ablauf der Gemeinschaftstätigkeit im Wege stehen. Auf diese Weise erhalten sie die Funktionsfähigkeit der Gemeinschaft und fördern den Integrationsprozess.

Soweit der Vertrag dies ausdrücklich vorsieht, können Übereinkünfte zwischen den Gemeinschaftsorganen darüberhinaus auch zur Ausgestaltung von Rechtsbeziehungen dienen, die über den gemeinschaftsinternen Bereich hinausgehen. Dies belegen die beiden den Bürgerbeauftragten bzw. das Untersuchungsrecht des Parlaments betreffenden Beschlüsse.

Indem interinstitutionelle Vereinbarungen einvernehmliche Regelungen zu Fragen der Zusammenarbeit festschreiben, sind sie geeignet, einen Beitrag zur Rechtssicherheit im Bereich der Beziehungen zwischen den Gemeinschaftsorganen zu leisten. Jedoch wird die praktische Handhabung der Übereinkünfte

---

[676] Vgl. unter G.II (S. 146).
[677] ABl. 1993 C 329, S. 135.

nach wie vor durch juristische Unsicherheiten erschwert, die in erster Linie aus der nur bruchstückhaften vertraglichen Berücksichtigung des Phänomens resultieren. Angesichts der Bedeutung, die interinstitutionelle Vereinbarungen inzwischen erlangt haben, wäre es im Interesse der Rechtssicherheit wünschenswert, daß die Frage ihrer Zulässigkeit sowie möglicher Rechtswirkungen nicht nur wie bisher in Einzelfällen, sondern in umfassender Weise einer vertraglichen Klärung zugeführt wird. Dabei sollte es allerdings den Gemeinschaftsinstitutionen weiterhin freigestellt bleiben, ob sie rechtliche Bindungen untereinander schaffen oder nur politische Verpflichtungen eingehen wollen. Der Vorteil der besonderen Flexibilität interinstitutioneller Vereinbarungen bliebe auf diese Weise gewahrt.

Kritische Erwähnung verdient die mangelnde Transparenz interinstitutioneller Vereinbarungen. Zwar werden im Regelfall die wichtigen Übereinkünfte im Amtsblatt der Gemeinschaft veröffentlicht. Die Tatsache, daß etwa die in Art. 248 (ex-Art. 188 c) EGV ausdrücklich vorgesehene Vereinbarung zwischen Kommission, Europäischer Investitionsbank und Europäischem Rechnungshof oder die vom Europäischen Gerichtshof in einem Urteil als streitentscheidende Norm herangezogene Übereinkunft betreffend die FAO bis heute nicht veröffentlicht sind, muß jedoch bedenklich stimmen. Die Institutionen sollten dazu übergehen, möglichst alle schriftlichen Vereinbarungen, die sie untereinander treffen, auch dem einzelnen Gemeinschaftsbürger zugänglich zu machen, indem sie diese im Amtsblatt veröffentlichen.

Im Schrifttum ist vielfach auf die besondere Rolle hingewiesen worden, die interinstitutionelle Vereinbarungen im Hinblick auf eine Positionsstärkung des Europäischen Parlaments im institutionellen Gefüge der Gemeinschaft spielen. Dem ist insoweit zuzustimmen, als einige Übereinkünfte in der Tat geschlossen wurden, um die Beteiligungsmöglichkeiten des Parlaments in bestimmten Bereichen der Gemeinschaftstätigkeit zu erweitern. Andererseits ist Begriffen wie „konstitutioneller Wandel“ mit Zurückhaltung zu begegnen, da die vertragliche Kompetenzordnung nicht zur Disposition der Gemeinschaftsorgane steht und somit durch interinstitutionelle Vereinbarungen nicht antastbar ist. Eine rechtlich relevante Positionsstärkung des Parlaments ist allenfalls möglich, soweit der Vertrag Freiräume zur autonomen Ausgestaltung durch die Organe und Institutionen läßt. Allerdings steht es den anderen Gemeinschaftsorganen - insbesondere dem Rat - frei, dem Parlament durch rechtlich unverbindliche Vereinbarungen politische Zugeständnisse zu machen.

Zusammenfassung der wichtigsten Ergebnisse

1. Interinstitutionelle Vereinbarungen dienen im konfliktanfälligen institutionellen System der Europäischen Gemeinschaft vor allem als Mittel der Streitschlichtung unter deren Organen und Institutionen. Beinahe ebenso alt wie die Gemeinschaft selbst, hat das Phänomen in jüngerer Zeit einen bemerkenswerten Bedeutungszuwachs erfahren.

2. Soweit interinstitutionelle Vereinbarungen Rechtsverbindlichkeit beanspruchen, bedürfen die Gemeinschaftsorgane nach dem Prinzip der begrenzten Ermächtigung zu ihrem Abschluß einer vertraglichen Rechtsgrundlage. Nicht rechtsverbindliche Übereinkünfte sind dagegen ohne eine spezielle vertragliche Grundlage zulässig, wenn sie inhaltlich im Rahmen des sachlichen Geltungsbereichs des EG-Vertrags bleiben.

3. In Art. 218 (ex-Art. 162) Abs. 1, Art. 193 (ex-Art. 138 c) Abs. 3, Art. 195 (ex-Art. 138 e) Abs. 4, Art. 248 (ex-Art. 188 c) Abs. 3 UAbs. 3 sowie Art. 272 (ex-Art. 203) Abs. 9 UAbs. 5 enthält der EG-Vertrag fünf Bestimmungen, in denen die Gemeinschaftsorgane ausdrücklich zur Verabschiedung einzelner interinstitutioneller Vereinbarungen ermächtigt werden. Eine ausdrückliche, generalklauselartige Ermächtigung zum Abschluß aller übrigen zwischen den Organen bestehenden Vereinbarungen findet sich im Vertrag nicht.

4. Unabhängig von der Regelung des Art. 308 (ex-Art. 235) EGV sind im Europäischen Gemeinschaftsrecht bestimmte Kompetenzen anzuerkennen, bei denen die Gemeinschaftsorgane in Abweichung vom Prinzip der begrenzten Ermächtigung aufgrund stillschweigender Ermächtigungen handlungsbefugt sind.
Die Lehre von den „implied powers“ eignet sich aufgrund ihrer Orientierung an der Zielsetzung einzelner Vertragsnormen nicht zur Ableitung einer allgemeinen Befugnis zum Abschluß interinstitutioneller Übereinkünfte.
Eine weiter gefaßte Ermächtigung zum Abschluß interinstitutioneller Vereinbarungen ergibt sich dagegen aus der Organisationsgewalt der Gemeinschaft. Diese erlaubt nicht nur dem einzelnen Gemeinschaftsorgan die autonome Gestaltung seiner internen Verfahrensabläufe, sondern auch eine organübergreifende Regelung der interinstitutionellen Zusammenarbeit.

5. Das den Gemeinschaftsinstitutionen zustehende Ermessen bei der Gestaltung interinstitutioneller Vereinbarungen ist in mehrfacher Hinsicht begrenzt. Zunächst gilt für die auf die Organisationsgewalt gestützten Übereinkünfte, daß ein über den gemeinschaftsinternen Bereich hinausgehender Eingriff in die Rechte

der Mitgliedstaaten oder einzelner Gemeinschaftsbürger unzulässig ist. Der zulässige Adressatenkreis vertraglich ausdrücklich vorgesehener Vereinbarungen ergibt sich dagegen aus der jeweiligen Ermächtigungsnorm und kann, wie in den Fällen der Art. 193 (ex-Art. 138 c) Abs. 3 und Art. 195 (ex-Art. 138 e) Abs. 4 EGV, auch außenstehende Dritte einschließen.
In inhaltlicher Hinsicht sind interinstitutionelle Vereinbarungen als Akte des sekundären Gemeinschaftsrechts nur soweit zulässig, als sie mit den Vorschriften der Verträge in Einklang stehen, wobei besonders auf die Vereinbarkeit mit der vertraglich angelegten Kompetenzordnung zu achten ist.

6. Ein objektiver, d.h. vom tatsächlichen Willen der beteiligten Organe unabhängiger Geltungsgrund interinstitutioneller Vereinbarungen existiert in Form einzelner Normen des primären oder sekundären Gemeinschaftsrechts. Diese ordnen die Rechtsgeltung einzelner Vereinbarungen kraft ihrer eigenen Rechtswirkung ausdrücklich an.

7. In Ermangelung eines objektivierten Geltungsgrundes kann die Rechtsverbindlichkeit interinstitutioneller Vereinbarungen auch auf dem Rechtsbindungswillen der beteiligten Institutionen beruhen.

8. In Ausnahme von dem allgemeinen Grundsatz, daß die Organe nur die Rechtspersönlichkeit des Gesamtverbandes repräsentieren, ist im Interesse der Funktionsfähigkeit der Gemeinschaft von der Vertragsfähigkeit der Institutionen im interinstitutionellen Bereich auszugehen. Bei Vorliegen eines übereinstimmenden Rechtsbindungswillens aller beteiligten Institutionen kann daher eine vertragliche Einigung angenommen werden, die eine gegenseitige Bindung begründet. Eine Loslösung von dieser Bindung kann, vorbehaltlich anderslautender vertraglicher Festlegungen, ebenfalls nur im gegenseitigen Einvernehmen erfolgen.

9. Soweit eine Institution einseitig eine bestimmte Verpflichtung gegenüber anderen Institutionen übernimmt, gebietet der Schutz des berechtigten Vertrauens dieser anderen Institutionen nach der Rechtsprechung des Europäischen Gerichtshofes ein Festhalten an dieser Bindung. Bei Vorliegen sachgemäßer Gründe ist jedoch eine einseitige Lösung von einer solchen Selbstbindung stets möglich.

10. Bei dem Nachweis des für beide Bindungsformen erforderlichen Rechtsbindungswillens sind neben formalen Aspekten vor allem der Wortlaut der Vereinbarung und der systematische Zusammenhang mit anderen Rechtsnormen, aber auch die subjektive Einschätzung der beteiligten Organe zu berücksichtigen.

11. Soweit interinstitutionellen Vereinbarungen unter Berücksichtigung der erarbeiteten Kriterien eine Rechtsverbindlichkeit nicht zugestanden werden kann, bleiben deren Wirkungen grundsätzlich politischer Art. Als politische Erklärungen eignen sie sich als Hilfsmittel bei der Interpretation verbindlicher Rechtsakte der Institutionen. Zwar sind die Absprachen hinsichtlich dieser Wirkungsweise mit den aus dem britischen Verfassungsrecht bekannten „constitutional conventions" vergleichbar, eine Übertragung dieser Rechtsfigur in das Europäische Gemeinschaftsrecht ist jedoch aufgrund der spezifischen Besonderheiten der britischen Verfassung abzulehnen.

12. Falls sich aus der Beachtung der in einer unverbindlichen Vereinbarung festgelegten Regeln eine gleichförmige institutionelle Praxis von gewisser Dauer ergibt, kann es zu einer gewohnheitsrechtlichen Verfestigung dieser Regeln kommen, falls in subjektiver Hinsicht bei den Institutionen ein Bewußtseinsübergang von der politischen zu einer rechtlichen Verpflichtung nachweisbar ist.

13. Aus dem sog. Rechtsgrundsatz der Organtreue lassen sich Rechtswirkungen interinstitutioneller Vereinbarungen nicht ableiten. Auch eine Zuordnung der Vereinbarungen zur Kategorie des „soft law" besäße aufgrund der Unschärfe des Begriffs keinen eigenständigen Erkenntniswert und ist daher abzulehnen.

14. Interinstitutionelle Vereinbarungen sind - soweit sie Rechtsverbindlichkeit beanspruchen - auf zweifache Weise justitiabel. Zum einen können sie selbst Gegenstand einer Nichtigkeitsklage nach Art. 230 (ex-Art. 173) EGV sein. Die Begründetheit eines solchen Antrags kann grundsätzlich auf jedem der in Art. 230 (ex-Art. 173) Abs. 2 EGV genannten Klagegründe beruhen.
Darüberhinaus sind rechtsverbindliche Vereinbarungen auch geeignet, bei der Rechtmäßigkeitskontrolle abgeleiteter Gemeinschaftsrechtsakte durch den Europäischen Gerichtshof als Prüfungsmaßstab zu dienen. Dies gilt neben dem Vorabentscheidungsverfahren nach Art. 234 (ex-Art. 177) Abs. 1 lit. b EGV insbesondere für die Klagen nach Art. 230 (ex-Art. 173) und Art. 232 (ex-Art. 175) EGV.

15. Im Interesse der Rechtssicherheit wäre es wünschenswert, die Fragen der Zulässigkeit sowie möglicher Rechtswirkungen interinstitutioneller Vereinbarungen im EG-Vertrag zu regeln. Die Organe und Institutionen sollten zur Schaffung einer größeren Transparenz ihrer Arbeit dazu übergehen, alle schriftlichen Übereinkünfte im Amtsblatt der Gemeinschaft zu veröffentlichen.

Literaturverzeichnis

Bernhardt, Rudolf: Die Auslegung völkerrechtlicher Verträge - insbesondere in der neueren Rechtsprechung internationaler Gerichte, Köln, Berlin 1963

Bernhardt, Rudolf: Zur Auslegung des Europäischen Gemeinschaftsrechts, in: Grewe, Wilhelm G. / Rupp, Hans / Schneider, Hans (Hrsg.), Europäische Gerichtsbarkeit und nationale Verfassungsgerichtsbarkeit, Festschrift zum 70. Geburtstag von Hans Kutscher, Baden Baden 1981, S. 17 - 24

Beutler, Bengt: Rechtsfragen des Konzertierungsverfahrens, in: Bieber, Roland / Bleckmann, Albert / Capotorti, Francesco (Hrsg.): Das Europa der zweiten Generation, Gedächtnisschrift für Christoph Sasse, Band I, Kehl am Rhein, Straßburg 1981, S. 311 - 326

Beutler, Bengt / Bieber, Roland / Pipkorn, Jörn / Streil, Jochen: Die Europäische Union - Rechtsordnung und Politik, 4. Auflage, Baden-Baden 1993

Bieber, Roland: Das Verfahrensrecht von Verfassungsorganen, Ein Beitrag zur Theorie der inner- und interorganschaftlichen Rechtsetzung in der Europäischen Gemeinschaft, im Staatsrecht und Völkerrecht, Baden Baden 1992

Bieber, Roland: Die Organe der erweiterten Europäischen Gemeinschaften: Das Parlament, Baden Baden 1974

Bieber, Roland: Kooperation und Konflikt - Elemente einer Theorie des internen Organisationsrechts der EG, in: ders. / Bleckmann, Albert / Capotorti, Francesco (Hrsg.): Das Europa der zweiten Generation, Gedächtnisschrift für Christoph Sasse, Band I, Kehl am Rhein, Straßburg 1981, S. 327 - 347

Bieber, Roland: Organe der erweiterten Europäischen Gemeinschaften: das Parlament, Baden Baden 1974

Bieber, Roland: The settlement of institutional conflicts on the basis of Art. 4 of the EEC Treaty, in: CMLR 1984, S. 505 - 523

Bleckmann, Albert: Die Beihilfenkompetenz der Europäischen Gemeinschaften - Ein Beitrag zum Prinzip der begrenzten Ermächtigung, in: DÖV 1977, S. 615 - 619

Bleckmann, Albert: Europarecht, Das Recht der Europäischen Union und der Europäischen Gemeinschaften, 6., neubearbeitete und erweiterte Auflage, Köln, Berlin, Bonn, München 1996

Bleckmann, Albert: Zu den Auslegungsmethoden des Europäischen Gerichtshofs, in: NJW 1982, S. 1177 - 1182

Bleckmann, Albert: Zur Funktion des Gewohnheitsrechts im Europäischen Gemeinschaftsrecht, in: EuR 1981, S. 101 - 123

Böhm, Reinhard: Kompetenzauslegung und Kompetenzlücken im Gemeinschaftsrecht - Ein Beitrag zur Klärung und Abgrenzung von effet utile, implied powers, resulting powers und Lückenklauseln, Frankfurt am Main, Bern, New York 1985

Bothe, Michael: „Soft Law" in den Europäischen Gemeinschaften?, in: von Münch, Ingo (Hrsg.): Staatsrecht - Völkerrecht - Europarecht, Festschrift für Hans-Jürgen Schlochauer zum 75. Geburtstag am 28. März 1981, Berlin, New York 1981, S. 761 - 775

Constantinesco, Léontin-Jean: Das Recht der Europäischen Gemeinschaften, Band I: Das institutionelle Recht, Baden Baden 1977

Dankert, Pieter: The Joint Declaration by the Community institutions of 30 June 1982 on the Community budgetary procedure, in: CMLR 1983, S. 701 - 712

Degan, V. D.: Procédés d'interprétation tirés de la jurisprudence de la Cour de Justice des Communautés européennes - Exposé comparatif avec la jurisprudence de la Cour internationale de Justice, in: RTDE 1966, S. 189 - 227

Dewost, Jean-Louis / Lepoivre, Marc: La Déclaration commune du Parlement européen, du Conseil et de la Commission relative à différentes mesures visant à assurer un meilleur déroulement de la procédure budgétaire, signée le 30 juin 1982, in: RMC 1982, S. 514 - 525

Ehlermann, Claus-Dieter: Sachkompetenzen und Organverfassung der Gemeinschaft - Rechtliche Folgen einer Wirtschafts- und Währungsunion, in: Integration - Beiträge zur Europaforschung 1971 (Heft 3/4), S. 162 - 172

Ehlermann, Claus-Dieter / Minch, Mary: Conflicts between Community Institutions within the Budgetary Procedure - Article 205 of the EEC Treaty, in: EuR 1981, S. 23 - 42

Ekelmans, Marc: Cour des comptes, in: Répertoire de Droit communautaire - Encyclopédies Dalloz, Paris 1997

Europäische Kommission: Die Finanzverfassung der Europäischen Union, Luxemburg 1995

Everling, Ulrich: Zur rechtlichen Wirkung von Beschlüssen, Entschließungen, Erklärungen und Vereinbarungen des Rates oder der Mitgliedstaaten der Europäischen Gemeinschaft, in: Lüke, Gerhard / Ress, Georg / Will, Michael R. (Hrsg.): Rechtsvergleichung, Europarecht und Staatenintegration, Gedächtnisschrift für Léontin-Jean Constantinesco, Köln, Berlin, Bonn, München 1983, S. 133 - 156

Fernandez-Fabregas, F. / Lentz, J.: Le budget 1994 - Le déroulement de la procédure budgétaire: ses incidentes et son aboutissement, in: RMC 1994, S. 505 - 527

Fernandez-Fabregas, F. / Lentz, J. : Le budget 1995 - Le déroulement de la procédure budgétaire: ses incidentes et son aboutissement, in: RMC 1995, S. 284 - 313

Feger, Dieter: Die Rechtsetzung in den Europäischen Gemeinschaften - Interorganvereinbarungen als weitere Rechtsquelle?, in: JA 1985, S. 437 - 440

Forman, John: The conciliation procedure, in: CMLR 1979, S. 77 - 108

Gauweiler, Marijke: Die rechtliche Qualifikation interorganschaftlicher Absprachen im Europarecht, Mainz 1988

Geiger, Rudolf: EG-Vertrag - Kommentar zu dem Vertrag zur Gründung der Europäischen Gemeinschaft, 2., neubearbeitete Auflage, München 1995

Glaesner, Hans-Joachim: Das Konzertierungsverfahren zwischen Rat und Europäischem Parlament, in: ders.: Das Recht als Gestaltungsmittel der Politik der EG - ausgewählte Aufsätze und Vorträge, Baden Baden 1986

Glaesner, Hans-Joachim: Mögliche Konfliktzonen zwischen den Gemeinschaftsorganen, in: EuR 1981, S. 9 - 22

Grabitz, Eberhard / Hilf, Meinhard (Hrsg.): Kommentar zur Europäischen Union - Vertrag über die Europäische Union, Vertrag zur Gründung der Europäischen Gemeinschaft, Band I und II, München, Stand: 12. Ergänzungslieferung Mai 1998

Grabitz, Eberhard / Läufer, Thomas: Das Europäische Parlament, Bonn 1980

von der Groeben, Hans / Thiesing, Jochen / Ehlermann, Claus-Dieter (Hrsg.): Kommentar zum EU- / EG-Vertrag, 5., neubearbeitete Auflage, Baden Baden 1997
Band 1: Artikel A - F EUV, Artikel 1 - 84 EGV
Band 4: Artikel 137 - 209 a EGV
Band 5: Artikel 210 - 248, Artikel H - S EUV

Häde, Ulrich: Die Finanzverfassung der Europäischen Gemeinschaften - ein Überblick, in: EuZW 1993, S. 401 - 409

Herdegen, Matthias: Auslegende Erklärungen von Gemeinschaftsorganen und Mitgliedstaaten zu EG-Rechtsakten, in: ZHR 155 (1991), S. 52 - 67

Hermann, Rudolf: Das Abschlußverfahren völkerrechtlicher Verträge der Europäischen Wirtschaftsgemeinschaft, Berlin 1973

Hilf, Meinhard: Die gemeinsame Grundrechtserklärung des Europäischen Parlaments, des Rates und der Kommission vom 5. April 1977, in: EuGRZ 1977, S. 158 - 161.

Hilf, Meinhard: Die Organisationsstruktur der Europäischen Gemeinschaften, Berlin, Heidelberg, New York 1982

Hilf, Meinhard: Die rechtliche Bedeutung des Verfassungsprinzips der parlamentarischen Demokratie für den europäischen Integrationsprozeß, in: EuR 1984, S. 9 - 40

Ipsen, Hans Peter: Europäisches Gemeinschaftsrecht, Tübingen 1972

Ipsen, Knut: Völkerrecht - ein Studienbuch, 3., völlig neubearbeitete Auflage, München 1990

Jacqué, Jean-Paul: Budget, in: Répertoire de Droit communautaire - Encyclopédies Dalloz, Paris 1997

Jacqué, Jean-Paul: La pratique des institutions communautaires et le développement de la structure institutionelle communautaire, in: Bieber, Roland / Ress, Georg (Hrsg.): Die Dynamik des europäischen Gemeinschaftsrechts - die Auslegung des Europäischen Gemeinschaftsrechts im Lichte nachfolgender Praxis der Mitgliedstaaten und der EG-Organe, Baden Baden 1987, S. 377 - 406

Jacqué, Jean-Paul: Parlement européen, in: Répertoire de Droit communautaire - Encyclopédies Dalloz, Paris 1997

James, Philip S.: Introduction to English Law, 12. Auflage, London 1989

Joliet, René: Le droit institutionnel des Communautés européennes: Les institutions, les sources, les rapports entre ordres juridiques, 2. Auflage, Lüttich 1986

Köck, Heribert Franz: Die „implied powers" der Europäischen Gemeinschaften als Anwendungsfall der „implied powers" internationaler Organisationen überhaupt, in: Böckstiegel, Karl-Heinz / Folz, Hans Ernst / Mössner, Jörg Manfred / Zemanek, Karl (Hrsg.): Völkerrecht, Recht der Internationalen Organisationen, Weltwirtschaftsrecht - Festschrift für Ignaz Seidl-Hohenveldern, Köln, Berlin, Bonn, München 1988

Kraußer, Hans-Peter: Das Prinzip begrenzter Ermächtigung im Gemeinschaftsrecht als Strukturprinzip des EWG-Vertrags, Berlin 1991

Läufer, Thomas: Das Europäische Parlament nach der Direktwahl: Positionsstärkung durch intrakonstitutionellen Wandel?, in: EuR 1979, S. 261 - 277

Läufer, Thomas: Die Organe der EG - Rechtsetzung und Haushaltsverfahren zwischen Kooperation und Konflikt, Bonn 1990

Lafay, Frédérique: L'accès aux documents du Conseil de l'Union: contribution à une problématique de la transparence en droit communautaire, in: RTDE 33 (1997), S. 37 - 86

Lagrange, Maurice: Les pouvoirs de la Haute Autorité et l'application du Traité de Paris, in: RDP 1961, S. 40 - 58

Larenz, Karl / Wolf, Manfred: Allgemeiner Teil des Bürgerlichen Rechts, 8., neubearbeitete und erweiterte Auflage, München 1997

Lentz, Joseph: Le budget 1996 - Le déroulement de la procédure budgétaire: son environnement, ses incidentes et son aboutissement, in: RMC 1996, S. 585 - 616

Lenz, Carl-Otto (Hrsg.): EG-Vertrag: Kommentar zu dem Vertrag zur Gründung der Europäischen Gemeinschaften, Köln, Basel, Wien 1994

Le Tallec, Georges / Ehlermann, Claus-Dieter: Die Begründungspflicht für Rechtsakte der Europäischen Gemeinschaften, in: AWD 1966, S. 149 - 155

Loewenstein, Karl: Staatsrecht und Staatspraxis von Großbritannien, Band I: Parlament, Regierung, Parteien, Berlin, Heidelberg, New York 1967

Louis, Jean-Victor / Vandersanden, Georges / Waelbroeck, Denis / Waelbroeck, Michel: Commentaire Mégret - Le droit de la CEE, Band 10: La Cour de justice, les actes des institutions, 2. Auflage, Brüssel 1993

Marias, Epaminondas A.: The European Ombudsman: working document, Maastricht 1994

Meng, Werner: Das Recht der Internationalen Organisationen - eine Entwicklungsstufe des Völkerrechts: Zugleich eine Untersuchung zur Rechtsnatur des Rechts der Europäischen Gemeinschaften, Baden Baden 1979

Meyn, Karl-Ulrich: Die Verfassungs-Konventionalregeln im Verfassungssystem Großbritanniens, Göttingen 1975

Monar, Jörg: Interinstitutional Agreements: The Phenomenon and its New Dynamics after Maastricht, in: CMLR 1994, S. 693 - 719

Mosler, Hermann: National- und Gemeinschaftsinteressen im Verfahren des EWG-Ministerrats. Die Beschlüsse der außerordentlichen Tagung des EWG-Rates in Luxemburg vom 29. Januar 1966, in: ZaöRV 26 (1966), S. 1 - 32

Morand, Charles-Albert: La législation dans les Communautés européennes, Paris 1968

Müller-Ibold, Till: Die Begründungspflicht im europäischen Gemeinschaftsrecht und im deutschen Recht: eine rechtsvergleichende Untersuchung, Frankfurt am Main, Bonn, New York, Paris 1990

Nicolaysen, Gert: Europarecht I, Baden Baden 1991

Nicolaysen, Gert: Zur Theorie von den implied powers in den Europäischen Gemeinschaften, in: EuR 1966, S. 129 - 142

Nicoll, William: L'Accord interinstitutionnel sur la discipline budgétaire et l'amélioration de la procédure budgétaire, in: RMC 1988, S. 373 - 379

Nicoll, William: La procédure de concertation entre le Parlement européen et le Conseil, in: RMC 1986, S. 11 - 15

Nicoll, William: Les procédures Luns/Westerterp pour l'information du Parlement européen, in: RMC 1986, S. 475 - 476

Oppermann, Thomas: Europarecht - ein Studienbuch, 2. Auflage, München 1991

Palandt, Otto (Hrsg.): Bürgerliches Gesetzbuch, 58., neubearbeitete Auflage, München 1999

Pescatore, Pierre: Bestand und Bedeutung der Grundrechte im Recht der Europäischen Gemeinschaften, in: EuR 1979, S. 1 - 12

Priebe, Reinhard: Entscheidungsbefugnisse vertragsfremder Einrichtungen im Europäischen Gemeinschaftsrecht, Baden-Baden 1979

Rabe, Hans-Jürgen: Das Verordnungsrecht der Europäischen Wirtschaftsgemeinschaft, Hamburg 1963

Régnier-Heldmaier, Catherine: La distinction DO-DNO - instrument de lutte pour le pouvoir budgétaire, in: RMC 1994, S. 94 - 102

Reich, Charles: La mise en oeuvre du traité sur l'Union européenne par les accords interinstitutionnels, in: RMC 1994, S. 81 - 85

Rengeling, Hans-Werner: Zu den Befugnissen des Europäischen Parlaments beim Abschluß völkerrechtlicher Verträge im Rahmen der Gemeinschaftsverfassung, in: von Münch, Ingo (Hrsg.): Staatsrecht - Völkerrecht - Europarecht, Festschrift für Hans-Jürgen Schlochauer zum 75. Geburtstag am 28. März 1981, Berlin, New York 1981, S. 877 - 898

Rideau, Joël: Droit institutionnel de l'Union et des Communautés européennes, 2. Auflage, Paris 1996

Sachs, Michael (Hrsg.): Grundgesetz - Kommentar, 2. Auflage, München 1999

Scheffler, Hans-Hermann: Die Pflicht zur Begründung von Maßnahmen nach den europäischen Gemeinschaftsverträgen, Berlin 1974

Schenke, Wolf-Rüdiger: Die Verfassungsorgantreue, Berlin 1977

Schmidhuber, Peter M.: Die Notwendigkeit einer neuen Finanzverfassung der EG, in: EuR 1991, S. 329 - 340

Schwarze, Jürgen: Möglichkeiten und Grenzen interinstitutioneller Vereinbarungen nach Maastricht, in: EuR 1995 - Beiheft 2, S. 49 - 67

Schwarze, Jürgen: Europäisches Verwaltungsrecht: Entstehung und Entwicklung im Rahmen der Europäischen Gemeinschaft, Band I, Baden-Baden 1988

Schweitzer, Michael / Hummer, Waldemar: Europarecht: Das Recht der Europäischen Union - Das Recht der Europäischen Gemeinschaften (EGKS, EG, EAG) - mit Schwerpunkt EG, 5., neubearbeitete und erweiterte Auflage, Neuwied, Kriftel, Berlin 1996

Seidl-Hohenveldern, Ignaz / Laibl, Gerhard: Das Recht der Internationalen Organisationen einschließlich der Supranationalen Gemeinschaften, 6. Auflage, Köln, Berlin, Bonn, München 1996

Snyder, Francis: Interinstitutional Agreements: Forms and Constitutional Limitations, European University Institute Working Paper, Florenz 1994

Stern, Klaus: Das Staatsrecht der Bundesrepublik Deutschland, Band II: Staatsorgane, Staatsfunktionen, Finanz- und Haushaltsverfassung, Notstandsverfassung, München 1980

Strasser, Daniel: Die Finanzen Europas, Bonn 1979

Streinz, Rudolf: Europarecht, 3., neubearbeitete Auflage, Heidelberg 1996

Thiaville, D.: Déclarations communes du Parlement européen, du Conseil et de la Commission, in: Barav, Ami / Philip, Christian: Dictionnaire juridique des Communautés européennes, Paris 1993, S. 341 - 346

Timmann, Hans-Jörg: Die Interinstitutionelle Vereinbarung über die Haushaltsdisziplin vom 29. Juni 1988, in: EuR 1988, S. 273 - 287

Timmann, Hans-Jörg: Das Haushaltsverfahren 1989 - Erste Erfahrungen mit der Interinstitutionellen Vereinbarung über die Haushaltsdisziplin, in: EuR 1989, S. 13 - 29

Timmann, Hans-Jörg: Haushaltsdisziplin und politische Entscheidungsmechanismen in der Europäischen Gemeinschaft, in: EuR 1991, S. 121 - 139

Verdross, Alfred / Simma, Bruno: Universelles Völkerrecht - Theorie und Praxis, 3., völlig neubearbeitete Auflage, Berlin 1984

Vergès, Jean: De quelques méthodes de développement institutionnel des Communautés européennes, in: Mélanges offerts à Paul Reuter. Le droit international: unité et diversité, Paris 1980, S. 501 - 517

Waelbroeck, Michel / Waelbroeck, Denis: Les „déclarations communes" en tant qu'instruments d'un accroissement des compétences du Parlement européen, in: Louis, Jean-Victor / Waelbroeck, Denis (Hrsg.): Le Parlement européen dans l'évolution institutionnelle, Brüssel 1988, S. 79 - 86

Wellens, K.C. / Borchardt, G.M.: Soft Law in European Community Law, in: ELR 1989, S. 267 - 321

Wohlfarth, Ernst / Everling, Ulrich / Glaesner, Hans-Joachim / Sprung, Rudolf: Die Europäische Wirtschaftsgemeinschaft - Kommentar zum Vertrag, Berlin, Frankfurt a.M. 1960

Wyatt, Derrick / Dashwood, Alan: European Community Law, 3. Auflage, London 1993

Zangl, Peter: The Interinstitutional Agreement on budgetary discipline and improvement of the budgetary procedure, in: CMLR 1989, S. 675 - 685

Zuleeg, Manfred: Die Europäische Gemeinschaft als Rechtsgemeinschaft, in: NJW 1994, S. 545 - 549

Kolibri 360 GmbH
Ferdinand-Jühlke-Straße 7
99095 Erfurt, Deutschland
produktsicherheit@kolibri360.de

Druck:
CPI Druckdienstleistungen GmbH
im Auftrag der
Kolibri 360 GmbH
Ferdinand-Jühlke-Str. 7
99095 Erfurt